그리스 로마 신화
인물사전

신화는 숨이 멎을 듯한
뜨거운 경험을 선물한다

그리스 로마 신화
인물사전 6.

박규호 · 성현숙 · 이민수 · 김형민 지음

한국인문고전연구소

ㅇ

그 리 스 로 마 신 화 인 물 사 전

Greek Roman mythology Dictionary

차례

아크리시오스 Acrisius

요약

　그리스 신화에 나오는 아르고스의 왕으로 영웅 페르세우스를 낳은 다나에의 아버지이다.

　쌍둥이 형제 프로이토스와 부왕의 왕국을 둘러싼 끝없는 갈등으로 유명하고 신탁에서 예언한 대로 손자 페르세우스의 손에 목숨을 잃었다.

기본정보

구분	아르고스의 왕
상징	형제간의 다툼
외국어 표기	그리스어: Ἀκρίσιος
관련 신화	페르세우스의 모험
가족관계	아바스의 아들, 아글라이아의 아들, 에우리디케의 남편, 다나에의 아버지

인물관계

　아크리시오스는 아르고스의 왕 아바스와 아글라이아 사이에서 태어난 아들로 다나오스와 아이깁토스의 후손이다. 티린스의 왕 프로이토스와는 쌍둥이 형제이다. 아크리시오스는 라케다이몬의 딸 에우리디케와 결혼하여 딸 다나에를 낳았으며 다나에는 제우스(혹은 프로이토스)와 사이에서 영웅 페르세우스를 낳았다.

II

신화이야기

형제간의 다툼

　쌍둥이 형제 아크리시오스와 프로이토스는 조상인 다나오스와 아
이깁토스 사이의 증오를 물려받아('다나오스' 참조) 어머니의 뱃속에 있
을 때부터 다툼이 그치지 않았다고 한다. 부왕 아바스는 임종할 때 형
제간의 불화를 걱정하여 왕국을 함께 다스리라고 유언했지만 쌍둥이
형제는 아버지의 유언에도 불구하고 서로 나라를 독점하려 했다.

　결국 아크리시오스는 프로이토스가 자신의 딸 다나에를 겁탈하려

했다는 구실로 전쟁을 일으켜 프로이토스를 아르고스에서 추방해버렸다.

프로이토스는 소아시아의 리키아로 도망쳐서 그곳의 왕 이오바테스의 딸 스테네보이아(혹은 안테이아)와 결혼한 다음 장인의 군대를 이끌고 다시 아르고스로 쳐들어왔다. 쌍둥이 형제는 전투에서 직접 일대일 결투까지 벌였지만 결국 승부가 나지 않아 왕국을 둘로 나누기로 했다. 아크리시오스는 수도를 그대로 아르고스로 하는 남쪽 왕국을 차지했고 프로이토스는 북부에 새롭게 티린스 왕국을 건설하였다. 프로이토스는 티린스에 두터운 성벽을 쌓았는데 일설에 따르면 그는 외눈박이 거인족 키클로페스를 시켜서 성벽을 건설했다고 한다. '키클롭스의 성벽'은 오늘날에도 일부 남아있다.

신탁의 예언

슬하에 자식이 딸 다나에 하나밖에 없었던 아크리시오스는 아들을 얻고 싶어 신탁에 물었다. 신탁은 그에게 아들은 생기지 않을 테지만 딸 다나에가 손자를 낳아줄 거라고 하면서, 그가 손자의 손에 목숨을 잃게 될 거라고 예언했다. 놀란 아크리시오스는 신탁이 실현되지 않도록 지하에 청동으로 된 방을 만들어 그 안에 다나에를 가두었다.(혹은 높은 성탑에 가두었다고도 한다) 하지만 다나에의 미모에 반한 제우스가 황금 빗물로 변신하여 지붕 틈으로 스며들어 다나에를 임신시켰다.

다나에가 임신한 사실을 눈치

황금비를 맞는 다나에
얀 마뷰즈(Jan Mabuse), 1527년,
알테 피나코테크

챈 아크리시오스는 그녀와 함께 있던 유모를 죽이고 딸을 제우스의
제단으로 데려가 아이 아버지의 이름을 대라고 하였다. 다나에는 제
우스라고 말했지만 아크리시오스는 딸의 말을 믿으려 하지 않았다.
그는 다나에와 그녀가 낳은 어린 페르세우스를 궤짝에 넣어 바다에

던져버렸다. 이에 제우스는
포세이돈에게 모자를 돌봐달
라고 부탁했고 포세이돈이
모자가 든 궤짝을 세리포스
섬으로 보내 어부 딕티스에
게 발견되게 하였다. 페르세
우스는 어부 딕티스의 집에
서 자랐다.

다나에와 페르세우스를 궤짝에 넣는 아크리시오스
아티카 적색상 도기, 기원전 470년경
톨레도 미술관

다른 이야기에 의하면 다나
에를 임신시킨 사람은 제우
스가 아니라 프로이토스라고
한다. 프로이토스는 아크리

시오스가 손자의 손에 죽게 될 거라는 신탁의 예언을 전해 듣고 의도
적으로 다나에를 유혹하여 페르세우스를 낳게 하였다는 것이다. 프로
이토스는 나중에 페르세우스가 베어온 메두사의 머리를 보고 돌로
변해 죽었다고 하는데, 이 경우 프로이토스는 자기 아들의 손에 의해
죽음을 맞은 것이 된다.

예언의 실현

신탁의 예언은 오랜 세월이 흐른 뒤에 실현되었다. 모험을 끝내고 아
르고스로 돌아가던 페르세우스는 잠시 라리사에 들렀다가 그곳에서
열린 원반던지기 대회에 참가하게 되었다. 그런데 그가 던진 원반이
돌풍에 밀려 때마침 라리사에 머물며 경기를 구경하던 할아버지 아

크리시오스의 머리에
맞았고 그는 그 자리에
서 즉사하였다.

궤짝에서 발견된 다나에와 어린 페르세우스
존 윌리엄 워터하우스(JohnWilliamWaterhouse), 1892년
개인 소장

다른 이야기에 따르
면 페르세우스는 외할
아버지가 보고 싶어서
어머니 다나에와 함께
아르고스로 돌아왔다.
하지만 이 소식을 들은
아크리시오스가 손자를 피해 아르고스에서 멀리 떨어진 테살리아의
라리사로 피신하였다. 그런데 마침 라리사의 왕 테우타미도스가 사망
하여 장례 경기가 열렸고, 페르세우스도 이 경기에 참가하게 되었다.
경기에서 페르세우스가 원반을 잘못 던져 아크리시오스를 맞혔고 이
상처로 아크리시오스는 죽고 말았다.

외할아버지 아크리시오스가 죽은 뒤 페르세우스는 아르고스 왕국
을 물려받았지만 이 나라를 다스리고 싶은 마음이 없었다. 페르세우
스는 프로이토스에 뒤이어 티린스의 왕이 된 메가펜테스에게 아르고
스와 티린스를 교환하자고 제안하였다. 왕국이 3분의 1로 줄어든 메
가펜테스는 페르세우스의 제안을 기꺼이 받아들였고 페르세우스는
새나라에 미케네 왕국을 건설하였다.

아키스 Acis

요약

그리스 신화에 나오는 강의 신이다.

목신 판과 님페 시마이티스의 아들로 열여섯 살의 미소년이었던 아키스는 아름다운 바다의 님페 갈라테이아의 사랑을 받았지만 이를 질투한 외눈박이 거인 폴리페모스가 던진 바위에 깔려 죽었다. 죽은 뒤 그의 몸에서 흘러나온 핏물이 강으로 변했다.

기본정보

구분	강의 신
상징	아름다움, 젊음
외국어 표기	그리스어: Ἆκις
별칭	아시스(Acis)
관련 지명	아키스 강
관련 신화	아키스와 갈라테이아
가족관계	판의 아들, 갈라테이아의 연인, 시마이티스의 아들

인물관계

아키스는 목신 판과 님페 시마이티스 사이에서 태어난 아들이다. 시마이티스는 시메토 강의 신 시마이토스의 딸이다. 아키스의 연인 갈라테이아는 바다의 신 네레우스와 오케아니데스(오케아노스의 딸) 도리스 사이에서 난 딸로 바다의 님페이다.

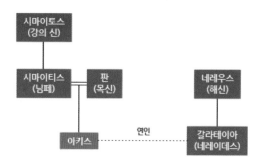

시마이토스
(강의 신)

시마이티스
(님페) ─ 판
(목신)

네레우스
(해신)

아키스 --- 연인 --- 갈라테이아
(네레이데스)

신화이야기

갈라테이아와 폴리페모스

우윳빛 살결의 갈라테이아는 바다의 신(海神) 네레우스의 딸들인 50명(혹은 100명)의 아름다운 네레이데스 중에서도 가장 아름다운 처녀이다.(고대 그리스어에서 '갈라테이아'는 '유백(乳白)색의 여인'이라는 뜻이다) 바다의 님페 갈라테이아는 시칠리아의 해변에서 살았는데 역시 그 섬에 살고 있는 외눈박이 거인 폴리페모스의 사랑을 받았다.

키클로페스의 하나인 폴리페모스는 눈은 하나고 온몸이 털로 뒤덮인 데다 멧돼지 어금니로 만든 무기로 사람을 때려죽여서 잡아먹는 야만인이었지만 갈라테이아에 대한 사랑은 끔찍했다. 자신의 사랑을 받아주지 않는 갈라테이아를 향한 마음을 주체하기 힘들 때면 폴리페모스는 해변에 앉아 피리를 불며 애타는 심정을 달래곤 했다.

아키스와 갈라테이아
니콜라 푸생(Nicolas Poussin), 1627년경, 아일랜드 국립미술관

미소년 아키스

갈라테이아에게는 사랑하는 연인이 있었다. '부드러운 턱에 보일 듯 말 듯 솜털이 나기 시작'한 열여섯 살의 아름다운 소년 아키스였다. 그런데 갈라테이아가 아키스를 사랑하게 되자 폴리페모스는 질투심에서 더욱 안달을 하였고 그럴수록 갈라테이아의 마음은 폴리페모스에게서 더욱 멀어졌다. 갈라테이아는 폴리페모스를 싫어하는 마음과 아키스를 사랑하는 마음 중 어느 것이 더 큰 지 모르겠다고 했다.

그러던 어느 날 폴리페모스는 여느 때처럼 노을이 지는 해변에 홀로 앉아 애타는 마음을 피리로 달래고 있었다. 그러다 북받쳐오르는 감정을 주체하지 못하고 자리에서 일어나 이리저리 거닐다가 해변에서 아키스의 가슴에 머리를 기대고 잠들어 있는 갈라테이아를 발견했다.

폴리페모스는 분노가 폭발했다. 그의 성난 목소리에 잠이 깬 연인 갈라테이아는 놀라 달아났고 폴리페모스는 산에서 커다란 바위를 뽑아 아키스를 향해서 던졌다. 바위는 그대로 아키스를 깔아뭉갰고 바위 밑으로 붉은 피가 흘러나왔다. 슬픔에 잠긴 갈라테이아는 연인의 피를 맑은 강물이 되어 흐르게 하였고 아키스는 강의 신이 되었다.

폴리페모스를 피해 숨어 있는 아키스와 갈라테이아
에두아르 시어(Edouard Zier), 1877년

아킬레우스 Achilles

요약

바다의 여신 테티스와 프티아의 왕 펠레우스의 아들 아킬레우스는
트로이 전쟁의 가장 위대한 그리스 영웅이다.

기본정보

구분	영웅
상징	무적의 용사
어원	아폴로도로스에 따르면 아킬레우스의 이름은 a와 cheile(입술)의 합성어이다.
외국어 표기	그리스어: Ἀχιλλεύς
별칭	아킬레스(Achilles)
관련 신화	트로이 전쟁, 테티스와 펠레우스

인물관계

테살리아 지방의 프티아의 왕 펠레
우스와 네레우스의 딸이자 바다의
여신인 테티스의 아들이다.

그는 스키로스 섬 돌로페르족의
왕 리코메데스의 딸 데이다메이아와
사이에서 네오프톨레모스를 낳았다.

신화이야기

아킬레우스의 부모

아킬레우스는 테살리아 지방의 프티아의 왕 펠레우스와 네레우스의 딸(네레이데스)이자 바다의 여신인 테티스의 아들이다. 아폴로도로스의 『비블리오테케』에 따르면 제우스와 포세이돈이 아름다운 테티스와 결혼하고자 했으나 테티스의 아들이 아버지보다 더 위대한 존재가 될 것이라는 예언에 그녀와의 결혼을 포기했다. 아폴로도로스에 의하면 제우스는 테티스를 원했으나 그녀가 낳은 아들이 하늘의 제왕이 될 것이라는 프로메테우스의 말에 마음을 돌렸다. 또 다른 이야기에 의하면 헤라의 손에서 자란 테티스가 제우스를 원치 않자 화가 난 제우스가 그녀를 인간과 결혼시키려고 했다고 한다.

이런 여러 가지 이유로 테티스는 결국 인간 펠레우스와 펠리온 산에서 결혼식을 올렸다. 그들의 결혼식은 트로이 전쟁의 불씨가 되었다. 결혼식에 모든 신들이 초대되었는데 불화의 여신 에리스만 초대받지 못했고, 화가 난 에리스는 불청객으로 결혼식에 찾아가 '가장 아름다운 여인에게 바친다'는 글귀가 새겨진 황금 사과를 연회석에 던졌다. 그러자 이 사과를 아테나, 헤라, 아프로디테 세 여신이 서로 차지하겠다고 고집하면서 말썽이 생겼다. 세 여신의 다툼으로 골치가 아파진 제우스는 트로이의 왕자 파리스에게 심판을 맡겼는데 파리스의 결정이 트로이 전쟁의 불씨가 되었다.('아프로디테-파리스의 판결' 참조)

어린 시절에 관한 전설들

트로이 전쟁의 가장 위대한 영웅답게 아킬레우스의 어린 시절에 대한 전설들은 다양하다. 우선 『비블리오테케』를 살펴보자.

바다의 여신 테티스는 인간 남편 펠레우스와 사이에서 태어난 아들 아킬레우스에게서 인간의 숙명을 없애고 그를 불멸의 존재로 만들고 싶었다. 그녀는 아들을 밤에는 불 속에 집어넣고 낮에는 신들의 음료 인 암브로시아를 발라주었다. 어린 아들이 뜨거운 불 위에서 비명을 지르고 몸부림치는 모습을 목격한 펠레우스가 깜짝 놀라 아들을 테 티스에게서 빼앗아버렸고, 화가 난 여신은 어린 아들을 버리고 바다 로 돌아갔다. 펠레우스는 아들을 켄타우로스 케이론에게 데려갔고, 그는 아이에게 사자와 멧돼지의 내장과 곰의 골수를 먹이고 아킬레우 스라는 이름을 지어주었다. 그것은 아이가 엄마의 젖가슴에 입술을 대본 적이 없기 때문이다. 아폴로도로스에 따르면 아킬레우스의 이름 은 a와 cheile(입술)의 합성어이다. 아킬레우스의 원래 이름은 리기론 이었다고 한다.

또 다른 전설에 따르면 아킬레우스는 테티스와 펠레우스의 일곱 번 째 아들이다. 신들에 의해 인간 남자 펠레우스와 억지로 결혼한 테티 스는 자식들이 태어날 때마다 아버지가 가지고 있는 필멸의 운명을 없애버리고 그들을 불사의 존재로 만들기 위해 끓는 불 속에 넣었다 고 한다.

여러 작가들의 이야기가 서로 섞인 이야기도 있다. 바다의 여신 테 티스는 인간 남편 펠레우스와 사이에서 태어난 아들 아킬레우스를 불 사의 존재로 만들고 싶었다. 그녀는 아들을 밤에는 불 속에 집어넣고 낮에는 신들의 음료인 암브로시아를 발라주었다. 놀란 펠레우스가 아 이를 불 속에서 꺼냈는데 아이는 오른발의 복사뼈에만 화상을 입었 다. 펠레우스는 아들을 케이론에게 데려갔고 케이론은 거인족 중 가 장 빠른 발을 가진 다미소스의 시신을 파내어 그의 복사뼈를 떼어내 어 아킬레우스의 발에 박아넣었다. 그래서 아킬레우스는 빠른 발을 가지게 되었다고 한다.

가장 늦게 생겨난 아킬레우스의 신화는 그의 치명적인 약점을 상징 하는 '아킬레스 건'과 관련이 있다. 테티스는 아킬레우스를 불사신으 로 만들기 위해 아킬레우스의 발뒤꿈치를 잡고 스틱스 강에 담갔다.

스틱스 강에 어린 아들 아킬레우스를 담그는 테티스
페테르 파울 루벤스(Peter Paul Rubens), 1630~1635년
로테르담 보이만스 반 뵈닝겐 미술관

그러나 테티스가 잡고 있던 아킬레우스의 발뒤꿈치는 신비한 물에 젖지 않아 후에 그의 치명적인 약점이 되었다. 이 이야기는 로마의 스타티우스가 쓴 『아킬레우스』에 처음으로 등장한다.

아킬레우스와 데이다메이아

데이다메이아는 스키로스 섬 돌로페르족의 왕 리코메데스의 딸이다. 그녀는 아킬레우스의 연인으로 그와의 사이에서 네오프톨레모스를 낳았다.

아폴로도로스에 의하면 아킬레우스가 아홉 살이 되었을 때 그리스의 예언자 칼카스가 아킬레우스가 없으면 트로이를 함락시킬 수 없다고 예언하였다. 그러자 테티스는 아킬레우스가 트로이 전쟁에 참전하면 살아 돌아올 수 없다는 것을 예감하고 아킬레우스를 여장시켜 리코메데스에게 보냈다고 한다. 아킬레우스는 그의 궁전에서 자라며 그의 딸 데이다메이아와 사랑을 나누었고 그들 사이에서 아들 필로스가 태어났다.(머리 색깔이 붉어서 필로스라는 이름이 붙여진 아킬레우스의 아들은 훗날 네오프톨레모스라고 불렸다) 그러나 오디세우스가 아킬레우스의 행방을 찾아나섰는데 많은 공주들 사이에서 아킬레우스를 찾을 묘책을 생각해냈다. 그가 갑자기 나팔을 울리자 나팔 소리에 놀란 여자들은 모두 도망을 갔는데 한 여자만 전투 태세를 갖추었다. 그 여자가 아킬레우스였던 것이다. 오디세우스의 예상대로 아킬레우스의 정체가 드러났고 결국 아킬레우스는 트로이 전쟁에 참여하게 되었다.

아킬레우스와 이피게네이아

아가멤논이 모집한 트로이 원정군의 함대들이 모두 보이오티아의 아울리스에 집결하였다. 그러나 그리스 함대들이 출항을 하지 못했다. 아가멤논이 아르테미스의 분노를 샀기에 바람이 한 점도 불지 않았기 때문이다. 이에 예언자 칼카스가 그리스군의 총사령관 아가멤논의 딸 이피게네이아를 제물로 바쳐야 한다고 말했다. 아가멤논은 딸을 희생시켜야 하는 아버지의 마음과 그리스군 총사령관의 의무 사이에서 극심한 내적 갈등을 겪었다. 결국 공적인 의무를 다하기로 한 그는 이피게네이아를 아킬레우스와 결혼시킨다고 거짓말을 하여 딸과 아내 클리타임네스트라를 아울리스로 불렀다.

클리타임네스트라와 이피게네이아가 드디어 아울리스에 도착했다. 마침 아킬레우스가 아가멤논을 찾아왔기에 클리타임네스트라는 그에게 자신의 딸과의 결혼에 대해 물었다. 그때 비로소 아킬레우스는 자신을 이용해서 아가멤논이 이피게네이아를 제물로 바치려 한다는 사실을 알고 분노하였고, 뒤늦게 내막을 알게 된 클리타임네스트라도 아가멤논에게 딸을 살려달라고 애원하였다. 아킬레우스는 이피게네이아를 구해주려고 했지만 함대의 출항을 오매불망 바라고 있는 병사들의 압박에 부딪혀 포기하고 말았다. 조국을 위해 목숨을 바치는 고상한 죽음을 택하는 것보다 비참한 삶이라도 살고 싶다고 애원했던 이피게네이아는 차츰 자신의 운명을 받아들이게 되었고, 그리스를 위해 자신의 한 몸을 희생할테니 트로이를 함락시켜 달라고 말했다.

이피게네이아가 제단에 서자 그 순간 신비한 일이 일어났다. 제단에 이피게네이아가 아니라 암사슴이 피를 흘리며 누워 있었던 것이다. 이피게네이아를 불쌍히 여신 아르테미스 여신이 그녀 대신 암사슴을 보낸 때문이었다.('이피게네이아' 참조)

아가멤논과의 불화

아폴론의 사제 크리세스가 그리스군의 테바이 공격 때 아가멤논의 전리품으로 끌려간 딸 크리세이스를 찾으러 그리스 진영으로 찾아왔다. 그는 아가멤논에게 엄청난 몸값을 주며 딸을 돌려달라고 애원했지만 아가멤논은 크리세스를 모욕하고 쫓아버렸다.

아가멤논에게서 물러난 크리세스는 아폴론에게 자신의 눈물의 대가를 그리스군이 치르도록 해달라고 기도하였고, 아폴론은 크리세스의 기도를 듣고 9일 동안 그리스 진영에 분노의 화살을 날렸다. 그리스 진영의 수많은 군마와 개는 물론이고 셀 수 없이 많은 병사가 죽어나갔다. 이에 아킬레우스가 대책회의를 소집하고 이 자리에서 예언자 칼카스는 아폴론 신이 왜 분노했는지 이야기해주었다.

아가멤논은 할 수 없이 크리세이스를 아버지 크리세스에게 돌려보내기로 하고, 그 대신 그에 상응하는 다른 전리품을 요구하였다. 급기야 그는 아킬레우스의 전리품인 브리세이스를 달라고 하였다. 아킬레우스가 크게 분노하며 아가멤논에게 비난을 퍼부었다. 아가멤논은 크리세이스를 아폴론의 사제이자 그녀의 아버지인 크리세스에게 돌려보내기 위해 배에 태운 후, 탈티비오스와 에우리바테스에게 아킬레우스의 여자 브리세이스를 데리고 오라고 하였다.

아킬레우스는 아가멤논의 처사에 분노하여 더 이상 전쟁에 출전하지 않겠다고 선언하였다. 그러고도 분이 풀리지 않은 아킬레우스는 어머니 테티스에게 그리스군이 아닌 트로이군이 승리하게 해달라고 부탁하고, 테티스는 제우스에게 아킬레우스가 전쟁에 참여하지 않는 한 그리스가 승리할 수 없게 해달라고 청하였다. 제우스가 테티스의 청을 들어주자 그리스는 계속 패배하였다. 그러자 급해진 아가멤논은 아킬레우스의 마음을 달래기 위해 브리세이스와 트로이의 가장 아름다운 스무 명의 여자들과 자신의 딸 중 한 명을 주겠다고 약속하지만 아킬레우스의 마음은 풀리지 않았다.

그리스군이 계속 패배의 늪에서 헤어나오지 못하고 그리스 함선이 불에 타자 아킬레우스의 친구 파트로클로스가 나섰다. 그는 아킬레우스가 전투에 참가하지 않는다면 자신이 대신 그의 갑옷을 입고 참전하겠다고 말했다. 아킬레우스의 갑옷을 입은 파트로클로스가 나타나자 트로이군은 그를 아킬레우스로 착각해 혼비백산해서 도망을 갔고, 자신의 승리에 도취된 파트로클로스는 아킬레우스의 충고를 무시하고 트로이 진영 깊숙이 들어갔다가 그만 헥토르에게 죽임을 당했다.

아킬레우스와 헥토르

아킬레우스는 파트로클로스의 죽음으로 깊은 슬픔에 빠져 식음을 전폐했다. 테티스는 헤파이스토스가 새로 만든 무구를 가지고 아들을 찾아왔다. 아킬레우스가 곧 아가멤논과 화해하고 친구의 죽음을 복수하기 위해 트로이 전투에 다시 참여하자 전세는 금방 역전되었다. 아킬레우스가 무장을 하고 나타나자 트로이 병사들은 겁을 집어먹고 성 안으로 숨어버렸다.

아킬레우스는 성 앞에서 헥토르와의 결전을 요구했다. 헥토르의 아버지 프리아모스와 아내 안드로마케가 헥토르를 만류했지만 헥토르는 사랑하는 가족을 뒤로 한 채 성문을 열고 나와 아킬레우스와의 싸움을 준비했다. 헥토르는 거대한 창을 흔들면서 달려오는 아킬레우스를 보는 순간 겁에 질려 달아났고, 아킬레우스와 헥토르는 트로이 성곽을 세 바퀴나 돌며 쫓고 쫓기는 추격전을 벌였다. 그때 트로이 전쟁에서 중립을 유지하던 제우스가 헥토르의 운명의 저울을 아래로 내려오게 하자 아폴론도 헥토르의 곁을 떠났다.

아테나 여신은 아킬레우스를 찾아가 이제 헥토르를 죽이고 승리를 그리스 함대 쪽으로 가져갈 수 있다고 독려했다. 여신은 헥토르를 꼬드겨 아킬레우스와 맞서도록 하겠다고 말했다. 그녀는 헥토르의 동생 데이포보스의 모습으로 변신하고 헥토르 앞에 나타나 끝까지 힘을 내 아킬레우스를 막아내자고 격려했다. 헥토르는 동생으로 변신한 아테나에게 "헤카베와 프리아모스가 낳은 모든 형제 중에서 나는 너를 가장 사랑한다. 앞으로도 너를 존중할 것이다. 모두 성 안에서 떨고 있는데 너만은 나를 구하러 성 밖으로 나왔구나."라고 말했다. 데이포보스 모습의 아테나는 눈빛을 반짝이며 "그렇지 않아도 모든 전사들이 제발 나가지 말라고 나를 말렸답니다. 모두 두려움에 떨고 있어요. 우리 둘이 아킬레우스에 강력하게 맞서 싸웁시다."라고 말했다.

테티스가 아들 아킬레우스에게 헤라이토스가 만든 방패를 준다
기원전 575~550년, 루브르 박물관

아킬레우스와 거리가 가까워졌을 때 헥토르는 아킬레우스에게 둘 중에 누가 죽어도 시신을 모욕하지 말고 무구를 벗긴 후 시신을 그대로 상대편 진영으로 넘기자고 제안했다. 그 말은 아킬

레우스의 화를 더욱 부채질하였고, 아킬레우스는 헥토르를 노려보며 내 전우들의 모든 고통을 한꺼번에 보상받을 것이라고 외쳤다.

아킬레우스가 던진 창이 빗나가자 헥토르는 기고만장해졌다. 이제 헥토르가 아킬레우스를 향해 창을 던졌다. 창은 아킬레우스의 방패 정중앙에 명중했지만 멀리 튕겨져 나가고 말아 헥토르는 잠시 의기소침해졌으나 곧 데이포보스에게 긴 창을 달라고 소리쳤다. 하지만 그 자리에 동생 데이포보스는 사라지고 없었다. 그제야 헥토르는 아테나 여신에게 속은 것을 깨달았다. 그는 자신의 운명이 다했음을 직감했지만 싸워보지도 않고 죽을 수는 없었다. 그는 재빨리 허리에 차고 있던 칼을 빼어들고 아킬레우스에게 덤벼들었고, 아킬레우스도 방패로 몸을 가리고 달려들었다. 아킬레우스는 친구 파트로클로스의 무구로 온몸을 가린 헥토르를 살피다가 오른손에 들고 있던 창으로 밖으로 드러나 있는 헥토르의 목을 날카롭게 찔렀다.

숨을 헐떡거리며 헥토르는 자신의 시신을 부모님께 돌려보내달라고 사정했다. 그러나 아킬레우스는 "네가 한 짓을 생각하면 너의 살을 씹어먹고 싶은 심정이다. 프리아모스 왕이 너의 몸무게만큼 황금을 준다해도 너의 어머니는 너를 위해 슬퍼하지 못할 것이고 너는 개떼와 새떼에게 모조리 뜯겨 먹을 것이다."라며 격한 분노를 토해냈다. 헥토르는 마지막 숨을 몰아쉬며 자신의 시신을 함부로 대한 대가로 파리스와 아폴론에 의해 곧 죽게 될 것이라고 경고했다.

아킬레우스가 피투성이가 된 그의 시신에서 무구를 벗기기 시작하자 그리스군이 몰려들었다. 그들은 헥토르의 당당한 체격과 모습에 감탄을 연발하며 칼과 창으로 계속 헥토르의 시신을 찔렀다. 아직 분이 안 풀린 아킬레우스는 헥토르의 시신을 머리가 뒤에 오도록 전차에 매달고 먼지가 자욱하게 일 때까지 끌고 다녔고, 트로이의 영웅이자 프리아모스와 헤카베의 자랑인 헥토르의 머리는 온갖 먼지와 쓰레기로 뒤덮였다.

아킬레우스의 분노
조반니 바티스타 티에폴로(Giovanni Battista Tiepolo),
1757년, 빌라 발마라나
: 아테나가 아가멤논을 죽이려는 아킬레우스를 저지한다

아킬레우스가 헥토르의 시신을 자갈밭을 끌고 다니며 유린했지만 그의 시신은 신들이 보호한 탓에 손상되지는 않았다. 아폴론은 아킬레우스가 열이틀 동안이나 밤낮으로 마차로 끌고 다니며 헥토르의 시신을 모욕하자 더 이상 참지 못하고 신들의 회의를 소집하여 불편한 심기를 노골적으로 드러냈다. 그는 헥토르가 신들을 섬김을 게을리하지 않았는데 왜 그의 가족들이 그의 장례조차 치를 수 없냐고 항의했다. 이에 제우스가 나서서 아킬레우스의 어머니 테티스를 불러 아들을 달래서 헥토르의 시신을 가족의 품에 돌려주라고 말했다.

무지개 여신 이리스가 제우스의 전령으로 프리아모스 왕을 찾아가서 아킬레우스를 기쁘게 해줄 선물을 가지고 아카이오이족의 함선을 찾아가 헥토르의 시신을 돌려받으라고 말했다. 프리아모스가 이리스의 말을 아내 헤카베에게 전하자 그녀는 잔인한 아킬레우스가 프리아모스에게 존경심은 커녕 일말의 동정심도 가지지 않을 것이니 그를 찾아갈 엄두도 내지 말라고 울며 남편을 말렸다. 헤카베는 남편마저 아킬레우스의 손에 죽는 것을 막고 싶었던 것이다. 그러나 프리아모스의 귀에는 아무 말도 들리지 않았다. 그는 오로지 아들의 시신이나마 되찾겠다는 생각 밖에 없었다.

프리아모스 왕은 제우스 신에게 제사를 지낸 후 아들의 시신을 찾기 위해 막대한 몸값을 수레에 가득 싣고 전령 한 명과 아킬레우스의 막사를 찾아갔다. 아킬레우스는 자신을 찾아온 프리아모스를 보고 놀랐다. 프리아모스는 아킬레우스에게 헥토르의 시신을 돌려달라고 애원했다. 아킬레우스는 제우스의 명령대로 헥토르의 시신을 프리아모스에게 돌려주며 헥토르의 장례 기간 동안 휴전을 약속했다.

아킬레우스의 죽음

아킬레우스의 죽음을 둘러싼 이야기는 다양하다.

『비블리오테케』에서는 아킬레우스가 트로이 군대를 계속해서 밀어붙이다가 스카이아이 문 앞에서 파리스와 아폴론이 쏜 화살에 복사뼈를 맞아 숨을 거두었다고 한다. 『일리아스』에서도 헥토르가 죽어가면서 아킬레우스가 파리스와 아폴론의 손에 죽을 것이라고 예언한다.

베르길리우스의 『아이네이아스』와 오비디우스의 『변신이야기』를 보면, 파리스가 아킬레우스에게 화살을 날리고 아폴론이 개입하여 그 화살을 정확하게 아킬레우스에게 명중시킨다. 히기누스의 『이야기』에 따르면 파리스로 변장한 아폴론이 쏜 화살이 아킬레우스의 발꿈치를 관통한다.

에우리피데스의 『헤카베』에서는 파리스가 혼자 아킬레우스를 죽인 것으로 되어 있다. 헥토르의 어머니 헤카베가 자신의 딸 폴릭세네를 아킬레우스의 무덤에 제물로 바치려는 오디세우스에게 아킬레우스를 죽인 파리스의 어머니가 자신이니 폴릭세네 대신 자기가 죽겠다고 애원하는 장면이 나온다.('헤카베' 참조)

『이야기』에 따르면 폴릭세네의 미모에 반한 아킬레우스가 결혼을 청하기 위해 프리아모스를 방문했을 때 파리스와 데이포보스가 그를 죽이게 되는데 자세한 내용은 다음과 같다.

아킬레우스는 휴전기간 동안 아폴론의 신전에서 폴릭세네를 보고 그녀의 미모에 매료당했다. 그가 헥토르에게 폴릭세네를 자신에게 달라고 요청하자 헥토르는 그 대가로 그리스 군대에 대해 말해달라고 했다. 아킬레우스는 폴릭세네를 자신에게 주면 전쟁을 끝내겠다고 했으나 헥토르는 그리스 군대에 대해 정보를 주든지 아가멤논과 메넬라오스, 아이아스를 죽이라고 요구했다. 결국 아킬레우스와 헥토르의 협상은 결렬되었다. 그 후 헥토르가 전사하고 프리아모스가 안드로마케, 폴릭세네와 함께 헥토르의 시신을 찾아가기 위해 아킬레우스의 진영을 찾았다. 프리아모스는 아킬레우스에게 폴릭세네를 그의 여자로 주겠다고 말하지만 아킬레우스는 거절했다. 후에 아폴론 신전에서 휴전을 축하하는 잔치가 열렸고, 프리아모스는 다시 한번 폴릭세네 문제를 논의하기 위해 전령 이다에오스를 아킬레우스에게 보냈다. 프리아모스의 아들 데이포보스가 아킬레우스를 반기는 척하며 꽉 껴안자 그때 파리스가 칼을 뽑아 아킬레우스의 양옆구리를 찔렀다.

또 다른 이야기도 전해진다. 헥토르가 전사한 지 일 년이 지난 날 프리아모스가 가족들과 헥토르의 무덤을 찾았다. 이때 아킬레우스가 오빠의 무덤 옆에서 울고 있는 폴릭세네를 보고 그녀에게 사랑을 느꼈다. 그 후 폴릭세네를 잊을 수 없었던 아킬레우스는 헤카베에게 사신을 보내 폴릭세네를 그의 아내로 달라고 청했다. 그렇게 해준다면 그가 군대들을 이끌고 고향으로 돌아가겠다고 했다. 그러나 프리아모스는 그리스 전군의 철수를 요구했다. 자신의 뜻을 관철시키려고 했으나 모든 것이 수포로 돌아가자 마음이 상한 아킬레우스는 전투에 참여하지 않았다. 그러나 그리스군이 다시 위기에 빠졌고 아킬레우스는 다시 전투에 참여하여 프리아모스의 아들 트로일로스를 죽였는데 그때 헤카베는 자신의 아들들을 죽인 아킬레우스에게 복수할 방법을 생각해냈다. 그는 폴릭세네를 미끼로 아킬레우스를 신전으로 유인하고, 들뜬 마음으로 신전에 들어선 아킬레우스를 신전에 숨어 있던 파리스와 트로이 군인들이 살해하였다.

아타마스 Athamas

요약

아타마스는 자식을 죽인 비극적인 인물이다.

그는 세 번 결혼했는데 그의 두 번째 아내 이노가 전처 네펠레의 자식들을 미워하고 그들을 죽이려고 아타마스를 조종하여 프릭소스를 죽일 뻔하였고, 또 이노와 사이에서 난 어린 레아르코스를 바위에다 내팽개쳤다. 다른 이야기에 의하면 아타마스는 헤라의 분노를 사게 되어 실성하여 자식을 죽였다고 한다.

기본정보

구분	왕
외국어 표기	그리스어: Ἀθάμας
관련 신화	이노, 프릭소스와 헬레
가족관계	시시포스의 형제, 프릭소스의 아버지, 테미스토의 남편, 이노의 남편

인물관계

보이오티아의 왕 아타마스는 아이올로스와 에나레테의 일곱 아들 중 한 명이고 시시포스가 그의 형제이다.

그는 세 번 결혼했는데 첫 번째 아내는 네펠레이고 그들은 아들 프릭소스와 딸 헬레를 두었다. 그는 아가우에와 셀레네의 자매인 이노와 재혼했는데 이노와의 사이에 레아르코스와 멜리케르테스가 태어났다.

세 번째 아내는 테미스토이다. 그들의 자식으로는 레우콘, 에리트리오스, 스코이네우스, 프로토오스 등이 있다.

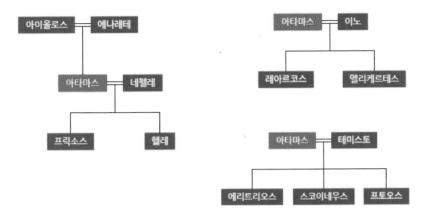

신화이야기

이노의 질투

아타마스는 자식을 죽이는 비극적인 인물로 등장하는데 그의 비극은 작가마다 상이하다.

아폴로도로스는 『비블리오테케』에서 아타마스의 비극이 이노의 질투에서 비롯되었다고 한다. 아타마스 왕의 두 번째 아내인 카드모스의 딸 이노는 전처 자식들을 미워해서 그들을 죽일 음모를 꾸몄다. 이노는 남자들 몰래 여자들에게 밀알을 볶게 하고 볶은 밀알을 땅에 뿌렸다. 당연히 밀알에서 싹이 트지 않았고 나라는 기근에 시달리게 되었다. 그러자 아타마스는 델피로 사신을 보내 신의 뜻을 알아오게 하였다.

이노는 기회를 놓치지 않고 사신들을 매수하여 사주했는데, 그들은 아타마스에게 기근에서 벗어나려면 네펠레의 아들 프릭소스를 제우스에게 바쳐야 한다고 말했다.

운명이 갈린 프릭소스와 헬레

아타마스는 백성들의 성화에 못이겨 프릭소스를 희생 제물로 바치기 위해 제단으로 향했다. 그 순간 전처 네펠레가 아들 프릭소스와 딸 헬레를 낚아채고는 그들에게 헤르메스에게서 받은 황금 양털이 난 숫양을 건네주었다. 숫양은 프릭소스와 헬레를 태우고 하늘로 날아올라 그들의 목숨을 구했다. 그러나 불행하게도 헬레는 시게이온과 케르소네소스 사이에 있는 바다에 빠지고 말았는데 그녀가 익사한 바다는 그 후 그녀의 이름을 따서 헬레폰토스라고 부른다.

프릭소스는 무사히 콜린스에 도착하였고 콜린스의 왕이자 파시파에의 오빠인 아이에테스가 프릭소스에게 그의 딸 킬키오페를 아내로 주었다. 그들은 네 명의 아들 아르고스, 멜라스, 프론티스, 키티소로스를 낳았다.

헤라의 분노와 저주

아타마스는 헤라의 분노를 산 일이 있어 저주로 인해 이노와 사이에서 낳은 두 명의 아들을 잃었다. 헤라는 아타마스와 이노를 실성하게 만들고 아타마스는 제정신이 아닌 상태에서 레아르코스를 활로 쏘아 죽이고 이노는 멜리케르테스를 안고 바다에 몸을 던졌다.

아타마스는 자식과 아내를 모두 잃고 자신의 나라 보이오티아에서 추방되었고, 신들에게 자신이 어디로 가야 할 지 묻자 신탁은 들짐승들이 먹을 것을 주는 곳으로 가라고 하였다. 그리하여 그의 방랑은 시작되었다. 그가 광활한 벌판을 지나다가 그곳에서 양들을 잡아먹고 있는 늑대들을 만났는데, 늑대들이 그를 보자마자 먹이를 버리고 도망쳤다. 아타마스는 신의 뜻에 따라 그곳에 정착하여 자신의 이름을 따 그 땅을 아타만티아라고 불렀다. 이어 그는 힙세우스의 딸 테미스토와 결혼하여 레우콘, 에리트리오스, 스코이네우스, 프토오스를 낳았다.

오비디우스는 『변신이야기』에서 헤라의 무시무시한 분노를 뛰어나게 묘사하는데 그에 따르면 헤라 여신은 이노가 디오니소스를 맡아 기른 것에 분노해 아타마스와 이노에게 복수하였다. 헤라는 이노에게 복수하기 위해 하늘의 거처를 떠나 지하의 세계로 내려가 그곳에서 복수의 여신들을 만났다. 복수의 여신들은 헤라가 범죄자들의 거처라고 불리는 어둠과 암흑 사이로 오는 것을 보았다. 그곳에는 아폴로와 디아나의 어머니 라토나를 겁탈하려 한 죄로 독수리에게 간을 뜯기는 벌을 받고 있는 티티오스와 올림포스의 신들을 시험한 죗값으로 갈증과 배고픔에 시달리는 탄탈로스, 돌덩이를 끊임없이 산꼭대기로 굴려 올려야 하는 벌을 받은 시시포스 등이 있었다. 그밖에 익시온과 벨루스의 손녀들이 죗값을 치르고 있는 무시무시한 곳이었다.

헤라는 그들 중 특히 아타마스의 형제인 시시포스를 노려보며 복수의 여신들에게 자신이 이곳에 온 이유를 설명하고 도움을 구했다. 복수의 여신 티시포네는 헤라에게 분부대로 할 테니 걱정하지 말라고 했고, 헤라는 기쁜 마음으로 천상으로 돌아갔다.

티시포네가 아타마스와 이노를 실성하게 한다
미상, 17세기

무자비한 티시포네는 피가 뚝뚝 떨어지는 외투를 입고 피에 절은 횃불을 들고 뱀을 허리띠로 두른 채 나타났다. 슬픔과 두려움과 공포와 광기가 그녀를 뒤따랐다. 티시포네가 아이올로스의 집 앞에 도달하자 문설주가 부르르 떨렸고 태양신도 그 자리를 비킬 정도였다. 아타마스와 이노는 불길한 징조에 질겁하여 집을 떠날 준비를 했는데 그때 복수의 여신 티시포네가 그들의 앞길을 가로막았다. 그녀는 머리에서 뱀 두 마리를 끄집어내어 이들 부부에게 던졌고 뱀들은 이노와 아타마스의 가슴으로 기어들어가 독을 뿜어냈다. 뱀의 치명적인 독에 중독된

실성한 아타마스
존 플랙스만(John FLAXMAN)

아타마스와 이노는 온몸을 부들부들 떨며 광기에 빠졌고, 정신이 나간 아타마스의 눈에는 자신의 아내와 자식이 단지 사냥감으로 밖에 보이지 않았다.

그는 새끼 두 마리를 거느린 암사자를 잡아야 한다고 자신의 궁정의 한가운데서 고함쳤다. 그리고 이노의 품에 안겨 아버지를 향해 방글거리며 손을 내미는 레아르코스를 빼앗아 빙글빙글 돌리더니 바위에다 내팽개쳤다. 이노도 자식을 잃은 고통 때문인지 혹은 뱀의 독 탓인지 알 수 없는 이유로 실성하여 울부짖었다. 그녀는 멜리케르테스를 가슴에 안고 깎아지른 듯한 절벽으로 기어올라가 아이를 안은 채 지체 없이 바다로 뛰어들었다.

이렇게 헤라의 복수는 아타마스 가족을 절멸시키며 잔인하게 끝났다.

아탈란테 Atalante

요약

  그리스 신화에 등장하는 처녀 사냥꾼
이다.

  남성을 능가하는 힘과 용맹으로 신화
속의 여러 유명한 사건에서 이름을 떨쳤
다. 나중에 제우스(혹은 키벨레)의 신전에
서 멜라니온(혹은 히포메네스)과 사랑을
나누다 신의 분노를 사게 되어 사자로
변하였다.

아탈란테
그리스 조각, 1세기, 바티칸 미술관

기본정보

구분	신화 속 인물
상징	처녀사냥꾼, 처녀전사
외국어 표기	그리스어: Ἀταλάντη 혹은 Ἀταλάντα
어원	남자에 버금가는 여자
별칭	아탈란타(Atalanta)
관련 동물	사자
관련 신화	펠리아스 장례 경기, 칼리돈의 멧돼지 사냥, 아르고호 원정

인물관계

  아탈란테의 가계는 아르카디아 계열의 전설과 보이오티아 계열의 전설에서 조금 다르게 묘사된다.

아르카디아 전설에 따르면 그녀는 아르카스의 후손인 리쿠르고스의 아들 이아소스와 클리메네 사이에서 태어난 딸로 사촌인 멜라니온과 결혼하는데, 보이오티아 전설에서는 아버지와 남편의 이름이 각각 스코이노스 시의 시조인 스코이네우스와 히포메네스로 바뀐다. 테바이 공략 7장군 중 한 명인 파르테노파이오스가 그녀와 멜라니온 사이에서 태어난 아들이다.

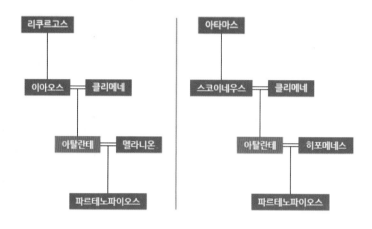

신화이야기

딸로 태어나 버려진 아탈란테

아탈란테가 태어나자 아들을 간절히 원했던 아버지는 그녀를 산 속에 내다버렸다. 하지만 아탈란테는 죽지 않고 암곰의 젖을 먹으며 목숨을 부지하다 사냥꾼에게 발견되어 그의 집에서 자랐다. 어려서부터 사냥꾼들 틈에서 자란 아탈란테는 아름다운 처녀로 성장한 뒤에도 결혼에는 관심이 없고 그녀의 수호신인 아르테미스 여신처럼 숲에서 사냥하는 것만 좋아했다.

한번은 숲에서 켄타우로스족인 로이코스와 힐라이오스가 그녀를 겁탈하려 하다가 오히려 그녀의 화살에 맞아 죽은 일도 있었다.

아르고호 원정대

아탈란테는 이아손이 황금 양털을 빼앗아오기 위해 각지의 영웅들을 모아 아르고호 원정대를 결성할 때 여성으로는 유일하게 원정대의 일원으로 참여하고자 했다. 하지만 이아손은 여성이 원정대에 끼면 남자들 사이에 불화가 생긴다는 이유로 그녀를 받아주지 않았다. 이에 아탈란테는 원정대가 돌아온 뒤 열린 펠리아스의 장례 경기에 참가하여 아킬레우스의 아버지 펠레우스를 누르고 우승함으로써 자신의 능력을 과시하였다.

하지만 또 다른 전승에 따르면 그녀는 원정대에 받아들이기를 거부하는 이아손에게 마이날로스 산에서 생산된 값진 창을 선물하고 참여할 수 있었다고 한다. 아탈란테는 원정길에서 창에 찔리는 심한 부상을 입었는데 이를 마녀 메데이아가 고쳐주었다고 한다.

펠레우스와 아탈란테의 씨름
검은 무늬 도자기, 기원전 540~530년경
뮌헨 국립고대미술박물관

칼리돈의 멧돼지 사냥

아탈란테의 이름을 유명하게 만든 것은 칼리돈의 멧돼지 사냥이다. 칼리돈의 왕 오이네우스가 신들에게 제물을 바치면서 자신만 빼먹은 것에 화가 난 아르테미스 여신이 거대한 멧돼지를 풀어 칼리돈을 황폐하게 만들자 오이네우스의 아들 멜레아그로스가 그리스 전역에서 영웅들을 불러 모아 멧돼지 사냥에 나섰다. 수많은 사상자들이 발생한 이 멧돼지 사냥에서 처음으로 멧돼지에게 화살을 명중시킨 이가

멜레아그로스와 아탈란테
페테르 파울 루벤스(Peter Paul Rubens), 1640년.
리버풀 워커 미술관

아탈란테였다. 그러자 옆에 있던 멜레아그로스가 부상당한 멧돼지의 허리에 칼을 꽂아 넣어 숨통을 끊어버렸다.

사냥이 끝난 뒤 아탈란테에게 마음을 빼앗긴 멜레아그로스는 멧돼지를 죽인 자에게 돌아가기로 되어 있던 멧돼지 가죽을 아탈란테에게 주었다. 그러자 그렇잖아도 사냥에 여자가 참여한 것을 못마땅하게 여기던 그의 외숙부 플렉시포스와 톡세우스가 조카의 행위를 맹렬히 비난하며 아탈란테에게서 가죽을 빼앗았고 화가 머리 끝까지 난 멜레아그로스가 외숙부들을 칼로 찔러 죽였다. 이후 사냥꾼들 사이에서 큰 싸움이 벌어져 결국 멜레아그로스도 목숨을 잃었다.

경주에 패한 아탈란테

칼리돈의 사냥 사건 이후 아탈란테의 명성이 그녀를 버렸던 아버지 이아소스(혹은 스코이네우스)의 귀에도 들어갔다. 아버지는 그녀에게 결혼할 것을 권했지만 아탈란테는 그럴 마음이 없었다. 그녀가 결혼을 기피하는 이유는 처녀신 아르테미스를 섬기는 탓도 있었지만 결혼하면 동물로 변하게 될 거라는 신탁 때문이기도 했다.

결혼을 재촉하는 아버지의 성화에 견디다 못한 아탈란테는 자신과 경주하여 이긴 사람과 결혼하겠다고 발표하였다. 하지만 경주에 진 자는 죽어야 한다는 조건이었다. 수많은 남자들이 그녀의 미모에 반해 경주에 나섰다가 목숨을 잃었다. 심지어 아탈란테는 무장을 하고 경주에 나서고 남자들은 벌거벗어 몸을 가볍게 하고 달렸는데도 언제나 아탈란테가 이겼다. 그러던 어느 날 아탈란테의 사촌 멜라니온(혹은 히포메네스)이 경주의 심판을 보다가 그녀에게 반하고 말았다. 아탈란테를 향한 마음을 어쩌지 못한 그는 죽음의 경주에 나가기로 결심하고 아프로디테 여신에게 경주에 이기게 해달라고 간절히 빌었다. 아프

로디테는 멜라니온(히포메네스)의 기도를 듣고 황금 사과 세 개를 내려주었다. 경주가 시작되자 멜라니온은 아탈란테가 자신을 앞지르려 할 때마다 황금 사과를 던졌고, 아탈란테는 신기한 황금 사과를 줍느라 시간을 지체하여 결국 경주에 지고 말았다.(일설에는 이미 그가 마음에 들어 그렇게 하였다고도 한다)

아탈란테와 히포메네스의 경주
니콜라 콜롱벨(Nicolas Colombel), 1680년
빈 리히텐슈타인 미술관

사자로 변한 아탈란테와 멜라니온(히포메네스)

결혼하여 부부가 된 두 사람은 어느 날 제우스의 신전에서 사랑을 나누다 신의 진노를 사서 사자로 변하고 말았다. 고대인들은 사자는 서로 맺어질 수 없다고 믿었으므로 아탈란테와 멜라니온은 결코 다시는 맺어질 수 없게 된 것이다.(고대인들은 사자가 표범과 교미하여 새끼를 낳는다고 믿었다) 하지만 또 다른 이야기에 따르면 멜라니온이 아탈란테를 아내로 얻은 뒤 아프로디테에게 감사의 제물을 올리지 않았기

때문에 화가 난 아프로디테가 두 사람에게 갑작스러운 욕정을 불러일으켜 키벨레 여신의 신전에서 사랑을 나누게 했다고 한다. 키벨레 여신은 자신의 신전을 욕되게 한 두 사람이 더 이상 사랑을 나누지 못하도록 사자로 바꾸어 데리고 다녔는데, 키벨레 여신의 수레를 끄는 사자 두 마리는 멜라니온과 아탈란테가 변한 것이라고 한다.

아테 Ate

요약

그리스 신화에서 어리석은 실수와 미망을 의인화한 여신이다.

제우스와 불화의 여신 에리스의 딸인 아테는 신과 인간들을 현혹시켜서 어리석은 행동을 저지르게 만들었다. 이에 제우스의 노여움을 사게 되어 올림포스에서 인간 세상으로 내던져졌다.

기본정보

구분	개념이 의인화된 신
상징	미망(迷妄), 맹목적이고 어리석은 행동, 실수, 가벼운 행동
외국어 표기	그리스어: Ἄτη
어원	현혹됨, 생각이 모자람
관련 신화	헤라클레스의 출생
가족관계	제우스의 딸, 에리스의 딸, 닉스의 손녀

인물관계

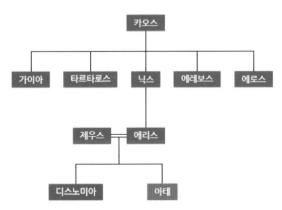

『신들의 계보』에 따르면 아테는 불화의 여신 에리스의 딸로 무법의 여신 디스노미아와 자매지간이다. 둘은 모두 밤의 여신 닉스의 후손이다. 호메로스의 『일리아스』에서 아테는 제우스의 딸로 소개된다.

신화이야기

아테와 아가멤논

트로이 전쟁에서 아가멤논과 아킬레우스의 불화는 전쟁의 국면을 그리스군에게 결정적으로 불리하게 만들었다. 두 영웅이 반목하게 된 이유는 미녀 브리세이스 때문이었다.

그리스군 진영에 역병이 돌아 병사들이 죽어나가자 그리스군의 지도자들은 신탁에 원인을 물었고 신탁은 아가멤논이 전리품으로 빼앗아 온 크리세이스를 다시 그녀의 아버지인 아폴론의 사제 크리세스에게 돌려주어야 한다고 말했다. 이에 아킬레우스를 비롯한 장군들이 아가멤논에게 신탁을 따르도록 요구하자 아가멤논은 화가 나서 아킬레우스에게 대신 그가 전리품으로 취한 브리세이스를 내놓는다면 요구에 응하겠다고 했다. 결국 사랑하는 브리세이스를 아가멤논에게 내줄 수밖에 없었던 아킬레우스는 전투에서 손을 떼고 자기 진영에 틀어박혔다.

그리스군 최고의 영웅 아킬레우스가 싸움터에 나타나지 않자 전세는 급격히 트로이군 쪽으로 기울었고 다급해진 아가멤논은 브리세이스와 단 한 번도 잠자리를 갖지 않았다는 맹세와 함께 다시 그녀를 돌려주겠다며 아킬레우스에게 화해를 청했다. 이때 아가멤논은 아킬레우스에게 모욕을 가한 자신의 어리석은 행동의 책임이 아테에게 있노라고 변명하였다.

"내가 아킬레우스로부터 명예의 선물을 손수 빼앗았던 그날
바로 그들(신들)이 회의장에서 내 마음속에 사나운 광기를 보냈기
때문이오.
아테는 제우스의 맏딸로 모든 사람을 눈멀게 하는 파괴적인 여신
이오.
그녀의 발은 가벼워 결코 땅을 밟고 다니는 일이 없소.
그녀는 사람의 머리를 밟고 다니며 사람들을 넘어뜨리는데
둘 중에 한 사람은 걸려들게 마련이오."

아가멤논은 자신이 아테 여신에게 현혹되어 실수를 저지른 것이 불
명예스러운 일은 아니라면서 제우스 역시 아테 여신에 의해 눈이 먼
적이 있다고 말했다.

아테와 제우스

아가멤논이 예로 든 제우스의 실수는 헤라클레스가 태어날 때 일어
난 일이었다. 제우스는 알크메네가 자신의 아들인 헤라클레스를 출산
할 무렵 기분이 좋아서 신들에게 곧 태어날 페르세우스의 후손이 장
차 아르고스의 통치자가 될 것이라고 말했다. 그러자 알크메네를 질투
한 헤라가 아테 여신의 힘을 빌어 제우스에게 자신이 한 말을 맹세토
록 하였고 제우스는 헤라의 말대로 맹세를 했다. 하지만 헤라에게는
다른 꿍꿍이가 있었다.

제우스의 맹세가 떨어지자 헤라는 몰래 출산의 여신 에일레이티이
아에게 지시하여 헤라클레스의 탄생을 늦추고 그 대신 니키페가 임신
한 에우리스테우스를 일곱 달 만에 세상에 나오게 했던 것이다.

니키페의 남편 스테넬로스는 영웅 페르세우스의 아들이었다. 결국
제우스가 예언한 아르고스의 통치권은 제우스가 뜻했던 헤라클레스
가 아니라 엉뚱하게 에우리스테우스에게로 돌아가고 말았다.

아테의 추방

이 소식을 들은 제우스는 "화가 나 지체 없이 아테의 번쩍이는 머리채를 붙잡고 엄숙하게 맹세하기를, 아무나 가리지 않고 눈멀게 하는 아테는 두 번 다시 올림포스와 수많은 별들이 있는 하늘로 들어오지 못할 것"이라고 했다. 제우스가 아테를 "손으로 빙빙 돌려 별 많은 하늘에서 내던지자" 그녀는 곧장 인간 세상으로 떨어졌다.

이렇게 해서 아테가 떨어진 곳이 프리기아의 한 언덕이었는데 그 후로 그곳은 아테의 언덕이라고 불렸다. 아테의 언덕은 나중에 다르다노스의 후손인 일로스가 신탁에 의해 얼룩소를 쫓아가서 트로이를 건설한 곳이다.

아테와 리타이

제우스에 의해 인간 세계로 내던져진 아테는 인간들과 함께 지내게 되었고 이때부터 어리석은 미망이 인간의 속성으로 자리잡았다.

나중에 제우스는 아테에게 사죄의 여신 리타이를 보내주어 인간들로 하여금 참회의 기도를 통해 자신의 실수와 잘못을 만회할 기회를 주었다. 하지만 리타이는 절름발이에 주름투성이인데다 사팔뜨기여서 날랜 걸음으로 앞서 가며 인간들에게 해악을 끼치는 아테의 뒤를 따라다니는 것이 고작이다.

신화해설

호메로스의 서사시에서 아테 여신은 인간의 어리석은 행동을 불러일으키는 원인으로 묘사되고 있다. 잘못의 책임은 아테 여신에게 있는 것이지 인간 개인에게 있는 것이 아니라는 것이다. 학자들은 이를 호메로스 시대의 고대인들에게 아직 개인적 자아 개념이 발달하지 않은 것으로 해석한다.

　하지만 후대의 비극 작가 아이스킬로스는 아테 여신에게 현혹된 인간의 미망이 그에 앞서 저지른 개인적 과실의 결과로 보았다. 그러므로 미망의 여신 아테의 비극적 역할은 복수의 여신 네메시스와 거의 비슷하다고 하겠다.

아테나 Athena

요약

그리스 신화에 나오는 올림포스 12신 중 하나로 지혜, 전쟁, 기술, 직물, 요리, 도기 등을 관장하는 여신이다.

대개 투구와 갑옷을 입고 창과 방패를 든 여전사의 모습을 하고 있으며 헤라클레스, 페르세우스, 오디세우스 등 영웅들의 조력자로 등장한다. 배우자나 연인이 없기 때문에 처녀 신으로 불리지만 헤파이스토스와의 사이에 아들 에리크토니오스를 두었다고도 한다.

아테네의 수호신으로 도시 이름이 그녀에게서 유래하였으며 아테네의 파르테논 신전이 그녀에게 바쳐진 신전이다. 로마 신화의 미네르바에 해당한다.

기본정보

구분	올림포스 12신
상징	지혜, 지략, 이성
외국어 표기	그리스어: Αθηνά
로마 신화	미네르바(Minerva)
관련 상징	올빼미, 뱀, 올리브나무, 창, 아이기스(방패)
가족관계	제우스의 딸

인물관계

제우스와 티탄 신족 메티스 사이에서 난 딸로 제우스가 임신한 메티스를 삼킨 바람에 무장한 모습으로 제우스의 머리에서 튀어나왔다.

헤파이스토스와의 사이에서 아들 에리크토니오스를 두었다고 하지만 직접 낳지는 않았다.

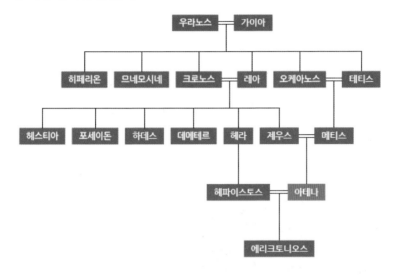

신화이야기

출생

아테나는 제우스와 그의 첫 번째 아내 메티스 사이에서 태어난 딸이다. 메티스는 오케아노스와 테티스의 딸로 티탄 신족에 속하는 지혜와 기술의 여신이다. 헤시오도스는 『신들의 계보』에서 메티스를 "신과 인간 중에 가장 지혜로운 자"로 묘사하였다.

메티스는 제우스가 아버지 크로노스에 반기를 들어 그가 삼킨 자식들 즉 자신의 형제들을 다시 토해내게 할 때 이를 도왔는데, 제우스는 메티스가 만들어 준 약 덕분에 크로노스로 하여금 자식들을 다시 토하게 할 수 있었다. 그 뒤 제우스는 메티스에게 구애했는데 평생 처녀로 살기를 원했던 메티스는 이를 받아들이지 않았다.

그녀는 줄기차게 쫓아오는 제우스를 피해 여러 가지 형상으로 모습을 바꿔가며 도망쳤지만 결국 그에게 굴복하고 말았다. 둘의 결혼식 때 크로노스의 어머니 가이아는 제우스에게 불길한 예언을 하였다. 메티스가 딸을 낳으면 그 딸은 아버지와 대등한 능력을 지니게 될 것이고 아들을 낳으면 아버지보다 더 강력하게 자라나서 제우스가 그랬듯이 아버지를 몰아내고 왕좌를 차지하게 되리라는 것이었다. 이에 제우스는 메티스가 임신을 하자 그녀를 통째로 삼켜버렸다. 이후 메티스가 밴 아기는 제우스의 몸 속에서 계속 자라났고 제우스가 참을 수 없는 두통을 호소하자 대장장이 신 헤파이스토스(혹은 프로메테우스)가 도끼로 제우스의 이마를 찍어서 머리를 열었고 그 속에서 이미

아테나의 탄생
아티카 흑색상 도기, 기원전 560년, 테베 출토
루브르 박물관

장성한 아테나 여신이 무장을 한 채로 튀어나왔다.

제우스는 메티스를 삼킨 덕분에 그녀가 지녔던 지혜도 획득하여 강력한 왕권을 구축할 수 있었다.

또 다른 신화에 의하면 메티스는 자신에게 욕망을 품고 쫓아오는 제우스를 피해 도망치다가 파리로 변했는데 제우스가 이를 냉큼 삼켜버렸다고 한다. 파리로 변한 메티스는 제우스의 혈관 속으로 들어갔다가 임신을 하게 되었고 그 상태로 제우스의 머리로 기어올라 갔다. 제우스는 머리 속에서 태아가 점점 자라나자 참을 수 없는 고통을 호소하였고, 결국 헤파이스토스를 불러 자기 이마를 쪼개고 아이를 꺼내게 하였다는 것이다.

아테나는 제우스의 머리에서 무장을 하고 튀어나올 때 하늘과 땅이

뒤흔들릴 정도로 엄청난 함성을 내질렀다고 한다.

지혜의 여신 '아테나 글라우코피스'

아테나는 여러 가지 속성을 지 녔지만 무엇보다도 지혜의 여신으 로 손꼽힌다. 그녀가 관장하는 전 쟁, 기예, 직물, 요리 등 다양한 영 역들은 모두 이 속성으로 수렴된 다고도 말할 수 있다. 그녀의 혈통 에서 알 수 있듯 이 속성은 누구 보다도 어머니 메티스로부터 물려 받은 것으로 보인다. 아테나가 제 우스의 머리에서 온전한 성인의 모습으로 튀어나왔다는 출생 신화 도 지혜를 상징한다고 볼 수 있다. 비교하자면 술과 도취의 신 디오

아테나 조각상
미상, 160~150년경
캘리포니아 게티 빌라 미술관
©Marshall Astor@Wikimedia(CC BY-SA2.0)

니소스는 제우스의 넓적다리에서 태어났다.

호메로스는 아테나를 "글라우코피스" 즉 "빛나는 눈"을 지닌 여신으 로 표현하였다. 올빼미를 뜻하는 '글라우크스' 역시 글라우코피스에서 유래한 것이다. 커다란 눈으로 어둠 속에서도 사물을 잘 분간할 수 있 는 올빼미는 무지의 어둠 속에 지혜의 빛을 밝히는 아테나 여신을 상 징하는 새가 되었다. 철학자 헤겔은 『법철학』서문에서 "미네르바의 올빼미는 황혼녘에야 날개를 편다"는 말로 지혜의 늦됨을 표현하기도 했다. 미네르바는 로마 신화에 나오는 지혜와 기예의 신으로 그리스 신화의 아테나와 동일 인물이다.

아테나는 지혜의 여신답게 재판을 주관한다. 아테나 여신의 주관으 로 열린 법정으로는 오레스테스의 재판이 유명하다. 친부의 복수를

위해 친모를 살해한 오레스테스의 유죄 여부를 놓고 아테네의 아레오 파고스에서 열린 재판에서 아테네 시민들로 구성된 배심원들의 판결이 찬반 동수로 나오자 아테나는 재판장으로서 한 표를 행사하여 오레스테스에게 무죄를 선언했다.

전쟁의 여신 '아테나 프로마코스'

창과 아이기스(염소가죽으로 만든 방패, '아이기스' 참조)로 무장한 아테나는 전쟁의 여신이다. 하지만 같은 전쟁의 신인 아레스와는 사뭇 다르다. 아레스가 전투의 난폭한 면을 대표하는 신이라면 아테나는 지적인 전술을 대표한다.

그리스인들 특히 호메로스는 전쟁의 신으로서 아레스보다 아테나를 더 좋아했으며 제우스도 아테나는 끔찍이 아끼면서도 아레스는 좋아하지 않았다.

전쟁의 여신 아테나에게는 '프로마코스'라는 별칭이 자주 붙는다. 프로마코스는 '미리 싸우는 자', '앞서서 싸우는 자'라는 뜻으로 앞장서서 싸운다는 의미도 담고 있지만, 주로 방어에 초점을 맞추어 싸우는 전사를 의미한다. 이런 명칭에서도 군신으로서 아레스와 다른 아테나의 성격이 드러난다. 난폭한 아레스가 공격적이고 파괴적인 전쟁을 주도한다면 아테나는 지략과 이성으로 무장하고 무차별적 파괴로부터 도시와 문명을 보호하는 역할을 수행한다.

아테나는 거인족(기간테스)이 올림포스의 신들을 공격했을 때 중요한 활약을 했다. 그녀는 팔라스를 죽이고 그 껍질을 벗겨 자신의 방패에 씌웠고 엔켈라도스는 시칠리아 섬으로 눌러서 꼼짝 못하게 했다.

영웅들의 조력자

아테나는 페르세우스, 벨레로폰, 헤라클레스, 이아손, 디오메데스, 오디세우스 등 영웅들의 모험을 돕는 여신으로도 자주 등장한다. 아테나는 페르세우스가 메두사를 죽이러 갈 때 그에게 날개 달린 샌들, 모습을 감추는 모자, 방패 등을 주면서 메두사의 목을 자르는 방법을 가르쳐주었다. 메두사를 직접 본 사람은 돌로 변해버리기 때문에 방패에 비친 모습을 보고서 머리를 잘라야 한다고 말해준 것이다.

아테나, 케르베로스, 헤라클레스
아티카 흑색상 도기, 기원전 560년, 로도스 출토
루브르 박물관

아테나는 또 헤라클레스를 싸움터에서 보호해주고 그가 과업을 잘 수행할 수 있도록 무장시켜주기도 했다. 가령 헤라클레스는 아테나가 준 청동 캐스터네츠 덕분에 스팀팔로스 호수의 새들을 놀래켜 날아오르게 하여 화살로 쏘아죽일 수 있었고 케르베로스를 잡으러 하계로 내려갈 때도 아테나의 길 안내를 받았다.

아테나와 포세이돈
적색 도기 그림, 기원전 360년경
루브르 박물관

오디세우스가 트로이 전쟁을 끝내고 고향으로 돌아갈 때도 아테나는 적극적으로 개입하여 그의 귀향을 도와주었다. 아테나는 오디세우스의 아들 텔레마코스 앞에 아버지의 친구 멘토르의 모습으로 변신하고 나타나 충고와 조언을 통해 아버지의 귀향을 준비하게 하였고,(오늘날 조언자, 스승의 의미로 쓰이는 단어 '멘토'는 여기서 유래한다) 오디세우스가 칼립소의 섬에 갇혀 있을 때는 직접 제우스에게 요청하여 그를 풀어주게 만들기도 했다. 하지만 무엇보다도 아테나는 오디세우스가 역경에 처했을 때 그에게 용기를 불어넣어 스스로 고난을 헤치고 나갈 수 있게 도와주었다. 바로 이 점이 지혜와 지략의 여신 아테나가 영웅들의 조력자로서 신화에 자주 등장하게 되는 이유라 하겠다.

도시의 수호신 '아테나 폴리아스'

아테나는 여러 도시 국가(폴리스)의 수호신으로 간주되었다. 그녀의 이름을 딴 아테네 외에도 스파르타, 메가라, 아르고스 등의 도시에도 그녀의 신전이 세워져 있었으며, 트로이인들은 팔라디온이라는 아주 오래된 아테나의 신상을 모셔두고서 이 신상이 도시 안에 있는 한 트로이는 절대로 망하지 않을 것이라고 굳게 믿었다. 그래서 트로이 전쟁 때 오디세우스와 디오메데스가 트로이 성 안으로 몰래 숨어들어 목숨을 걸고 팔라디온 신상을 훔쳐오기도 했다.

아테네의 수호신 자리를 놓고 다투는 아테나와 포세이돈
노엘 알(Noel Halle), 18세기, 루브르 박물관

하지만 아테나의 가장 위대한 성역은 단연 아테네의 파르테논 신전이다. 아테나가 이 도시의 수호신 자리를 놓고 포세이돈과 겨룬 이야기는 유명하다.

두 신이 도시를 놓고 다투자 시민들은 누가 도시에 더 이로운 선물을 주는지의 여부로 수호신을 결정하기로 했다. 그러자 포세이돈은 삼지창으로 땅을 찔러 아크로폴리스 언덕에 바닷물이 솟아오르게 하였고 아테나는 올리브나무가 자라게 하였다. 아테네 시민들은 올리브 열매가 소금물 샘보다 더 유용하다고 판단하여 아테나를 자신들의 수호신으로 결정했다.

직물의 여신 아테나와 아라크네

아테나 여신이 주관하는 분야로는 전쟁과 지혜 외에 실용적인 기술도 꼽을 수 있다. 지혜를 통해서 탄생한 새로운 기술이나 기예는 대부분 아테나의 손에 의해 생겨난 것으로 생각되었다. 구체적으로 아테나는 직물과 도기, 요리의 여신으로도 추앙받았다. 직물의 여신 아테나와 관련된 신화로는 아라크네와 베 짜는 솜씨를 겨룬 이야기가 유명하다.

아라크네는 리디아에 사는 염색의 명인 이드몬의 딸로 베 짜는 솜씨가 대단해서 숲의 님페들까지 구경하러 오곤 했다. 솜씨가 아테나 여신에 버금간다는 주변의 칭찬에 우쭐해진 아라크네는 자신이 더 낫다며 아테나 여신과 직접 겨뤄 보기를 원했다.

아테나 여신이 노파로 변신하여 그녀에게 다가가 지나친 자만으로 신을 모독하면 안 된다고 경고했지만 아라크네는 들은 척도 하지 않았다. 이에 분노한 아테나는 제 모습을 드러내고 그녀와 솜씨를 겨루었다. 아테나는 베의 중앙에 올림포스 신들의 위엄을 새겨넣고 귀퉁이에는 경고의 의미로 신에게 도전했던 오만한 인간들의 비참한 최후를 수놓았다. 반면에 아라크네는 제우스가 동물이나 빗물로 변신하여 여

아테나와 아라크네
르네 앙투안 우아스(Rene Antoine Houasse), 1661년, 베르사유 궁

성들에게 접근하는 명예롭지 못한 애정 행각들을 묘사했다. 실제로 아라크네의 솜씨는 아테나와 우열을 가리기 힘들 정도로 훌륭했다. 화가 난 아테나는 아라크네가 짠 천을 갈가리 찢고 북으로 그녀의 머리를 때렸다. 아라크네는 모욕감에 분을 참지 못하고 목을 매어 죽으려 했다. 하지만 아테나는 아라크네가 죽도록 놔두지 않고 그녀를 거미로 만들어 평생 몸에서 실을 뽑아 거미줄을 짜게 하였다.

처녀 신 '아테나 파르테노스'와 여신의 아들 에리크토니오스

아테나는 처녀성을 끝까지 지킨 여신으로 알려졌다. 그래서 아테나의 이름에는 종종 '파르테노스'라는 별칭이 붙는다. 파르테노스는 '처녀'라는 뜻이며 아테나의 신전은 파르테논이라고 불린다. 같은 처녀 신이지만 아테나는 아르테미스와는 달랐다.

아르테미스는 아예 남자를 멀리하여 숲에서 여자들끼리만 살았지만 전쟁의 신이기도 한 아테나는 전쟁터에서 남자들과 어울려 싸우는 등 남성적인 행동을 즐겼고 영웅들과 어울리며 조력을 아끼지 않았다.

하지만 처녀 신 아테나에게도 아들이 있었다. 그런데 그녀가 아들을 얻게 된 연유가 조금 특이하다.

아테나가 전쟁에 쓸 무기를 얻기 위해 헤파이스토스의 대장간을 찾아갔는데 마침 아프로디테에게 버림받은 헤파이스토스가 아테나에게 반해서 그녀를 끌어안고 사랑을 나누려 했다. 하지만 아테나는 끝내 거절하였고 욕정을 주체하지 못한 헤파이스토스는 아테나의 다리에 사정을 하고 말았다. 몹시 불쾌해진 아테나가 양털로 헤파이스토스의 정액을 닦아서 땅에 던졌는데 이로 인해 대지가 임신하여 에리크토니오스가 태어났다. 에리크토니오스는 '대지에서 태어난 자'라는 뜻이다.

귀스티니아니의 아테나
그리스의 아테나 여신상을 복제한 로마 시대 작품. 아래의 뱀은 에리크토니오스를 상징한다

아테나는 이 아이를 거두어 아들로 삼았다. 여신은 아이를 불사신으로 만들기 위해 뱀이 지키는 바구니에 넣어 케크롭스의 딸들에게 맡기며 절대로 열어 보지 말라고 당부했다. 하지만 호기심을 이기지 못한 케크롭스의 딸들이 바구니를 열어 보았고, 뱀이 아기를 휘감고 있는 모습에 놀란 나머지 아크로폴리스 언덕에서 투신하여 자살하였다. 아테나는 하는 수 없이 에리크토니오스를 바구니에서 꺼내어 파르테논 신전에서 길렀고 아이는 자라서 아테네의 왕이 되었다.

팔라스 아테나

팔라스는 아테나 여신에게 가장 자주 붙는 별칭이다. 아테나에게 이 별칭이 붙는 이유에 대해서는 몇 가지 이야기가 있다.

올림포스의 신들과 거인족 기간테스 사이에 전쟁이 일어났을 때 아테나가 기간테스의 하나인 팔라스를 죽이고 그 껍질을 벗겨 자신의 방패에 씌웠는데 이때부터 팔라스라는 별칭이 이름 앞에 붙었다는 것이다.

팔라스 아테나
구스타프 클림트(Gustav Klimt), 1898년
카를스플라츠 빈 미술관

다른 이야기에 따르면 팔라스는 바다의 신 트리톤의 딸로 아테나가 어렸을 때 함께 자랐다. 그런데 창던지기 놀이를 하다가 아테나가 실수로 팔라스를 죽이고 말았다. 친구의 죽음을 슬퍼한 아테나는 그 뒤로 자신의 이름에 팔라스의 이름을 덧붙였다. 아테나는 팔라스를 기리기 위해 신상 팔라디온도 만들었다. 팔라디온은 아테나 여신을 상징하는 신상이 되었다.

팔라스라는 별칭에 대한 또 한 가지 이야기는 아테나가 들고 있는 창과 관련된다. '팔라스'에는 '창을 휘두르는 자'라는 의미가 있어 아테나의 이름 앞에 붙었다는 것이다.

아테나 트리토게네이아

아테나에게 트리토게네이아라는 별칭이 붙게 된 연유에 대해서는 보이오티아, 아르카디아, 리비아 등지에 있는 트리토 혹은 트리토니스라는 이름의 호수 또는 강 근처에서 태어났기 때문이라는 이야기와 그녀가 바다의 신 트리톤에 의해 양육되었기 때문이라는 이야기가 있다. 하지만 그녀가 트리톤에 의해 양육되었다는 이야기는 완전 무장을 한 채 성년의 모습으로 제우스의 머리에서 출생하였다는 신화와 맞지 않는다.

신화해설

올림피아 12신

"신들의 거처는 그리스 북부 테살리아의 올림포스 산꼭대기에 있다. 여기에는 계절의 여신들 호라이가 지키는 구름 문이 하나 있는데 그 문은 천상의 신들이 지상으로 내려갈 때나 지상에서 천상으로 돌아올 때마다 열린다. 신들에게는 각기 그들의 거처가 있지만 소집이 있을 때면 하나도 빠짐없이 제우스 신전으로 모인다. 지상, 수중, 지하에 살고 있던 신들도 모두 모인다. 이 올림포스 대신(大神) 제우스가 살고 있는 대신전 대전(大殿)에서는 많은 신들이 신들의 먹을 것과 마실 것인 암브로시아와 넥타르 잔치가 하루도 빠짐없이 열린다" (불핀치, 『그리스 로마 신화』)

제우스는 메티스의 도움으로 아버지 크로노스에게 약을 먹여 그가

제우스의 머리에서 무장한 채 태어난 아테나
르네 앙투안 우아스(Rene Antoine Houasse), 1688년 이전, 베르사유 궁

삼킨 형제들을 다시 토해내게 한 다음 이들과 힘을 합쳐 아버지가 다스리는 티탄 신족과 전쟁을 벌였다. '티타노마키아'라고 불리는 이 전쟁에서 승리한 제우스와 형제들은 티탄들을 대지의 가장 깊숙한 곳인 타르타로스에 가두고 세상의 지배권을 획득하였다. 이후 전쟁을 주도한 제우스는 하늘을 차지하고 포세이돈은 바다를 차지하고 하데스는 하계를 각각 다스리게 되었다.

새로운 지배자가 된 신들은 올림포스 산에 기거하면서 중요한 일이 있을 때마다 신들의 회의를 여는데 여기에 참여하는 고정 멤버들이 이른바 올림포스 주요 신이다. 올림포스 주요 신에는 크로노스에게서 태어난 제우스의 여섯 형제(제우스, 헤라, 데메테르, 헤스티아, 포세이돈, 하데스) 외에 제우스의 아들딸로 저마다 독자적인 영역을 관장하는 2세대 주요 신들(아폴론, 아르테미스, 아테나,

아폴론과 헤르메스 사이의 아테나
지로 데 트리오종(Anne Louis Girodet Trioson), 1814년, 프랑스 콩피에뉴 성

아레스, 아프로디테, 헤파이스토스, 헤르메스, 디오니소스)이 포함된다.

이렇게만 봐도 올림포스 주요 신은 14명이 넘어가는데 고대인들은 이 숫자를 티탄 12신과 마찬가지로 12명으로 맞추고자 했다. 이는 그들이 12라는 숫자를 각별히 신성시했던 때문으로 보인다. 가령 1년 열두 달, 점성술의 12성좌, 불교의 12지신, 헤라클레스의 12과업, 예수의 열두 제자 등 숫자 12에 대한 고대인들의 선호는 도처에서 찾아볼 수 있다.

그런데 누구를 12신에 포함시킬 것인가에 대해서는 의견이 분분하다. 대개 지하 세계와 바닷속에 머물며 올림포스에 올라오는 일이 거

의 없는 하데스와 포세이돈을 빼는 것이 일반적이지만 호메로스는 포세이돈을 올림포스의 12신에 포함시킨 반면 디오니소스의 이름은 한 번도 입에 올리지 않았다. 또 헤로도토스는 헤라클레스를 12신에 포함시키고 있고, 플라톤은 올림포스 12신을 1년 열두 달과 연관시키면서 마지막 달을 하데스에게 할애하였다. 포세이돈 대신 헤스티아를 빼고 디오니소스를 그 자리에 넣기도 한다.

현재 가장 일반적으로 받아들여지는 올림포스 12신의 명단은 다음과 같다.

그리스 신화	로마 신화
제우스	유피테르
헤라	유노
데메테르	케레스
포세이돈	넵투누스
아테나	미네르바
아레스	마르스
아폴론	아폴로
아르테미스	디아나
아프로디테	베누스
헤르메스	메르쿠리우스
헤파이스토스	불카누스
디오니소스	바쿠스

아트레우스 Atreus

요약

아트레우스는 동생 티에스테스와 미케네의 왕권을 놓고 다투었고, 그는 이 과정에서 동생을 사랑한 자신의 아내 아에로페의 배신을 경험한다. 아트레우스는 복수심에 불타 티에스테스의 아들들을 죽인 후 그에게 먹였다. 그 뒤 티에스테스는 근친상간으로 낳은 아들 아이기스토스를 통해 아트레우스에게 복수하였다.

기본정보

구분	왕
외국어 표기	그리스어: Ἀτρεύς
어원	두려움 없는 자
관련 신화	탄탈로스 가문의 저주, 펠롭스, 티에스테스, 아가멤논

인물관계

피사의 왕 펠롭스의 아들인 아트레우스는 히포다메이아의 아들이고 탄탈로스의 손자이다. 그는 카트레우스의 딸 아에로페와 사이에서 트로이 전쟁의 총사령관 아가멤논과 메넬라오스를 낳았다.

제우스

탄탈로스

펠롭스 — 히포다메이아

티에스테스   아트레우스 — 아에로페

펠로페이아   아가멤논 — 클리타임네스트라   메넬라오스

아이기스토스

신화이야기

아트레우스의 가문의 비극

아트레우스 가문의 피비린내 나는 비극은 할아버지 탄탈로스에서부터 시작되었다. 그는 제우스의 아들로 신들의 예지력을 시험하기 위해 아들 펠롭스를 죽여 신들에게 대접했다. 딸 페르세포네를 잃은 슬픔에 정신이 없던 데메테르 외에 다른 신들은 탄탈로스의 의도를 곧 알아차렸고, 신들은 펠롭스의 사지를 모아 그를 다시 살려내고 데메테르가 불지불식간에 먹은 어깨는 상아로 대체하였다. 신들을 시험한 교만한 탄탈로스는 지옥에서 영원한 목마름과 배고픔에 시달려야 하는 형벌을 받았다.

탄탈로스의 아들 펠롭스는 교만한 아버지로 인해 죽었다가 신들의

배려로 다시 살아났지만 그 역시 큰 잘못을 저질렀다. 그는 오이노마오스의 딸 히포다메이아와 결혼하고 싶어했지만 그녀와 결혼하기 위해서는 넘어야 할 산이 있었다. 바로 그녀의 아버지 오이노마오스와 마차 경주를 해서 그를 이겨야 하는 것이다. 질 경우 그의 목숨을 내놓아야 하는 위험한 시합이었다. 그는 예비 장인을 이기기 위해 오이노마오스의 마부이자 헤르메스의 아들인 미르틸로스를 매수했다. 결국 오이노마오스는 미르틸로스가 마차의 축을 빼놓은 탓에 마차가 전복되어 목숨을 잃었다.

펠롭스는 승리 후에 마음이 변해 미르틸로스에게 한 약속을 이행하지 않고 그를 바다에 빠뜨려죽였다. 미르틸로스는 죽으면서 그와 그의 후손들에게 저주를 내렸고, 미르틸로스의 저주로 펠롭스 가문은 손자와 증손자 즉 아가멤논, 아이기스토스, 메넬라오스, 오레스테스에 이르기까지 피로 얼룩지게 된다.

크리시포스의 죽음

일설에 따르면 아트레우스와 티에스테스가 어머니 히포다메이아의 사주로 배다른 형제 크리시포스(펠롭스와 님프 악시오케의 아들)를 죽였다. 히포다메이아가 남편 펠롭스의 총애를 받는 크리시포스에게 왕위가 넘어가는 것을 두려워했기 때문이다.

그들은 크리시포스의 시체를 우물에 던져버렸다. 혹은 우물에 빠뜨려 익사시켰다고도 한다. 격노한 펠롭스는 아트레우스와 티에스테스를 어머니 히포다메이아와 함께 추방하며 두 아들을 저주했다.

황금 양털의 향방: 미케네의 왕 아트레우스

추방당한 아트레우스와 티에스테스는 미케네의 스테넬로스 왕에게 갔다. 미케네인들은 스테넬로스의 아들 에우리스테우스가 죽자 델포이(델피)에 신의 뜻을 물었더니 펠롭스의 자손을 왕으로 선택하라는 신탁이 내려졌다. 미케네인들은 아트레우스와 티에스테스 중 누구를 왕으로 추대해야 할 지 토의했다. 아폴로도로스는 『비블리오테케』에 그들 형제의 추악한 왕위 다툼을 다음과 같이 묘사하고 있다.

티에스테스는 황금 새끼 양을 갖고 있는 사람이 왕위를 물려받아야 한다고 공언했고, 아트레우스도 이에 동의했다. 티에스테스의 제안도 아트레우스의 동의도 모두 각각의 속셈이 깔려 있었다.

아트레우스는 아르테미스 신에게 자신의 양들 중에서 가장 아름다운 양을 제물로 바치겠다고 서약한 적이 있었다. 그러나 정작 황금 새끼 양이 나타나자 욕심이 생긴 아트레우스는 그 약속을 지키지 않았다. 그는 새끼 양을 죽인 후 상자에 넣어 보관하였다.

아트레우스는 자신이 황금 양을 가지고 있기 때문에 당연히 자신이 미케네의 왕이 될 것이라고 계산한 것이다. 그러나 동생 티에스테스의 자신감도 만만치 않았다. 그 이유는 형의 아내 아에로페가 자신을 사랑하고 있었기 때문이다.(티에스테스가 아에로페를 유혹했다는 이야기도 있다) 아에로페는 자신의 불륜 상대인 시동생에게 황금 새끼 양을 넘겨주었다.(일설에 의하면 아트레우스는 가장 아름다운 동물을 아르테미스에게 바치겠다고 서약했으나 정작 황금 양이 태어나자 숨겨버렸다. 그러자 아에로페와 티에스테스가 황금 양을 훔쳤다)

아내 아에로페의 불륜 행각을 몰랐던 아트레우스는 동생 티에스테스가 왕좌에 오르는 것을 막을 수가 없었다. 하지만 제우스의 뜻은 티에스테스에게 있지 않았다. 제우스는 그의 전령인 헤르메스에게 해가 서쪽에서 떠서 동쪽으로 지면 아트레우스가 왕이 될 것이고 만약 정상적으로 전체가 돌면 티에스테스가 왕위를 지킬 것이라고 전하라고 했다. 태양이 거꾸로 돌리가 없다고 자신한 티에스테스는 헤르메스의 제안을 받아들였다. 그러나 뜻밖에도 태양은 동쪽으로 지고 제우스 신의 뜻이 명백해지자 아트레우스가 왕위를 차지했다. 그 후 그는 티에스테스를 추방하였다.

아트레우스의 끔찍한 복수극

아내와 동생의 불륜을 알게 된 아트레우스는 복수를 다짐했다. 그는 동생에게 전령을 보내어 화해를 요청했다. 그는 겉으로는 티에스테스는 뜨겁게 반겼지만 마음속으로는 끔찍한 복수를 계획하고 있었다. 그는 티에스테스의 아들이자 자신의 조카인 아글라오스, 칼릴레온, 오르코메노스를 죽였다.

세 명의 조카는 제우스의 제단에 몸을 피하고 삼촌에게 살려달라고 애원했지만 분노에 찬 아트레우스를 저지할 수 없었다. 아트레우스는 그들의 사지를 제외한 나머지를 토막내어 요리를 해서 티에스테스에게 내놓았다. 이런 사실을 까마득하게 모르고 있는 티에스테스는 아들들을 배불

티에스테스와 아에로페
노사델라(Nosadella, Giovanni Francesco
Bezzi), 1565~1571년

리 먹었다. 그때 아트레우스가 티에스테스에게 아들들의 사지를 내보이며 음식의 재료를 밝혔고, 망연자실한 티에스테스를 그의 나라에서 추방하였다.

복수의 악순환: 티에스테스의 복수

티에스테스의 복수는 작가마다 조금씩 변형되어 전해진다.

『비블리오테케』에는 티에스테스의 복수의 과정이 간단하게 설명되어 있다. 세 아들을 잔인하게 잃고 얼떨결에 자신의 아들까지 먹은 티에스테스는 복수의 칼을 갈았다. 그가 어떻게 하면 복수를 할 수 있을지 신에게 묻자 딸 펠로페이아와의 사이에서 아들을 낳으면 그 아

들이 복수를 할 것이라는 신탁이 내려졌다. 그는 펠로페이아와 동침을 하였고 그들 사이에서 아들 아이기스토스가 태어났다. 아이기스토스는 성장하여 자신이 할아버지 티에스테스의 아들임을 알고 아트레우스를 죽이고 티에스테스에게 왕권을 되찾아주었다.

『이야기』에 따르면 티에스테스는 아트레우스의 아들 플레이스테네스를 키워 아트레우스에게 보내 그를 죽이도록 사주했다. 그러나 아트레우스는 플레이스테네스가 자신의 아들이 아닌 티에스테스의 아들이라고 생각하고 그를 죽였다.

티에스테스는 신탁에 따라 아트레우스에게 복수하기 위해 펠로페이아를 강제로 범하고 그 후 펠로페이아는 아들을 낳아 버려버렸다. 그러나 양치기들이 그를 발견하여 그를 키웠다. 아이기스토스라는 이름은 염소라는 뜻인 그리스어 'aega'에서 유래한 것이다.

『이야기』에는 다른 이야기도 있는데 미케네에서 추방당한 티에스테스는 시키온으로 도망쳐 그곳에서 제물을 올리고 있던 자신의 딸 펠로페이아를 발견하고 강제로 범했다.(그가 펠로페이아가 자신의 딸인지 몰랐다고도 한다) 펠로페이아는 아버지가 자신을 범했다는 사실을 모른 채 후일을 위해 그의 칼을 몰래 빼서 아테네의 신전에 감춰놓았다.

한편 아트레우스는 자신의 악행 때문에 나라에 흉년이 들자 신탁에 따라 티에스테스에게 다시 왕권을 주기로 하였다. 그는 티에스테스를 찾아가던 도중에 테스프로토스 왕의 궁전에서 펠로페이아를 보고 사랑에 빠졌다. 그는 테스프로토스에게 펠로페이아와의 결혼을 허락받는데, 그때 이미 그녀의 뱃속에는 티에스테스의 아들(아이기스토스)이 자라고 있었다. 그녀는 아이가 태어나자 바로 버려버렸고, 아이는 목동에게 발견되어 목동이 염소의 젖으로 아이를 키웠다.

아트레우스는 펠로페이아의 아이를 찾아내어 그 아이가 티에스테스의 아들인지도 모르고 자신의 아들로 받아들였다. 그 후 아트레우스는 자신의 두 아들 아가멤논과 메넬라오스에게 티에스테스를 찾아오도록 했다. 그들은 델피의 신전에서 아트레우스에게 복수를 할 방법을 묻고 있는 티에스테스를 발견하였고, 그를 붙잡아 아트레우스에게 데려가 감옥에 가두고 성인이 된 아이기스토스에게 티에스테스를 죽이라고 하였다.

티에스테스는 아이기스토스의 손에 들린 칼을 보고 누구에게 칼을 받았는지 물었고, 아이기스토스는 어머니의 것이라고 밝혔다. 그가 아이기스토스에게 어머니를 불러 달라고 하였고, 그녀는 자신이 과거에 모르는 남자에게 한밤중에 강간을 당했는데 그날 아이기스토스를 임신했다고 고백하였다. 그 남자의 정체가 바로 자신의 아버지임을 안 펠로페이아는 칼을 낚아채어 자신의 가슴을 찔러 목숨을 끊었고, 아이기스토스는 어머니의 가슴에서 피묻은 칼을 뽑아 아트레우스에게 건넸다.

티에스테스가 죽었다고 믿고 바닷가에서 신에게 감사의 제물을 바칠 때 아이기스토스가 아트레우스를 칼로 찔러죽였고, 티에스테스와 함께 왕권을 되찾았다.

아틀라스 Atlas

요약

티탄 신족으로 거인족 이아페
토스의 아들이다.

어머니는 오케아노스의 딸 클
리메네이고 인간에게 불을 가져
다준 프로메테우스와 형제간이
다. 티탄 신족과 올림피아 신들
과의 싸움에서 티탄 신족의 편
을 들었는데. 이로 인해 제우스
로부터 평생 동안 지구의 서쪽
끝에서 손과 머리로 하늘을 떠
받치고 있으라는 형벌을 받았다.

하늘을 지고 있는 아틀라스
17세기, 리옹 미술관
©Marie-Lan Nguyen@Wikimedia(CC BY-SA)

기본정보

구분	티탄 신족
상징	지구를 떠받치는 천벌, 지구본
외국어 표기	그리스어: Ἄτλας
어원	짊어진 자
관련 지명	아틀라스 산맥
관련 신화	헤라클레스, 페르세우스
가족관계	이아페토스의 아들, 프로메테우스의 형제

인물관계

이아페토스의 아들이다. 메노이티오스, 프로메테우스, 에피메테우스
와 형제간이다.

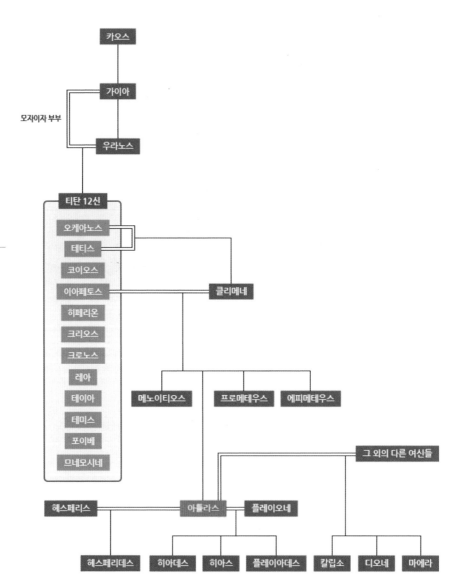

신화이야기

개요

티탄 신족 이아페토스의 아들로, 『신들의 계보』에 의하면 어머니는 오케아노스의 딸 클리메네이다. 그러나 『비블리오테케』는 아틀라스의 어머니는 오케아노스의 또 다른 딸 아시아라고 전하고 있다.

『신들의 계보』에 의하면 아틀라스는 티탄 신족과 제우스를 중심으로 한 올림피아 신들과의 싸움에서 티탄 신족을 편들었다는 이유로 제우스로부터 형벌을 받아 지구의 서쪽 모서리로부터 머리와 쉴 새 없이 움직이는 두 손으로 넓은 하늘을 떠받치게 되었다.

그 옆에는 황금 사과가 있는 신들의 정원이 있었는데 아틀라스의 딸들인 헤스페리데스와 백 개의 눈이 있는 용 라돈이 황금 사과를 지키고 있었다. 바로 이 부분에서 그리스 신화에서 아틀라스는 헤라클레스와 연결된다.

뉴욕 록펠러재단에 있는 아틀라스 동상

헤라클레스는 황금 사과를 따오라는 과제를 받고는 '미리 아는 자'를 의미하는 프로메테우스의 조언을 듣고 아틀라스를 찾아갔다. 프로메테우스가 자신의 간을 쪼아 먹는 독수리를 처치해준 것에 대한 감사의 표시로 헤라클레스에게 황금 사과를 얻는 방법을 알려주었던 것이다. 헤라클레스는 프로메테우스가 조언한 대로 아틀라스에게 딸들이 지키고 있는 황금 사과 세 개를 따달라고 부탁했다. 그리고는 그동안 대신 지구를 짊어지겠다는 조건을 내세웠다.

약속대로 아틀라스는 사과를 가져왔으나 지구를 짊어지는 노역은 다시 하고 싶지 않았다. 이와 관련하여 『비블리오테케』는 다음과 같이 전하고 있다. 헤라클레스가 꾀를 내어 머리가 지독하게 아프니 잠깐 동안만 지구를 부탁했고 이에 힘은 세지만 머리가 아둔한 아틀라스가 사과를 내려놓고 헤라클레스로부터 하늘을 넘겨받았다. 바로 그 순간 헤라클레스는 사과를 집어들고 아틀라스를 그대로 둔 채 돌아왔다.

그런데 그리스 신화를 전달할 뿐 아니라 수집하고 정리하는 작업까지 하는 『비블리오테케』는 또 다른 이야기도 함께 전한다. 헤라클레스가 아틀라스로부터 황금 사과를 받은 것이 아니라 자신이 직접 용을 죽이고 황금 사과를 가져왔다는 것이다.

아틀라스 산맥의 유래

『변신이야기』에는 아틀라스가 지구를 짊어진 힘든 모습으로 나타나는 것이 아니라 막대한 부와 권력 그리고 광대한 영토와 바다를 소유한 왕으로 등장한다. 또 아틀라스가 산맥이 되는 장면 즉 아틀라스 산맥이 생겨나는 과정을 상세하게 묘사하고 있다.

다나에의 아들 페르세우스가 메두사의 머리를 베어 돌아오는 도중에 먼 서쪽 너머에 있는 아틀라스의 곁을 지나게 되었다. 그가 아틀라스에게 잠자리를 부탁했지만 거절당했고, 이에 화가 난 페르세우스는 보기만 하면 곧바로 돌로 변해버리는 메두사의 머리를 내보였고 아틀라스는 그 순간 거대한 돌로 변해버렸다는 것이다.

"그러자 아틀라스의 큰 몸집은 그대로 산이 되고, 수염과 머리카락은 나무로 변하고, 어깨와 팔은 산마루가 되었으며, 머리는 산꼭대기가 뼈는 돌이 되었다. 그리고 아틀라스는 모든 부분에서 엄청난 부피로 커져서(신들이시여, 이 모든 것은 당신들의 뜻대로 된 것입니

다) 온 하늘이 수없이 많은 별들과 함께 그의 어깨 위에서 휴식을 취했다."(『변신이야기』)

그런데 『변신이야기』에 나오는 이 이야기는 앞에서 말한 헤라클레스 관련 신화와 시간적으로 맞지가 않는다. 헤라클레스는 페르세우스의 증손자이다. 페르세우스에 의해 이미 거대한 돌로 변해버린 아틀라스가 오랜 시간이 지난 후 페르세우스의 증손자인 헤라클레스와 대화를 나누다니 여러 개의 아틀라스 신화가 시간적인 면에서 모순을 보이고 있는 부분이다.

대서양

영어로 대서양을 뜻하는 Atlantic Oceon도 아틀라스부터 유래한 이름이다. Atlantic Oceon은 아틀라스의 바다를 의미한다.

아틀라스 증후군

조금도 쉬지 못하고 하늘을 떠받치는 형벌을 받는 아틀라스는 힘과 인내를 상징하는 고역의 존재가 되었다. 이로부터 아틀라스 증후군이라는 용어가 생겨났는데 이는 영국의 의학자 팀 캔토퍼 박사가 만들어낸 소위 '슈퍼 아빠 증후군'이다.

현대의 남성들이 힘겨운 직장생활과 병행하여 육아 및 가사도 하는 완벽한 아버지 및 남편의 역할까지 하려는 데서 오는, 마치 '하늘을 짊어진 것처럼' 극심한 압박과 스트레스를 표현한 용어가 바로 아틀라스 증후군이다.

아티스 Attis

요약

그리스 로마 신화에 등장하는 프리기아의 미소년이다.

대모지신 키벨레의 열렬한 사랑을 받았으나 프리기아의 왕녀와 결혼하려다 여신의 분노를 샀다. 그는 정신을 잃고 미쳐버린 상태에서 스스로 거세하고 죽었다. 그의 죽은 몸은 전나무로 소생하였고 잘린 남근에서 흐른 피에서는 제비꽃이 피어났다.

기본정보

구분	신화 속 인물
상징	죽음과 부활
외국어 표기	그리스어: Ἄττις
어원	미소년, 숫염소
관련 식물	편도나무, 전나무, 제비꽃

인물관계

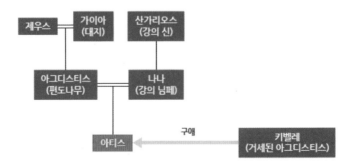

아티스는 강의 님페 나나가 남녀 양성을 모두 지닌 아그디스티스의 거세된 남근에서 흘러내린 피에서 자라난 편도나무의 결실을 받아서 낳은 아들이다.

아그디스티스는 제우스가 프리기아 지방에서 잠을 자는 사이에 흘린 정액이 땅에 스며들어 태어난 정령이다.

신화이야기

키벨레가 된 아그디스티스

아티스 신화는 원래 프리기아 지방의 전설이었는데 이것이 그리스로 전해지면서 여러 가지 이야기가 생겨났다. 프리기아의 전설에 따르면 아티스는 강의 님페 나나가 편도나무의 씨앗을 받아서 낳은 아들이라고 한다. 그런데 이 편도나무는 양성을 모두 지닌 정령인 아그디스티스의 거세된 남근에서 흐른 피가 땅에 떨어져서 자란 나무이므로 아티스는 아그디스티스의 아들 혹은 손자가 된다.

프리기아 모자를 쓴 소년 아티스
로마 시대 대리석상, 2세기
파리 메달 박물관

아그디스티스는 제우스가 프리기아 지방에서 잠을 잘 때 흘러나온 정액이 땅에 스며들어 태어난 정령인데 양성을 모두 지니고 있어 이를 두렵게 여긴 올림포스의 신들이 그의 남근을 잘라버렸다고 한다.

디오니소스는 아그디스티스의 피가 뚝뚝 흐르는 남근을 자기 머리카락을 땋아 만든 줄로 나무에 묶어놓았다. 남근을 잃고 여성이 된 아그디스티스는 대모지신 키벨레가 되었다.

아티스를 사랑한 키벨레

아그디스티스의 피를 받아
생겨난 편도나무는 빠르게
성장하여 금방 결실을 맺었
다. 그러자 강의 신(河神) 산
가리오스의 딸 나나가 열매
하나를 따서 가슴에 품었다.
얼마 뒤 그녀는 임신을 했고
딸의 '발칙한 행동'에 분노한
산가리오스는 나나를 가두
어두고 굶겨 죽이려 했다. 하
지만 아그디스티스가 거세되

키벨레와 아티스
키벨레와 아티스 숭배 의식이 거행되던 제단의 부조,
4세기, 아테네 국립고고학박물관

어 변한 대모지신 키벨레는 그녀에게 신들의 음식과 과일을 주면서
무사히 아티스를 낳을 수 있게 해주었다. 산가리오스는 외손자 아티
스가 태어나자마자 내다버렸고 아티스는 숫염소와 양들의 보살핌을
받으며 자랐다.

키벨레(아그디스티스)는 아름다운 청년으로 성장한 아티스를 보고는
첫눈에 반하고 말았다. 그러나 아티스가 페시누스의 왕 미다스의 딸
과 결혼하려 하자 키벨레가 결혼식장에 나타나 아티스를 미치게 하여
스스로 거세하게 만들어버렸다.

아티스의 잘린 남근에서 흐른 피에서는 제비꽃이 피어났다. 하지만
아그디스티스와 달리 아티스는 거세의 고통을 이겨내지 못하고 죽어
전나무로 변했다.

다시 소생한 아티스

키벨레는 곧 자신의 행동을 후회하며 비탄에 빠졌다. 그녀는 슬픔과 회한으로 정신이 이상해져서 북을 치며 온 나라를 돌아다녔는데 그러는 동안 프리기아 지방에는 기근이 끊이질 않았다.

견디다 못한 프리기아 사람들이 신탁에 문의하자 신탁은 아티스를 후하게 장사지내고 키벨레를 여신으로 숭배하라는 답을 내렸다. 또 키벨레의 신전에는 아티스를 기리기 위해 거세된 남자들만이 사제가 되어야 했다. 여신이 된 키벨레는 아티스를 다시 소생시켜 그와 함께 프리기아 전역에서 숭배를 받았다.

또 다르게 전해지는 이야기에 따르면 키벨레는 아티스가 죽자 제우스에게 그를 다시 소생시켜달라고 간청했다고 한다. 그러자 제우스는 아티스의 몸을 썩지 않게 하고 머리카락이 자라고 새끼손가락이 움직이게 해주었다고 한다.

아티스의 신화는 대지에 씨앗이 뿌려져 거기서 생명이 자라나고 다시 죽어 씨앗이 되는 자연의 순환 과정을 상징하는 것으로 해석되고 있다.

아페모시네 Apemosyne

요약

그리스 신화에 등장하는 크레타의 공주이다.

오빠 알타이메네스와 함께 아버지의 나라에서 추방되어 로도스 섬에 정착하였지만 헤르메스 신에게 겁탈을 당한 뒤 이를 못마땅하게 여긴 오빠의 발길질에 죽고 말았다.

기본정보

구분	공주
외국어 표기	그리스어: Απημοσvη

인물관계

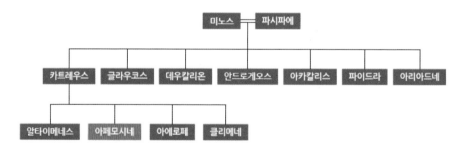

아페모시네의 아버지 카트레우스는 크레타의 왕 미노스와 파시파에 사이에서 태어난 아들로 글라우코스, 데우칼리온, 안드로게오스, 아카칼리스, 파이드라, 아리아드네 등과 형제 사이다.

카트레우스의 자식으로는 아페모시네 외에 아들 알타이메네스와 두 딸 아에로페와 클리메네가 더 있다.

신화이야기

로도스 섬으로 추방된 두 남매

크레타의 왕 카트레우스는 친자식의 손에 죽게 되리라는 신탁을 받았다. 카트레우스는 신탁의 내용을 자식들에게 비밀로 하였지만 사실을 알게 된 알타이메네스와 아페모시네 남매는 신탁이 예언한 운명을 피하기 위해 크레타를 떠나 로도스로 갔다. 다른 이야기에 따르면 남매는 아버지 카트레우스에 의해 추방되어 로도스로 도망간 거라고도 한다.

카트레우스 왕은 남은 두 딸 아에로페와 클리메네도 노예상 나우플리오스에게 넘겨 노예로 팔아버리게 하였다.

아페모시네의 죽음

로도스 섬에 도착한 두 남매는 도시를 건설하고 이름을 크레테니아라고 지었다. 그런데 로도스 섬에서 아페모시네가 헤르메스 신의 눈에 띄었다.

아페모시네의 미모에 반한 헤르메스는 그녀에게 열렬히 구애했지만 아페모시네는 그의 사랑을 받아들이지 않았다. 헤르메스는 자신만 보면 도망치는 아페모시네 때문에 애가 탄 나머지 덫을 놓아 그녀를 붙잡기로 했다. 그는 그녀가 다니는 길목에 미끄러운 가죽을 깔아놓았다. 그리고 그녀가 자신을 보고 도망치다 가죽에 미끄러져 넘어지자 그대로 그녀를 겁탈하였다.

이 일로 헤르메스의 아이를 임신한 아페모시네는 오빠 알타이메네스에게 사실대로 말했다. 하지만 알타이메네스는 동생이 거짓말을 한다고 여겨 화를 내며 그녀를 마구 걷어찼다. 결국 아페모시네는 오빠의 발길질에 목숨을 잃고 말았다.

신탁의 실현

한편 카트레우스는 노년에 이르자 아들에게 왕국을 물려주고 싶은 마음에 직접 로도스로 아들을 찾아갔다. 하지만 로도스 주민들은 카트레우스의 일행을 해적으로 착각하고 공격하였다.

카트레우스는 자신의 정체를 말해보았지만 개들이 짖어대는 소리에 묻히고 말았다. 카트레우스는 결국 해적이 나타났다는 소리를 듣고 달려온 아들 알타이메네스가 던진 창에 찔려 죽고 말았다. 뒤늦게 자신이 아버지를 죽인 사실을 알게 된 알타이메네스는 차라리 땅 속으로 꺼지게 해달라고 신들에게 빌었고 실제로 그렇게 되었다.

아폴론 Apollon, Apollo

요약

그리스 신화에 나오는 올림포스 12신 중 한 명으로 태양, 음악, 시, 예언, 의술, 궁술을 관장하는 신이다.

아폴론은 대개 머리에 월계관을 쓰고 손에는 리라를 든 아름다운 용모의 젊은이로 묘사된다. 종종 '밝게 빛나는 자'라는 뜻을 지닌 '포이보스'라는 별칭으로 불린다.

델포이 섬에 있는 아폴론 신전은 앞일을 예언하는 신탁으로 유명하다.

벨베데레의 아폴론
그리스 조각가 레오카레스(Leochares)의 기원전 4세기 작품의 로마 시대 모작, 1~2세기, 바티칸 궁
©Livioandronico2013@wikimedia(CC BY-SA 4.0)

기본정보

구분	올림포스 12신
상징	빛, 이성, 예술, 예지력, 정화
외국어 표기	그리스어: Ἀπόλλων
별칭	포이보스(빛나는 자)
로마 신화	아폴로(Apollo)
관련 상징	월계수, 리라, 활, 백조, 돌고래
가족관계	제우스의 아들, 아르테미스의 쌍둥이 남매, 오르페우스의 아버지

인물관계

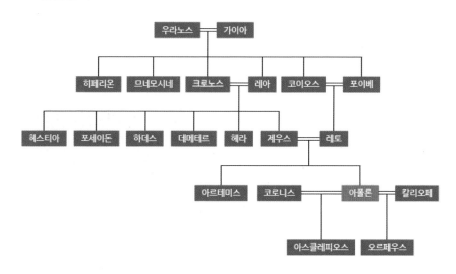

아폴론은 제우스와 티탄 신족 레토 사이에서 태어난 아들로 사냥의 여신 아르테미스와 쌍둥이 남매이다. 아폴론은 여러 님페 및 인간 여인들과 관계하여 많은 자식을 낳았는데, 특히 의술의 신 아스클레피오스와 음악의 명인 오르페우스가 유명하다.

신화이야기

출생과 헤라의 저주

제우스는 아내 헤라 몰래 레토와 사랑을 나누었는데 이로 인해 레토는 쌍둥이를 임신하였다. 이 사실을 안 헤라는 질투심에 불같이 화를 내며 레토에게 이 세상에 해가 비치는 곳에서는 절대로 아이를 낳을 수 없으리라는 저주를 내렸다. 만삭의 몸으로 몸을 풀 장소를 찾아헤매던 레토는 지상에서는 더 이상 아이를 낳을 수 없다는 걸 깨닫고 제우스의 형제인 해신 포세이돈에게 도움을 청하였다. 이에 포세이

아폴론과 아르테미스
아티카 적색상도기, 기원전 470년
루브르 박물관

돈은 바다 속에 가라앉아 있던 섬을 솟아오르게 하여 레토를 그곳으로 데려갔다. 이 섬은 이제껏 바다 속에서 햇빛을 받지 않아 헤라의 저주가 미치지 않는 장소였던 것이다. 그러자 헤라는 자신의 딸인 출산의 여신 에일레이티이아에게 명령하여 레토의 출산을 방해하게 하였다. 에일레이티이아의 도움을 얻지 못한 레토는 진통만 계속될 뿐 아이를 낳을 수가 없었다. 보다 못한 제우스가 전령의 여신 이리스를 보내 에일레이티이아에게 레토의 출산을 도우라고 명했다. 그러자 레토는 먼저 아르테미스를 낳은 뒤 아르테미스의 도움을 받으며 아폴론을 낳았다

아폴론이 태어나자 신성한 백조들이 섬으로 날아와 주위를 일곱 바퀴 돌았다. 그 달의 일곱 번째 날에 태어났기 때문이었다. 제우스는 아폴론에게 황금관과 리라 그리고 백조들이 끄는 마차를 선물하고 델포이로 가라고 했다. 백조들은 아폴론을 그 전에 먼저 자신들이 사는 북풍 너머의 나라 히페르보레이오스로 데려갔다고 한다. 아폴론은 그곳에서 1년 동안 머물며 그곳 주민들로부터 축복을 받은 다음 제우스가 명한 대로 델포이로 갔다. 델포이에서는 매년 대대적으로 아폴론의 도착을 축하하는 축제가 벌어졌다.

가이아의 아들 피톤을 죽이고 델포이의 신탁소를 건설한 '예언의 신'

델포이에 도착한 아폴론은 제일 먼저 거대한 왕뱀 피톤을 활로 쏘아 죽였다.(일설에는 아폴론이 태어난 지 사흘 만에 피톤을 활로 쏘아 죽였다고 한다) 피톤은 대지의 여신 가이아가 홀로 낳은 자식인데 파르나소스 산 기슭 대지의 틈바구니에 자리잡고서 그 지역에 해를 끼치고 있

아폴론
피에트로 프란카빌라(Pietro Francavilla),
1591년, 볼티모어 월터스 미술관

었다.(하지만 또 다른 이야기에 따르면 아폴론이 피톤을 죽인 것은 피톤이 어머니 레토를 뒤쫓으며 자신과 누이의 출산을 방해한 데 대한 복수였다고 한다. '피톤' 참조) 피톤은 가이아의 신탁을 전하는 테미스의 신탁소도 차지하고 있었는데 아폴론은 피톤을 죽이고 그 자리에 자신의 성소를 세운 뒤 지명을 '대지의 자궁'을 뜻하는 델포이로 바꾸었다. 하지만 이곳에서 신탁을 전하는 무녀들은 이후에도 계속해서 '피티아'라는 이름으로 불렸다.

아폴론의 신탁은 피티아가 신전의 삼각의자에 앉아 무아지경에 빠진 채 무언가를 중얼거리면 사제들이 그 말을 운문으로 옮기는 방식으로 내려졌다.

델포이의 신탁을 통해 아폴론은 대표적인 예언의 신으로 자리매김했다. 델포이의 신탁은 그리스 각지에서 행해지던 신탁 중에서 가장 유명한 것으로 외국에서도 수많은 순례자들이 몰려들었으며 그리스 신화에 등장하는 예언자들은 대부분 아폴론으로부터 그 능력을 부여받은 것으로 묘사되었다. 델포이는 고대 그리스인들이 어떤 중요한 결정을 내려야 할 때 반드시 참배하고 신탁을 얻어야 하는 곳이 되었다. 델포이의 아폴론 신전 입구에 적혀있는 "너 자신을 알라"는 문구는 철학자 소크라테스를 통해 더욱 유명해졌다.

델포이에서는 아폴론이 피톤을 물리친 기념으로 4년마다 운동 경기가 열렸는데 피티아 경기라고 불린 이 대회에서 우승한 자에게는 다프네가 변한 월계수를 머리에 씌워주었다.('다프네' 참조) 하지만 피톤은 대지의 여신 가이아의 아들이었기 때문에 델포이에서는 또 8년에

아폴론과 파이톤
코르넬리스 데 보스(Cornelis de Vos), 1636~1638년, 프라도 미술관

한 번씩 피톤의 죽음을 추모하고 그를 죽인 아폴론의 죄를 정화하는 축제도 열렸다.

'의술의 신' 아폴론과 아스클레피오스

그리스 신화에서 아폴론은 의술을 관장하는 신이기도 하다. 그는 트로이의 라오메돈 왕이 자신과의 약속을 지키지 않았을 때 그랬던 것처럼 사람들에게 질병을 내리기도 하지만 자신에게 제물을 바치고 기도를 올리면 순식간에 질병을 거두어가기도 했다. 그는 비단 육체만이 아니라 영혼도 정화시키고 치유하는 힘을 지녔다. 아가멤논의 아들 오레스테스가 어머니를 죽인 벌로 미치광이가 되어 복수의 여신들에게 쫓길 때 아폴론은 그의 저주받은 영혼을 정화시켜 주었다.('오레스테스' 참조)

의술의 신으로서 아폴론의 역할은 나중에 그의 아들 아스클레피오스에게 전해졌다. 아폴론은 테살리아 왕 플레기아스의 딸 코로니스와 사이에서 얻은 아들 아스클레피오스를 켄타우로스족의 현자 케이론에게 맡겨 교육시킨 뒤 아들이 아버지 못지 않은 의술을 터득하게 되자 의술의 신 자리를 물려주었다.

하지만 아폴론은 아스클레피오스로 인해 인간의 노예가 되는 고초를 겪어야 했다. 아스클레피오스의 의술이 산 자를 치료하는 데서 더 나아가 죽은 자를 되살리는 지경에까지 이르렀기 때문이었다. 그러나 죽은 자를 되살리는 의술은 세상의 질서를 허무는 위험한 짓이었다. 저승을 다스리는 하데스는 아스클레피오스의 의술 때문에 이제 곧 아무도 죽지 않게 될 거라고 제우스에게 불만을 터뜨렸고 제우스는 세상의 질서를 어지럽히는 아스클레피오스를 벼락으로 내리쳐

아스클레피오스
로마 시대 석상, 100〜150년
나폴리 고고학박물관

죽였다. 그러자 아들을 잃은 아폴론이 화가 나서 제우스에게 벼락을 만들어준 외눈박이 거인족 키클로페스를 모두 죽여버렸던 것이다. 이 행동으로 아폴론은 제우스로부터 1년 동안 페라이의 왕 아드메토스의 노예가 되어 그의 소를 돌봐야 하는 벌을 받았다.

무사이 여신들을 이끄는 '시와 음악의 신'

육체와 정신의 치유자인 아폴론은 또한 시와 음악을 관장하는 신이기도 하다. 아폴론이 리라를 켜면서 무사이(뮤즈) 여신들과 함께 노래를 부르고 춤을 추는 모습은 회화에서 가장 흔히 표현되는 방식이기도 하다. 아폴론은 아홉 명의 무사이 여신들을 이끄는 지휘자이자 동시에 그들의 연인이기도 하다. 뱀에 물려 죽은 사랑하는 아내 에우리

아폴론과 아홉 뮤즈
안톤 라파엘 멩스(Anton Raphael Mengs), 18세기 중반, 예르미타시 미술관

디케를 찾아 저승에까지 내려가 리라의 감미로운 선율로 저승의 왕 하데스와 왕비 페르세포네를 감동시킨 음악의 명인 오르페우스는 아폴론이 서사시의 무사(무사이의 단수형) 칼리오페와 사랑을 나누어 낳은 아들이다. 또 대지의 여신 키벨레를 따라다니며 열광적인 군무(群舞)를 추는 코리반테스(쿠레테스)는 아폴론과 목가의 무사 탈리아 사이에서 태어난 자식들이다.

에로스의 활 솜씨를 당해내지 못한 '궁술의 신'

아폴론은 태어난 지 사흘 만에 가이아의 자식인 괴물 뱀 피톤을 활로 쏘아 죽인 궁술의 신이기도 하다. 아폴론은 자신의 활 솜씨에 대한 자부심이 강해서 헤라클레스에게 활쏘기를 가르친 궁술의 명인 에우리토스가 감히 자신과 활 솜씨를 겨루려 하자 분을 참지 못하고 그의 목숨을 앗아버렸다. 하지만 이 같은 자부심은 아폴론에게 깊은 슬픔과 고통을 안겨주게 된다.

궁술의 신 아폴론은 사랑의 신 에로스가 활을 들고 있는 것을 보자 자신의 억센 강궁(强弓)을 들어 보이며 그렇게 조그맣고 연약한 활로 무얼 할 수 있겠느냐고 비웃었다. 화가 난 에로스는 아폴론의 무례함을 벌하기 위해 두 개의 화살을 준비하였다. 황금으로 된 화살과 납으로 된 화살이었다. 에로스는 파르나소스 산꼭대기에서 황금 화살로는 아폴론의 심장을 향해 쏘았고 납 화살은 근처에 있던 숲의 님페 다프네의 심장을 향해 쏘았다. 두 화살은 모두 과녁을 꿰뚫었다. 그러

아폴론과 다프네
잔 로렌초 베르니니(Gianlorenzo Bernini), 1625년.
보르게세 미술관
ⓒAlvesgaspar@Wikimedia(CC BY-SA 4.0)

자 아폴론의 마음에는 다프네를 향한 주체할 수 없는 사랑이 끓어올랐지만 다프네에게는 그에 대한 냉정한 마음이 들어섰다.

다프네를 향한 마음을 억누를 수 없었던 아폴론이 그녀를 뒤쫓아갔지만 다프네는 바람처럼 날랜 다리로 아폴론의 손길을 피해 도망쳤다. 그러나 쫓는 자의 사랑의 날개를 단 걸음은 더욱 빨랐다. 아폴론의 손에 거의 잡힐 지경이 된 다프네는 다급하게 강의 신인 아버지 페네이오스에게 도움을 청했다.

"아버지 저를 도와주세요! 만약 저 강물 속에 어떤 신성이 있다면 너무나도 호감을 샀던 내 이 모습을 바꾸어 없애주세요!"
그녀의 기도가 채 끝나기도 전에 짓누르는 듯한 마비감 같은 것이 사지를 사로잡았다. 부드러운 가슴 위로 엷은 나무껍질이 덮였고 머리카락은 나뭇잎으로 그녀의 두 팔은 가지로 자랐다.
방금 전까지도 그토록 빠르던 발이 질긴 뿌리들에 붙잡혔고 얼굴은 우듬지가 차지했다. 빛나는 아름다움만이 남아 있었다.

그래도 포이보스는 그녀를 사랑했다.

그는 나무 줄기에 오른손을 얹어 그녀의 심장이

새 나무껍질 밑에서 아직도 헐떡이고 있는 것을 느꼈고

나뭇가지들을 인간의 사진인양 끌어안고 나무에 입 맞추었다.

나무가 되어서도 그녀는 그의 입맞춤에 움츠러들었다."

(『변신이야기』)

다프네의 몸은 월계수로 변했다. 아폴론은 하는 수없이 그녀를 단념했지만 월계수를 자신의 성수(聖樹)로 삼고 머리에도 왕관 대신 월계수 가지를 엮은 관을 썼다.

빛나는 자 아폴론과 태양의 신 헬리오스

아폴론에게는 대개 '포이보스'라는 별칭이 따라다닌다. 포이보스는 밝게 빛나는 자라는 뜻이다. 그런데 포이보스라는 별칭은 티탄 신족의 일원인 태양의 신 헬리오스에게도 사용되기 때문에 아폴론은 태양의 신으로 자주 혼동된다.(가령 『변신이야기』에서 파에톤의 아버지로 등장하는 포이보스는 헬리오스를 가리킨다) 신화에서 아폴론이 차지하는 역할과 비중이 커지면서 고대의 작가들이 아폴론을 태양신으로 묘사하는 경우가 많아진 것도 혼란을 키웠다. 그러나 그리스 신화에서 태양을 관장하는 신은 헬리오스이며 태양이 아폴론의 본질적인 속성은 아니다.

아폴론의 연인들

아폴론은 젊고 아름다운 용모를 지닌 신으로 묘사된다. 그리스 신화에서 아폴론은 많은 애정행각을 벌이는데 그의 사랑은 대부분 불행하게 끝이 났다. 다프네는 아폴론의 손길을 피해 도망치다 월계수로 변했고, 코로니스는 아스클레피오스를 임신한 채 질투심에 불타는 아폴론의 화살을 맞고 죽어야 했다. 아스클레피오스는 헤르메스가 죽은 코로니스의 시체를 가르고 꺼내준 덕에 세상에 태어날 수 있었다. 또 트로이의 왕녀 카산드라는 아폴론의 구애를 거절하다가 그의 분노를 사는 바람에 아무도 믿어주지 않는 예언자가 되고 말았다. 결국 카산드라는 트로이가 패망한 뒤 그리스로 끌려가 그곳에서 아가멤논과 함께 살해되었다.

아폴론이 사랑한 사람은 여자만이 아니었다. 아폴론은 아름다운 소년 히아킨토스도 몹시 사랑하였다. 그런데 서풍의 신 제피로스도 같은 소년을 사랑하고 있었다. 제피로스는 아폴론이 히아킨토스의 사랑을 얻게 되자 미칠 듯한 질투심에 사로잡혀 둘이서 원반 던지기를 하며 놀고 있을 때 갑작스런 돌풍을 일으켰다. 그러자 아폴론이 던진 원반이 히아킨토스의 머리를 맞혔고 히아킨토스는 피를 흘리며 쓰러져 죽었다. 히아킨토스의 피가 뿌려진 자리에서는 한 송이 꽃이 피어났고 사람들은 그 꽃을 소년의 이름을 따서 히아신스라고 불렀다.

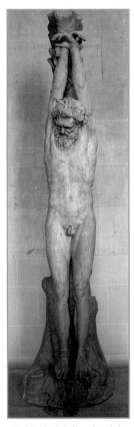

살가죽이 벗겨지는 마르시아스
작자 미상의 로마 시대 석상
1~2세기, 루브르 박물관

마르시아스를 혹독하게 벌한 '징벌의 신'

아폴론은 또한 잔혹한 징벌의 신으로 등장하기도 한다. 자신과 음악을 겨루고자 했던 사티로스 마르시아스에 대한 처벌이 그랬다. 마르시아스는 어느 날 숲에서 아테나 여신이 내다버린 아울로스라는 악기를 발견하고는 늘 그것을 불고 다녔다.(아울로스는 좌우 두 개의 관으로 이루어진 피리로 디오니소스의 제례 때 주로 쓰였다) 마르시아스는 아울로스를 몹시 자랑스러워하였으며 자신이 부는 그 악기가 세상에서 가장 아름다운 소리를 낸다고 생각했다. 그래서 급기야는 음악의 신 아폴론에게 도전장을 내밀기에 이르렀다. 아폴론의 리라 연주와 자신의 아울로스 연주 중 어느 것이 더 아름다운 소리를 내는지 겨루어보자는 것이었다. 아폴론은 패자가 승자의 어떤 요구도 달게 받아야 한다는 조건으로 제안을 받아들였고 무사이 여신들을 심판관으로 연주 시합이 벌어졌다. 두 연주자는 모두 혼신의 힘을 기울여 연주를 했고 끝내 우열이 가려지지 않았다. 그러자 아폴론은 마르시아스에게 악기를 거꾸로 들고 연주하자고 제안했다. 리라는 거꾸로 들고도 잘 연주할 수 있지만 아울로스는 그렇지 못했고 결국 승리는 아폴론에게로 돌아갔다.

감히 음악의 신에게 도전한 오만의 벌은 가혹했다. 아폴론은 마르시아스를 소나무에 매단 다음 산 채로 가죽을 벗겨버렸다. 마르시아스의 몸에서 흐르는 피는 그의 친구인 다른

니오베의 자식들
자크 루이 다비드(Jacques Louis David), 1772년
댈러스 미술관

사티로스들과 님페들이 흘린 눈물과 함께 강물을 이루었고 그 강에는 마르시아스라는 이름이 붙여졌다.

아폴론 신은 곧 자신의 행동을 후회하면서 손에 들고 있던 리라를 부숴버렸다고 한다. 아폴론이 마이안드로스 강에 버린 마르시아스의 피리는 나중에 그리스의 전설적인 아울로스 연주자 사카다스에 의해 시키온에서 발견되어 아폴론 신에게 바쳐졌다.

그밖에도 아폴론은 암피온의 아내 니오베가 자식 자랑을 하며 어머니 레토를 모욕하자 또 다시 징벌의 신으로서 잔인한 면모를 드러냈다. 아폴론은 누이 아르테미스와 함께 니오베가 낳은 일곱 명의 아들과 일곱 명의 딸을 모두 화살로 쏘아 죽여버렸다. 순식간에 자식들을 모두 잃은 니오베는 통한의 눈물을 흘리다 돌로 변하였고 암피온은 스스로 목숨을 끊었다.(암피온은 아폴론의 신전을 부수려 하다가 아폴론이 쏜 화살에 맞아 죽었다는 이야기도 있다)

아프로디테 Aphrodite

요약

그리스 신화에 나오는 올림포스 12신 중 하나로, 미와 사랑의 여신이다. 여성의 성적 아름다움과 사랑의 욕망을 관장하는 여신이다.

제우스의 딸이라고도 하고 우라노스의 잘린 성기에서 흐른 정액이 바닷물과 섞여 생겨난 거품에서 태어났다고도 한다. 주로 탐스러운 가슴을 드러낸 벌거벗은 몸으로 표현된다.

로마 신화의 베누스와 동일시된다.

비너스의 탄생
윌리암 아돌프 부그로(William Adolphe
Bouguereau), 1879년, 오르세 미술관

기본정보

구분	올림포스 12신
상징	미, 사랑, 성애, 풍요
외국어 표기	그리스어: Ἀφροδίτη
어원	거품에서 나온 여인
로마 신화	베누스(Venus)
별칭	비너스(Venus)
관련 상징	마법의 허리띠(혹은 케스토스), 조개, 바다 거품
관련 동식물	비둘기, 제비, 백조, 염소, 아네모네, 장미, 사이프러스, 보리수, 몰약나무, 사과
별자리	금성
가족관계	제우스의 딸, 우라노스의 딸, 헤파이스토스의 아내, 아레스의 연인

인물관계

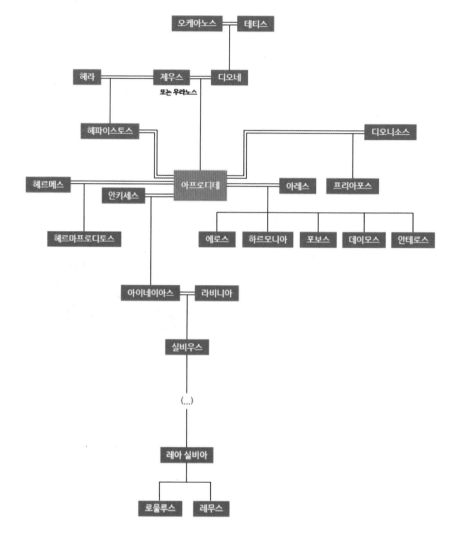

호메로스에 따르면 아프로디테는 제우스와 디오네의 딸이고, 헤시오도스에 따르면 우라노스의 딸이다.

아프로디테는 대장장이 신 헤파이스토스와 결혼하였지만 둘 사이에는 자식이 없었고 애인 아레스와 사이에서는 에로스, 하르모니아, 포보스, 데이모스, 안테로스 등 여러 명의 자식을 낳았다. 그밖에도 아프로디테는 헤르메스와 사이에서 헤르마프로디토스를 낳았고, 디오니소스와 사이에서 프리아포스를 낳았으며, 인간 안키세스와 사이에서 로마의 시조로 알려진 아이네이아스를 낳았다.

신화이야기

탄생

호메로스는 『일리아스』에서 아프로디테가 제우스와 오케아니데스(오케아노스의 딸) 중 한 명인 디오네 사이에서 태어났다고 하였다. 하지만 헤시오도스의 『신들의 계보』에 따르면 그녀는 크로노스의 낫에 잘린 우라노스의 성기가 바다에 떨어져 그의 정액과 바닷물이 섞이면서 생겨난 거품에서 태어났다고 한다. 아프로디테는 '거품에서 나온 여인'이라는 뜻이다. 우라노스의 정액에서 생겨난 바다 거품은 펠로폰네소스 남쪽 키테라 섬에 닿았다가 다시 키프로스 섬으로 밀려갔는

비너스의 탄생
산드로 보티첼리(Sandro Botticelli), 1482~1483년, 우피치 미술관

데 아프로디테는 그곳에서 태어났다. 그래서 아프로디테는 키테레이아(키테라 여인) 혹은 키프리스(키프로스 여인)이라고도 불린다. 아프로디테는 또한 아나디오메네라는 별칭으로도 자주 불리는데 이는 '바다에서 올라온 여인'이라는 뜻이다. 아프로디테 여신이 바다 거품에서 태어났을 때 계절의 여신 호라이 자매와 우미의 여신 카리테스 자매가 그녀를 맞아주고 아름답게 치장해주었다고 한다.

밀로의 비너스
헬레니즘 조각, 기원전 2세기,
루브르 박물관

아프로디테의 기원

아프로디테는 올림포스 12신 중 한 명이지만 그 기원은 올림포스 신들이 생겨나기 이전으로 거슬러 올라간다. 신화학자들은 셈족 신화에 나오는 다산의 여신 아스타르테에 대한 숭배가 페니키아인들에 의해 키프로스 섬과 키테라 섬으로 전파된 뒤 아프로디테로 바뀌어 그리스 본토로 상륙하였을 것으로 본다.

미와 사랑의 여신

아프로디테는 미의 여신으로서 모든 남성을 사로잡는 사랑의 욕망을 주관하는 여신이다. 반쯤 흘러내린 옷 사이로 속살이 드러난 혹은 가슴을 완전히 드러낸 알몸의 아프로디테는 남성의 성적 욕망을 자극하는 아름다움을 발산한다. 이는 결혼생활을 주관하는 헤라의 정숙한 아름다움이나 처녀 신 아테나와 아르테미스의 청초한 아름다움과 대비된다. 그리고 트로이의 왕자 파리스는 '가장 아름다운 여인에게 선사한다'고 새겨진 황금 사과를 헤라, 아테나, 아프로디테 세 여신 중에 아프로디테에게 바쳤다.

아프로디테를 수행하는 여신들로는 청춘의 여신 헤베, 조화의 여신 하르모니아, 계절의 여신 호라이, 우미의 여신 카리테스 등이 있다. 이들은 아프로디테를 미의 여신이라는 이름에 걸맞게 꾸미고 치장해주는 일을 주로 하였다.

후대로 가면서 아프로디테는 꼬마의 형상으로 표현된 사랑의 신 에로스와 함께 있는 모습으로 자주 표현되기 시작했으며 이에 걸맞게 에로스의 혈통도 밤의 여신 닉스의 자식에서 아프로디테가 제우스 혹은 아레스와 사이에서 낳은 자식으로 바뀌었다.

호메로스의 『일리아스』에 따르면 아프로디테는 모든 남성의 시선을 사로잡는 매력을 부여하는 '카리스'라고 불리는 허리띠(혹은 팔에 장식하는 케스토스)를 지니고 있었다. 헤라는 트로이 전쟁 때 제우스를 잠재운 뒤 그리스군을 도울 요량으로 아프로디테의 허리띠를 빌려 몸에 두르고 제우스를 유혹하였다.

아프로디테의 남자들

그리스 신화에서 가장 아름다운 여신 아프로디테는 가장 못생긴 절름발이 신 헤파이스토스의 아내가 되었다. 이는 제우스가 아들 헤파이스토스를 하늘에서 떨어뜨려 절름발이로 만든 것이 미안하여 그 보상으로 아프로디테를 아내로 주었기 때문이다. 하지만 애욕의 여신 아프로디테는 헤파이스토스의 아내로 머물러 있지 않고 끊임없이 바람을 피웠다.

그녀가 바람을 피운 상대로 특히 유명한 남성은 전쟁의 신 아레스이다. 두 연인은 헤파이스토스가 자리를 비우기만 하면 밤이고 낮이고 만나서 사랑을 나누었는데 보다 못한 태양의 신 헬리오스가 이를 헤파이스토스에게 일러주었다. 헤파이스토스는 미칠 듯이 분노했지만 아내 앞에서는 아무런 내색도 하지 않았다. 그러고는 눈에 보이지 않는 그물을 만들어 아내의 침대에 설치하고 렘노스 섬에 다녀온다며

아프로디테와 헤파이스토스
프랑수아 부셰(Francois Boucher), 1757년, 루브르 박물관

집을 나서는 척하였다. 남편이 집을 비우자 아프로디테는 곧 아레스를 불러들여 침대로 갔고 두 사람은 헤파이스토스가 쳐놓은 그물에 꼼짝없이 붙잡히는 신세가 되었다. 헤파이스토스는 모든 신들을 불러 이 광경을 구경시키면서 아프로디테와 아레스에게 모욕을 주었다. 보다 못한 포세이돈이 둘을 풀어주도록 헤파이스토스를 설득하였고 헤파이스토스는 충분한 보상을 하겠다는 아레스의 다짐을 받고 나서야 그물을 풀어주었다. 하지만 아프로디테와 아레스의 관계는 그 뒤로도 계속 되어 둘 사이에서는 열 명도 넘는 자식들이 태어났다.

아프로디테와 아레스는 서로에 대한 애욕 못지않게 질투심도 강했다. 아레스는 아프로디테가 미소년 아도니스를 사랑하자 질투심에 불타 숲으로 사냥하러 나온 아도니스를 멧돼지로 변신하여 들이받아 죽여버렸다. 또 아프로디테는 새벽의 여신 에오스가 아레스를 유혹하여 그의 사랑을 받게 되자 분을 참지 못하고 에오스에게 저주를 내렸다. 그러자 에오스는 끊임없이 사랑을 갈구하게 되는 그것도 죽을 운명의 젊은 인간만을 사랑하는 운명이 되었다. 이때부터 에오스는 아침마다 지평선 위로 날아올라 사방을 두리번거리며 젊은 청년을 살펴야 했는데 이런 행동은 그녀의 얼굴에 부끄러운 홍조를 띠게 하여 새벽 하늘이 붉게 물들었다고 한다.

아프로디테는 또 헤르메스와 사이에서 남녀 양성을 모두 지닌 헤르마프로디토스를 낳았으며 디오니소스와도 관계하여 엄청난 크기의 성기를 가진 번식력의 신 프리아포스를 낳았다.

아프로디테와 아도니스

아름다운 청년 아도니스는 아프로디테의 분노를 사서 나무로 변신한 미르라의 몸에서 태어났다.

키프로스 왕 키니라스의 딸 미르라는 아주 아름다운 처녀로 나라에 구혼자들의 발길이 끊이지 않았는데 이에 우쭐해진 키니라스가 자신의 딸이 아프로디테보다 더 예쁘

비너스와 아도니스
티치아노(Tiziano Vecellio), 1554년, 폴 게티 미술관

다고 자랑하다 여신의 분노를 샀다. 여신이 미르라의 마음에 아버지에 대한 연심을 불어넣어 동침하게 하였고 이를 안 키니라스는 딸을 죽이려 하였다. 하지만 이를 불쌍히 여긴 신들이 그녀를 같은 이름의 나무(몰약나무)로 변하게 하였고 임신한 채로 나무로 변신한 미르라는 분만의 여신 에일레이티아의 도움으로 열 달 뒤 아도니스를 낳았다.

아프로디테는 아기 아도니스를 하데스의 아내 페르세포네에게 맡겨 기르게 하였다. 아도니스가 아름다운 청년으로 자라나자 아프로디테는 그를 되찾으려고 하계로 갔지만 마찬가지로 아도니스에게 마음을 빼앗긴 페르세포네가 내주려하지 않았다. 두 여신은 서로 아도니스를 차지하려고 다투기 시작했고 급기야는 제우스에게 중재를 요청하기에 이르렀다. 제우스는 지혜로운 무사이 여신(뮤즈) 칼리오페를 중재자로 보냈고 칼리오페는 두 여신에게 아도니스와 함께 보낼 시간을 균등하게 배분해주었다. 칼리오페는 아도니스를 1년의 3분의 1은 아프로디테와 보내고, 3분의 1은 페르세포네와 보내고 나머지 3분의 1은 자신이 원하는 곳에서 지내도록 했다. 그러자 아도니스는 1년의 3분의 2를 아프로디테와 보냈다. 하지만 아도니스는 결국 질투심에 불타는 아레스가 변신한 멧돼지의 이빨에 찔려 죽고 말았다.

아도니스가 흘린 피에서는 붉은 아네모네 꽃이 피어났고 그를 구하려 다급하게 달려가다 가시나무에 발을 찔리는 바람에 아프로디테가 흘린 피는 그때까지 흰색뿐이었던 장미를 붉게 물들였다. 아무튼 이로써 아도니스는 영원히 페르세포네의 차지가 되었다.

파리스의 판결

트로이 전쟁의 영웅 아킬레우스의 아버지 펠레우스와 해신 네레우스의 딸 테티스의 결혼식에는 올림포스의 모든 신들이 초대되었지만 단 한 명 불화의 여신 에리스만 초대를 받지 못했다. 이에 분노한 에리스는 불청객으로 결혼식에 찾아가 '가장 아름다운 여인에게 바친다'는 글귀가 새겨진 황금 사과를 연회석에 던졌다. 그러자 이 사과를 아테나, 헤라, 아프로디테 세 여신이 서로 차지하겠다고 고집하면서 말썽이 생겼다. 세 여신의 다툼으로 골치가 아파진 제우스는 트로이의 왕자 파리스에게 심판을 맡겼다. 이에 헤라는 파리스에게 사과를 자신에게 주면 최고의 권력을 주겠다고 했고, 아테나는 누구보다 뛰어난

파리스의 판결
안톤 라파엘 멩스(Anton Raphael Mengs), 1757년경, 예르미타시 미술관

지혜를 약속했고, 아프로디테는 세상에서 가장 아름다운 여인을 주겠다고 했다. 파리스는 사과를 아프로디테에게 주었다. 하지만 파리스에게 그리스 최고의 미녀 헬레네를 안겨준 이 결정은 나중에 트로이 전쟁으로 이어졌고 파리스는 자신의 피로 그 대가를 치렀다.

아이네이아스와 로마의 건국

아프로디테는 인간과도 사랑을 나누었다. 그녀는 이데 산에서 양을 돌보고 있던 다르다니아의 왕자 안키세스의 사랑을 얻기 위해 자신이 프리기아의 왕 오트레우스의 딸인데 헤르메스에게 납치되어 이데 산으로 오게 되었다고 거짓말까지 하였다. 아프로디테가 그렇게 안키세스와 사랑을 나누어 임신을 하게 되자 그에게 자신의 정체를 밝히면서 이제 아들을 낳게 될 터인데 그가 장차 트로이인들을 다스릴 것이며 대대손손 자손이 끊이지 않을 것이라고 알려주었다.

얼마 뒤 아프로디테는 아들 아이네이아스를 낳아 이데 산의 님페들에게 맡겨서 기르다가 다섯 살이 되었을 때 아버지 안키세스에게 보냈다.

아이네이아스는 훗날 트로이 전쟁에서 헥토르 다음으로 용맹을 떨치는 장수가 되었고 트로이가 패망한 다음에는 유민들을 이끌고 바다를 헤맨 끝에 이탈리아의 라티움에 정착하였다. 이곳에서 그는 원주민 왕 라티누스의 딸 라비니아와 결혼하

안키세스와 아프로디테
안니발레 카라치(Annibale Carracci), 1597~1608년
베네치아 두칼레 궁전

여 새 나라 라비니움을 건설하였고 또 그가 트로이에서 데려온 아들 아스카니오스(혹은 이울루스)는 라비니움 남동쪽 알바 산 기슭에 알바 롱가 왕국을 건설하였다. 아이네이아스가 죽은 뒤 그와 라비니아 사이에서 태어난 아들 실비우스는 두 나라를 모두 물려받아 훗날 로물루스와 레무스 형제에 의해 건설될 로마의 토대를 마련하였다.

아프로디테(로마 신화의 베누스)는 나중에 로마의 수호신으로 숭배되었다.

악타이온 Actaeon

요약

카드모스의 손자로, 반인반마의 현자 케이론에게 양육되면서 그의 가르침을 받았다. 케이론으로부터 사냥을 배운 악타이온은 사냥을 열광적으로 좋아했는데 결국 자신이 기르던 사냥개들에게 갈기갈기 찢겨져 죽었다.

기본정보

구분	신화 속 인물
상징	엿보기, 관음증
외국어 표기	그리스어: Ἀκταίων
관련 동물	사슴, 개
관련 신화	아르테미스

인물관계

카드모스의 손자로, 카드모스의 딸 아우토노에와 아리스타이오스 사이에 태어난 아들이다. 아버지 아리스타이오스는 아폴론과 님페 키레네 사이에 태어난 아들로 사람들에게 양봉, 낙농, 올리브나무 재배법을 전해준 인물이다.

```
포세이돈 ─ 리비에
    │
 ┌──┴──────┐
벨로스    아게노르 ─ 텔레파사
           │
 ┌────┬────┬────┬────┬────┬────────┐
카드모스 ─ 하르모니아  포이닉스  킬릭스  피네우스  타소스  에우로페 ─ 제우스
   │                                          │
 ┌─┴──────────────┐              ┌───────────┤
폴리도로스 ─ 닉테이스  아우토노에 ─ 아리스타이오스  아가우에 ─ 에키온
   │              │                      │
라브다코스        이노        악타이온              펜테우스
                  │
                세멜레 ──────────────────────┤
                  │
               디오니소스
```

신화이야기

개요

악타이온은 양봉 기술을 전파한 아리스타이오스와 카드모스의 딸 아우토노에 사이에 태어난 아들이다. 그는 반인반마 켄타우로스인 케이론에게 양육되었다. 켄타우로스는 일반적으로 거칠고 사납지만 케이론은 인간을 좋아하고 지혜로운 켄타우로스이다. 악타이온은 케이론에게 사냥을 배우면서 열광적으로 사냥을 좋아하게 되었다. 그런데 어느 날 악타이온이 그가 기르던 사냥개들에게 물려 비참한 죽음을 맞이한다.

그의 죽음에 관해서는 여러 가지 이야기가 전해지는데 확실한 것은 그의 죽음이 사냥의 여신 아르테미스와 관련이 있다는 점이다.

『변신이야기』에 의하면 악타이온이 죽은 것은 아르테미스가 목욕하는 것을 보았기 때문이라고 한다. 어느 날 악타이온이 숲 속에서 길을 잃고 헤매다 아르테미스가 목욕하는 장면을 보게 되었다. 달의 여신이기도 한 아르테미스는 드러나는 것을 싫어하고 게다가 무엇보다도 순결을 중요시하는 여신이다. 그런데 그런 아르테미스가 낯선 남자에게 알몸을 보이고 만 것이다. 이에 관해 『변신이야기』는 당황한 여신의 모습을 다음과 같이 전하고 있다.

"실오라기 하나 걸치지 않은 채 벌거벗은 몸을 보인 이 여신의 뺨이 태양빛이 어린 구름같이 아니면 장밋빛 같은 새벽과도 같이 빨갛게 물들었다."

악타이온과 다이아나(아르테미스)
티치아노 베첼리오(Tiziano Vecellio), 1556~1559년, 스코틀랜드 내셔널갤러리

여신은 수치심과 분노에 사로잡혀 악타이온에게 물을 뿌리며 소리친다.

"자, 이제 나의 벌거벗은 몸을 보았다고 말해 보거라. 그렇게 할 수 있다면 말이다."

그러자 물방울이 튄 곳에서는 오래 사는 동물로 유명한 사슴의 뿔이 돋아났고 그런 다음에는 목이 늘어나고 귀가 뾰족해지고 손은 앞발로 변하고 팔은 앞다리로 변해버렸다. 사슴이 된 악타이온은 공포에 사로잡혀 도망가다가 자신이 기르던 사냥개들에게 갈기갈기 찢겨 죽었다. 그의 비참한 죽음에 대해 『변신이야기』는 다음과 같이 전하고 있다.

"개떼는 사방을 에워싸고 실제로는 자기들 주인인 가짜 사슴의 살을 갈기갈기 찢었다. 전해 내려오는 이야기에 의하면 악타이온이 수많은 상처를 입고 숨이 끊어질 때까지 화살통을 들고 있는 디아나(아르테미스의 로마식 이름)는 분노가 가라앉지 않았다고 한다."

『비블리오테케』가 전하는 바에 의하면 악타이온의 개들은 무슨 짓을 한 지도 모른 채 슬프게 울부짖으며 주인을 찾아 헤매다가 케이론의 동굴까지 가게 되었고 케이론은 개들을 진정시키기 위해 악타이온의 상을 만들어주었다고 한다.

의도적으로 아르테미스 여신의 알몸을 보고자 한 것도 아니고 그저 길을 잃고 헤매다 그리 된 것인데 너무나 비참하게 숨을 거둔 악타이온에게 오비디우스는 모든 것은 그저 운명의 탓이며 운명이 그를 이끈 것이라 언급하면서 카드모스에게 다음과 같이 말했다.

"그러나 그대(카드모스)가 잘 살펴본다면 악타이온에게 어떤 죄도 발견하지 못할 것이오. 운명의 잘못이라면 몰라도요. 길을 잃어버린 것이 어떻게 죄가 되나요?"

악타이온의 할아버지와 할머니인 카드모스와 하르모니아는 하늘에 있는 신들이 모두 내려와서 축가를 불러줄 정도로 성대하게 결혼식을 거행하고 많은 자손들을 낳았다. 그러나 카드모스의 자식들은 대부분 비참한 운명을 맞이했다. 그 중에서도 악타이온은 카드모스의 삶이 한창 번성할 때 처음으로 크나큰 고통을 안겨준 손자였다.

다른 버전의 이야기들

비극 작가 에우리피데스에 의하면 악타이온이 그토록 비참한 죽음을 당한 것은 자기가 사냥의 여신 아르테미스보다 사냥을 더 잘한다고 자랑했기 때문이라고 한다. 에우리피데스의 비극 『박코스 여신도들』에서 신은 인간에게 경쟁의 상대가 될 수 없는 존재인 것을 잘 알고 있는 카드모스가 손자 펜테우스에게 신에 대해 경외심을 가져야 한다고 타이르면서 악타이온의 죽음에 대해 설명해준다.

"너도 지켜보았지 않았느냐? 악타이온의 운명이 얼마나 비참했는지를 말이다. 그애는 자기가 아르테미스보다 사냥을 더 잘한다고 뽐내다가 날고기를 먹는 개떼에게 그것도 자기가 기르는 개떼에게 산골짜기에서 갈기갈기 찢겨 죽었다. 너까지 그런 일을 당하면 안된다."

또한 『비블리오테케』도 비중이 별로 크지 않은 다른 버전의 이야기를 전해주고 있다. 악타이온이 그렇게 비참한 죽음을 당한 것은 그가

제우스의 애인인 세멜레에게 구혼을 하여 제우스의 분노를 샀기 때문
이라고 한다.

영웅들의 스승 케이론

　악타이온의 스승 케이론은 반인반마인 켄타우로스족의 한 사람으
로 크로노스와 오케아노스의 딸 필리라 사이에 태어난 아들이다. 필
리라를 사랑하게 된 크로노스가 아내인 레아가 알지 못하도록 필리
라를 말로 변신시켜 관계를 맺었기 때문에 케이론이 켄타우로스의 모
습으로 태어났다고 한다. 켄타우로스는 대개의 경우 거칠고 사납지만
케이론은 지혜롭고 인간을 좋아하는 켄타우로스이다. 아르테미스로부
터 사냥을 배우고, 아폴론으로부터는 의술과 예언을 배웠다. 악타이
온뿐 아니라 황금 양털의 영웅 이아손, 트로이 전쟁의 영웅 아킬레우
스, 괴물 미노타우로스를 죽인 테세우스 등등 수많은 영웅들을 양육
하고 가르쳤으며 아스클레피오스는 케이론에 의해 양육되면서 그에게
서 의술을 배웠다.

악토르 Actor

요약

그리스 신화에는 악토르라는 이름을 가진 인물이 여러 명 등장한다.
악토르는 지도자, 이끄는 자라는 뜻이다.

기본정보

구분	신화 속 인물
외국어 표기	그리스어: Ἄκτωρ
어원	지도자, 이끄는 자
관련 신화	헤라클레스, 칼리돈의 멧돼지 사냥, 트로이 전쟁, 테바이 공략 7장군, 켄타우로마키아

신화이야기

1. 프티아의 왕

프티아의 왕 악토르는 펠레우스가
이복동생 포코스를 죽인 죄로 아버
지 아이아코스 왕에게 추방되어 찾아
왔을 때 그를 환대하고 그의 죄를 정
화시켜주었다. 자식이 없었던 악토르
는 죽을 때 펠레우스에게 왕위도 물
려주었다고 한다.

칼리돈의 멧돼지 사냥
코린트 흑색 도기, 기원전 580년
루브르 박물관

하지만 다른 이야기에 따르면 악토
르에게는 에우리티온이라는 아들이
있었으며 펠레우스의 죄를 정화시켜준 것은 에우리티온이었다고 한
다. 악티온의 아들 에우리티온은 펠레우스를 자신의 딸 안티고네와
결혼시켰는데 칼리돈의 멧돼지 사냥에 참가했다가 사위 펠레우스가
실수로 잘못 던진 창에 맞아죽었다.('펠레우스' 참조)

칼리돈의 멧돼지 사냥
옥스퍼드 애슈몰린 박물관의 부조

2. 데이온의 아들

포키스의 왕 데이온과 디오메데 사이에서 난 아들로 케팔로스, 필라

코스 등과 형제지간이다. 데이온의 아들 악토르는 강의 신 아소포스의 딸 아이기나와 결혼하여 메노이티오스를 낳았는데 메노이티오스는 트로이 전쟁의 영웅 아킬레우스의 절친한 친구로 유명한 파트로클로스의 아버지이다. 아이기나는 악토르과 결혼하기 전에 제우스와 사이에서 아이아코스를 낳았는데 아이아코스의 아들 펠레우스는 아킬레우스의 아버지이다.

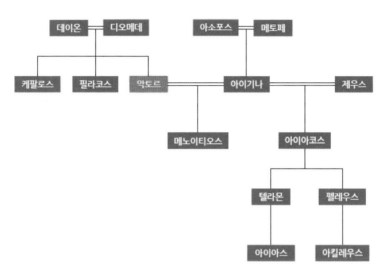

3. 프릭소스의 후손

아제우스의 아들 악토르는 콜키스의 왕 아이에테스에게 황금 양털을 준 프릭소스의 후손이다. 악토르의 딸 아스티오케는 군신 아레스와 사이에서 두 아들 아스칼라포스와 이알메노스를 낳았는데 두 형제는 헬레네의 구혼자였기 때문에 트로이 전쟁에 참전해야

이아손과 황금 양털
1540년, 신시내티 미술관

했다. 이알메노스는 목마에 숨어 트로이 성에 잠입한 40인의 그리스 용사 중 한 명이기도 하다.

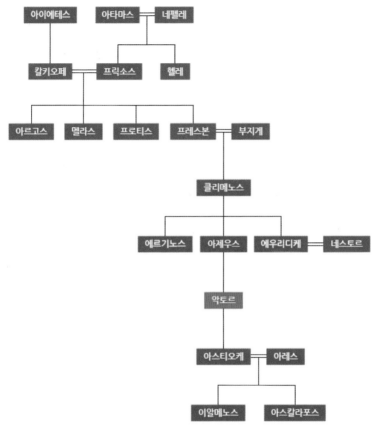

4. 아우게이아스의 형제

포르바스와 히르미나 사이에서 태어난 아들로 아우게이아스와 형제 지간이다. 엘리스의 왕 아우게이아스는 헤라클레스의 신화에 등장하는데 헤라클레스가 미케네 왕 에우리스테우스로부터 부여받은 12과업 중 다섯 번째가 아우게이아스의 축사를 치우는 것이었다.

악토르는 엘리스 지방에 어머니의 이름을 딴 도시 히르미나를 건설하였다. 그는 몰리오네와 결혼하여 몰리오네스라고 불리는 쌍둥이 형제 크테아토스와 에우리토스를 낳았다. 몰리오네스 형제는 축사 청소의 보수 문제로 헤라클레스와 아우게이아스 사이에 싸움이 붙었을 때 아우게이아스를 대신하여 헤라클레스와 대결하여 그를 물리친 용사로 유명하다.

강물을 축사로 돌리는 헤라클레스
스페인 이리아에서 출토된 로마 시대 모자이크화.
3세기, 스페인 국립고고학 박물관

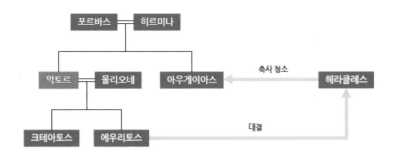

III

5. 오이노프스의 아들

오이노프스의 아들 악토르는 테바이의 장수로서 아르고스의 '테바이 공략 7장군'이 쳐들어왔을 때 이들에 대항하여 싸웠다. 그는 테바이의 일곱 개 성문 중 파르테노파이오스가 공격한 보라이아이 성문을 지켰다.

6. 또 다른 악토르

그밖에도 그리스 신화에는 아르고호 원정대의 일원인 히파소스의 아들 악토르, 헤라클레스가 아마조네스 원정을 떠날 때 그와 동행했던 스테넬로스의 아버지 악토르, 페이리토오스의 결혼식 때 켄타우로스들과 싸우다 죽은 라피타이인 악토르 등 악토르라는 이름을 쓰는 인물이 여러 명 더 등장한다.

안드로게오스 Androgeus

요약

그리스 신화에 나오는 크레타 왕 미노스의 아들이다.

아테네 왕 아이게우스의 명령으로 마라톤의 황소를 퇴치하러 갔다가 뿔에 찔려 죽었다. 그의 죽음으로 크레타와 아테네 사이에 전쟁이 벌어졌다.

기본정보

구분	왕자
원어 표기	그리스어: Ἀνδρόγεως
어원	땅 위에 있는 자
관련 신화	크레타 왕 미노스의 아테네 공략

인물관계

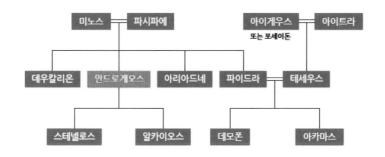

안드로게오스는 크레타의 왕 미노스와 왕비 파시파에 사이에서 태어난 아들로 데우칼리온, 파이드라, 아리아드네 등과 형제지간이다. 안드로게오스에게는 헤라클레스의 아마조네스 원정에 동행한 두 아들 스테넬로스와 알카이오스가 있다.

신화이야기

안드로게오스의 죽음

크레타의 왕자 안드로게오스는 운동 능력이 뛰어났다. 그는 아테네의 아이게우스 왕이 연 판아테나이아 축제에 참가하여 모든 종목에서 우승을 했다. 그러자 아이게우스 왕이 이를 시기하여 그에게 당시 주민들에게 막심한 피해를 끼치고 있던 마라톤의 황소를 퇴치하도록 명령했고 안드로게오스는 결국 황소 뿔에 찔려 죽고 말았다.

이 황소는 원래 포세이돈이 미노스의 왕권 획득을 돕기 위해 제물로 쓰도록 보낸 것이었다. 그런데 황소를 본 미노스가 탐심이 생겨 제물로 바치지 않고 자신의 외양간에 숨겨두고 다른 소를 바쳤다. 분노한 포세이돈은 미노스의 아내 파시파에를 황소와 사랑에 빠지게 만들었고 파시파에는 전설적인 장인 다이달로스의 도움으로 황소와 사랑을 나누어 괴물 미노타우로스를 낳게 된다.('다이달로스' 참조) 그 후 크레타 섬을 황폐하게 만들던 이 황소를 헤라클레스가 잡아서 마라톤 황야에 풀어놓았는데 크레타의 왕자 안드로게오스가 퇴치하려다 목숨을 잃고 만 것이다.

다른 이야기에 따르면 판아테나이아 축제의 운동 경기에서 크레타인이 우승을 휩쓴 데 분개한 아테네의 젊은이들이 길목에 숨어 있다가 습격해서 그를 죽였다고 한다. 안드로게오스는 다음 경기가 열리는 테바이로 가는 중이었다.

미노스 왕의 복수

아들의 죽음 소식을 전해 들은 미노스 왕은 곧 함대를 소집하여 아테네인들에게 복수를 하러 떠났다. 미노스 왕과 크레타군은 아테네에 앞서 먼저 아이게우스의 동생 니소스가 다스리는 메가라를 공격했다. 그런데 메가라를 포위하고 공격한 지 반년이 지나도록 그곳을 점령하지 못했다. 니소스 왕의 머리에 자라나 있는 자주색 머리카락 한 올 때문이었다. 예언에 따르면 그 머리카락이 니소스 왕의 머리에 붙어 있는 한 메가라는 난공불락이라고 했다. 하지만 성벽 위에서 크레타 진영을 바라보다가 미노스 왕의 늠름한 모습에 반해버린 니소스 왕의 딸 스킬라가 아버지의 자주색 머리카락을 잘라버리는 바람에 메가라는 크레타군에게 함락되고 말았다. 하지만 이에 대한 미노스 왕의 보답은 잔혹했다. 그는 사랑에 눈이 멀어 아버지와 조국을 배신한 스킬라를 사악한 계집이라고 욕하며 바다에 던져버렸다.

아테네의 저항은 더욱 심했다. 결국 미노스 왕은 아버지 제우스에게 기도를 올렸고 제우스는 아들의 소원을 들어주어 아테네에 역병이 돌게 하였다. 크레타군의 오랜 포위로 기아에 시달리는 데다 역병까지 돌자 아테네인들은

미노타우로스를 죽이는 테세우스
기원전 520∼510년, 루브르 박물관

미노타우로스를 죽이는 테세우스
고대 그리스 도기 그림, 기원전 6세기
영국 박물관

더 이상 저항하지 못하고 항복하였고 미노스 왕은 아테네에 해마다 (혹은 9년마다) 괴물 미노타우로스에게 제물로 바칠 젊은 청년과 처녀를 일곱 명씩 조공으로 바치도록 요구하였다. 아테네는 훗날 영웅 테세우스가 직접 크레타로 가서 미노타우로스를 죽이고 나서야 패전의 굴레에서 벗어날 수 있었다.

안드로게오스의 아들들과 헤라클레스

일설에 따르면 안드로게오스는 아테네에서 죽음을 맞기 전에 아버지 미노스 왕의 명령에 따라 파로스 섬을 다스렸다고 한다. 그런데 헤라클레스가 12과업 중 하나인 아마조네스 여왕 히폴리테의 허리띠를 가지러 가는 길에 이 파로스 섬에 들렀고 파로스 섬 주민들이 헤라클레스 일행을 공격하여 그중 몇 명을 죽였다. 그러자 분노한 헤라클레스가 섬 전체를 포위하고 공격하여 안드로게오스의 두 아들 스테넬로스와 알카이오스를 인질로 붙잡았다. 헤라클레스는 둘을 아마조네스 원정에 데리고 갔다. 히폴리테의 허리띠를 손에 넣은 헤라클레스는 돌아오는 길에 타소스 섬을 정복하고는 스테넬로스와 알카이오스에게 그곳을 다스리게 하였다.

신화해설

신화에서 안드로게오스의 죽음은 크레타와 아테네 사이에 전쟁이 벌어지고, 이 전쟁에서 패한 아테네가 크레타의 괴물 미노타우로스에게 자국의 젊은이들을 제물로 헌납하고, 영웅 테세우스가 크레타의 괴물 미노타우로스를 죽여 아테네를 크레타의 속박에서 해방시키는 일련의 갈등이 전개되는 계기로서 제시되고 있다.

신화학자들은 신화 속의 이런 이야기의 흐름을 크레타가 해양 강국

크레타 왕 미노스의 아테네 공략
작자 미상, 1520년경, 아비뇽 프티팔레 미술관

으로서 에게 해 일대의 패권을 거머쥐었던 기원전 2000년 무렵의 크
레타 문명(혹은 미노아 문명) 발흥기로부터 아테네가 농업국에서 해양
국으로 발돋움하여 에게 해 패권을 탈취하는 기원전 6세기 무렵까지
1500년에 걸친 변화를 상징적으로 압축시켜 놓은 것으로 해석한다.

크레타의 괴물을 무찌르고 귀환한 영웅 테세우스는 아버지 아이게
우스에 이어 아테네의 왕위에 올랐다. 그 뒤 그는 주변의 크고 작은
도시들을 복속시키면서 아테네를 아티카의 중심지로 만들어 장차 아
테네가 고대의 가장 중요한 도시 국가로 성장하는 발판을 마련하였다.

안드로마케 **Andromache**

요약

안드로마케는 트로이 전쟁으로 인해 인생의 나락을 경험한 더없이 불행한 여인이다. 그녀의 아버지와 일곱 명의 오빠 모두 그리스의 아킬레우스에게 죽고 남편 헥토르 역시 아킬레우스의 손에 생을 마감했다. 그녀의 불행은 여기서 그치고 않고 어린 아들 아스티아낙스마저 그리스군에게 살해된다. 그녀 자신은 세상에 둘도 없는 원수인 아킬레우스의 아들 네오프톨레모스의 노예이자 첩이 되어 그의 아들을 낳는 불행도 겪었다.

기본정보

구분	공주
외국어 표기	그리스어: Ἀνδρομάχη
어원	남자를 이기는 여자
관련 신화	트로이 전쟁, 헥토르, 네오프톨레모스

인물관계

테바이의 왕 에에티온의 딸인 안드로마케는 트로이의 영웅 헥토르의 아내이다.

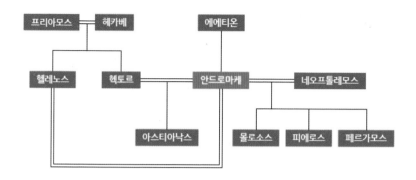

신화이야기

레테의 강에서도 스러지지 않을 헥토르와 안드로마케의 사랑

『일리아스』 6권의 후반부는 그리스와 트로이 전쟁의 희생양이 된 연약한 여인 안드로마케에 초점이 맞추어져 있다.

불행은 결코 혼자 오는 법이 없는 것인지 안드로마케에게 연이어 불행이 찾아왔다. 신과 같은 영웅의 아내라는 빛나는 자랑과 기쁨보다 전쟁의 와중에 가장 소중한 사람들을 모두 잃은 한 여인의 한 서린 삶이 『일리아스』의 한 부분을 차지하고 있다.

트로이의 첫째 왕자 헥토르와 그의 아내 안드로마케는 금실이 좋았고 서로에게 충실했다. 그들은 외도가 판치는 그리스 로마 신화에서 보기 드문 이상적인 부부였다. 안드로마케는 그리스군의 수장 아킬레우스에게 아버지를 비롯해 일곱 형제를 모두 잃었지만 그녀에게 드리워진 불행의 그림자는 사라지지 않았다. 남편 헥토르마저 아킬레우스 손에 비참한 죽음을 당한 것이다.

헥토르는 헬레네를 훔쳐온 동생 파리스를 못마땅해할 만큼 반듯한 정신의 소유자이자 트로이의 왕자로서 그리스와 용감하게 맞서 싸운 트로이의 리더이다. 그런 그에게도 마지막 날이 다가오고 있었다. 그리스와 마지막 결전의 날에 이 부부의 애잔하면서도 따뜻한 이별의 장

헥토르와 안드로마케의 이별
요한 하인히리 빌헬름 티쉬바인(Johann Heinrich Wilhelm Tischbein), 1812년
올덴부르크 박물관

면은 전쟁으로 인해 사랑하는 가족을 잃어야 하는 슬픔이 녹아있다.

헥토르는 결전을 앞두고 잠시 성을 방문했다. 안드로마케가 남편의 손을 잡고 눈물을 흘리자 헥토르는 아내를 위로하며 유모의 품에 안겨 있는 아들을 말없이 미소지으며 바라보았다. 남편을 다시는 보지 못할 것이라는 불길한 예감에 휩싸인 안드로마케는 헥토르에게 전쟁에 나가지 말 것을 눈물로 호소했다. 그녀는 헥토르에게 부모형제를 모두 잃은 자신에게 남편 헥토르는 아버지이자 어머니이고 오빠라고 울먹였다. 그녀는 이런 자신이 남편까지 잃는다면 얼마나 가엾겠냐며 남편이 전쟁터로 다시 나가는 것을 만류했다. 그녀는 트로이의 상징인 헥토르의 용기가 결국은 그를 죽일 것이라고 애통해했다. 헥토르는 눈물을 흘리는 안드로마케에게 트로이 왕자로서의 숙명을 떨쳐낼 수 없다고 말하며 그녀를 달랬다. 그는 그리스인의 노예가 되어 자유를 빼앗기고 고통을 당하게 될 안드로마케를 생각하면 더 없이 마음이 아프지만 자신의 운명을 거부하지 못하였다. 조국과 가족과 명예, 그 어느 것도 가볍게 여길 수 없는 한 남자의 무거운 숙명과 그런 남편을 막고 싶어하는 한 여자의 애절한 마음을 읽을 수 있는 대목이다.

　독일의 작가 프리드리히 실러는 그의 시 〈헥토르의 이별〉에서 이별을 앞둔 안드로마케와 헥토르의 모습을 그리고 있다.

『안드로마케』
당신은 햇빛 한 점 비치지 않는 곳으로 가게 될 거예요.
그 곳에서 코키토스 강은 황량한 벌판을 눈물을 흘리며 가로지르고 당신의 사랑은 레테의 강에서 스러질 거예요.

『헥토르』
내 모든 그리움과
내 모든 생각을
레테의 고요한 강물 속에 던져버릴 것이오.
하지만 당신, 나의 사랑은 아니라오.
잘 들어보시오.
사나운 자가 성벽에서 벌써 미쳐 날뛰고 있다오.
나에게 검을 채워주고 더 이상 슬퍼하지 마시오.
헥토르의 사랑은 레테의 강에서 사라지지 않을 것이오.

전쟁의 전리품 안드로마케

용감한 헥토르는 처음부터 끝까지 신들의 의지로 진행된 트로이 전쟁에서 신들의 각본대로 아내에게 돌아오지 못하였다. 전쟁터에서 혁혁한 공을 세운 헥토르는 아킬레우스 대신 참전한 그의 절친 파트로클로스를 죽였다. 이에 분노한 아킬레우스가 아가멤논과의 불화로 참전을 거부한 전투에 다시 나섰고 친구의 원수인 헥토르를 죽였다.

에우리피데스의 『트로이 여인들』은 트로이 전쟁 후 트로이 여인들의 불행한 운명을 그리고 있다. 어린 아들의 끔찍한 죽음을 막지 못하고 장례도 직접 치르지 못한 채 그리스로 끌려가는 안드로마케의 서글픈 모정을 읽을 수 있다.

안드로마케는 아킬레우스와의 악연에 몸서리쳤지만 전쟁이 끝난 후에도 그들의 악연은 이어졌다. 그녀는 자신의 집안을 멸문시키고 사랑하는 남편을 참혹하게 죽인 불구대천의 원수인 아킬레우스의 아들 네오프톨레모스에게 '전리품'으로 주어졌다. 헤카베는 안드로마케에게 자신의 아들 헥토르와의 좋은 시절을 다 잊고 새 주인에게 복종하며 손자 아스티아낙스를 잘 키우라고 했다. 그러면 훗날 아스티아낙스가 트로이로 돌아와 트로이의 명맥을 이어갈 것이라고 말했다.

그때 그리스의 전령 탈티비오스가 나타나 후환을 없애기 위해 헥토르의 아들을 죽

헥토르의 죽음을 애도하는 안드로마케
자크 루이 다비드(Jacques Louis David), 1783년.
루브르 박물관

이기로 결정했다는 펠롭스 자손들의 공동 결의를 전했다. 더구나 트로이의 성탑에서 던져 죽인다는 것이었다. 안드로마케는 자신에게 끊임없이 닥치는 불행에 탄식하며 아버지의 고귀한 혈통과 아버지의 용기가 아들에게 아무 도움도 되지 못함에 슬퍼했다. 그리고 두려움에 아기 새처럼 엄마의 품으로 파고드는 아들을 꼭 껴안으며 입을 맞추었다. 탈티비오스는 그런 모자가 안타깝지만 안드로마케에게서 아들을 빼앗았다.

네오프톨레모스는 할아버지 펠레우스가 추방되었다는 소식을 듣고 안드로마케를 데리고 그리스로 출항했다. 얼마 후 탈티비오스가 두개골이 부서진 처참한 아스티아낙스의 시신과 헥토르의 방패를 가지고 나타났다. 그는 헤카베에게 안드로마케가 얼마나 슬픈 모습으로 트로이를 떠났는지 전하며 안드로마케가 아들의 장례를 치를 수 있게 해달라고 네오프톨레모스에게 간청했고, 헤카베에게 가련한 손자의 시신을 헥토르의 방패와 함께 묻어주기를 부탁했다고 말했다.

에우리피데스의 『안드로마케』

트로이 전쟁 그 후에 일어난 일들은 베르길리우스의 『아이네이아스』와 에우리피데스의 『트로이의 여인들』, 『안드로마케』에 잘 묘사되어 있다.

『트로이의 여인들』이 트로이가 함락된 후 그리스로 끌려가기 전 트로이 여자들의 운명을 그렸다면 그의 다른 작품 『안드로마케』는 헥토르의 아내 안드로마케가 아킬레우스의 아들 네오프톨레모스의 첩으로서 그리스에서 생활하는 모습을 그리고 있다.

안드로마케는 헥토르의 아내이자 그의 아들의 어머니로서 모두의 부러움의 대상이었던 자신이 세상에서 가장 불행한 여인이 된 것을 탄식했다. 부모형제는 물론 남편과 자식을 그리스인의 손에 비극적으로 잃고 남부럽지 않은 집안의 딸이었던 자신이 졸지에 노예의 신분으로 추락했으니 어찌 그렇지 않겠는가.

그녀는 원수 아킬레우스의 아들 네오프톨레모스의 첩으로 그와의 사이에서 아들 몰로소스를 낳았다. 사랑하는 남편을 죽인 남자의 아들과 살아야 하는 여자에게 과연 낙이 있을 수 있을까. 이미 헥토르와의 사이에서 난 아들을 잃은 안드로마케는 몰로소스가 그녀에게 남은 생명의 빛이라고 말할 만큼 아들을 소중하게 여겼다. 그러나 아들을 낳았다고는 하나 그녀의 신분이 변하는 것은 아니었다. 그녀는 여전히 노예일 뿐이었다.

한편, 네오프톨레모스는 스파르타 왕 메넬라오스와 헬레네의 딸인 아름다운 헤르미오네와 결혼을 했다. 그러나 정실 부인 헤르미오네는 네오프톨레모스의 자식을 낳지 못했고, 안드로마케에 대한 헤르미오네의 질투와 박해가 본격적으로 시작되었다. 그녀는 일개 노예인 안드로마케가 마법을 써서 자신을 불임으로 만들고 남편의 미움을 받게 해서 자신을 내쫓으려고 한다고 악담을 퍼부었다. 그녀는 안드로마케의 가장 아픈 곳을 건드렸는데, 남편을 죽인 자와 잠자리를 같이하고 게다가 그의 아들까지 낳은 야만인이라고 서슬퍼런 독설을 쏟아부었다. 안드로마케는 그런 헤르미오네의 불안감을 비웃으며 그녀가 남편의 사랑을 못 받는 이유는 자신이 아니라 바로 헤르미오네 자신에게 있다고 차분하게 말했다. 헤르미오네는 갖은 모욕과 협박에도 꼿꼿한 안드로마케에게 분을 삭이지 못했다.

헤르미오네는 남편이 델포이로 간 사이 아버지 메넬라오스와 함께 안드로마케 모자를 죽이려고 했다. 여자의 가장 큰 고통은 남편을 잃는 것이라고 생각하는 메넬라오스에게 자식이 없는 딸의 앞날이 걱정되지 않을 수 없었을 것이다. 그는 딸의 행복을 지켜주려는 아버지의 마음으로 테티스 신전으로 피신한 안드로마케를 끌어내려 했다. 그는 안드로마케의 가장 약한 곳을 건드렸는데, 만약에 안드로마케가 생명을 부지하려고 테티스의 신전을 나오지 않으면 아들을 대신 죽일 것이라고 위협했다. 자식을 죽이겠다는데 자신의 목숨을 보존하려고 발버둥칠 어머니는 세상에 없을 것이다. 안드로마케는 순순히 메넬라오스에게 잡혔지만 그는 비겁하게도 아들 몰로소스의 생사는 자신의 딸 헤르미오네에게 달려 있다고 차갑게 말했다. 그리고 노예 주제에 감히 자유민에게 맞서는 건방을 더 이상 떨지 말라고 경고했다.

이렇게 안드로마케와 몰로소스는 메넬라오스의 하인들에게 끌려갔고 또 다시 인생에서 큰 위기를 맞은 순간 그녀에게 구원의 손길이 다가왔다. 네오프톨레모스의 할아버지 펠레우스가 나타나 목숨이 경각에 달린 모자를 구한 것이다. 그는 포승줄에 묶여 끌려가는 안드로마케와 손자를 풀어주라고 했다. 그러자 메넬라오스는 자신이 안드로마케에게 더 많은 권리가 있다고 하며 거부하였고, 이에 펠레우스는 안드로마케는 자신의 손자가 명예의 선물로 받은 것이라고 질타했다. 이어 메넬라오스에게 아내 헬레네를 젊은 파리스에게 뺏겨 트로이 전쟁을 유발했고, 트로이 전투에서 자신의 아들 아킬레우스는 전사했음에도 메넬라오스는 아무런 부상 없이 트로이에서 돌아왔음을 질책했다. 그리고 남편이 없는 사이에 안드로마케와 자신의 손자를 죽이려 하는 그는 아무 짝에도 쓸모없는 인간이라고 비난했다. 그러자 메넬라오스는 아킬레우스를 죽인 파리스는 헥토르의 형제이고 안드로마케는 헥토르의 아내임을 생각하라고 말했다. 안드로마케야말로 그의 원수인데 그런 원수와 원수가 낳은 아들을 아무리 증손자라 하지만 품에 품으려 한다고 비난하며, 자신의 딸이 아들을 낳지 못하면 트로이 여인이 낳은 아들 몰로소스가 헬라인을 다스리는 불행한 사태가 생길 것이라고 했다. 펠레우스는 그의 말에 흔들리지 않았다.

결국 안드로마케 모자를 죽이려는 모든 계획이 수포로 돌아가고 아버지까지 떠나자 헤르미오네는 자신이 악행이 남편에게 발각될 것을 두려워해 자살을 시도했다. 그때 그녀의 유모가 그녀에게서 칼을 빼앗고 지체가 높으신 분을 남편인 네오프톨레모스가 버리지 않을 것이라고 위로했다. 때 맞춰 도도네에 있는 제우스의 신탁소에 가던 아가멤논의 아들 오레스테스가 헤르미오네를 보기 위해 나타났다. 그들은 원래 약혼한 사이였다. 그는 궁지에 몰린 헤르미오네를 데려갔다.

펠레우스는 이 둘이 결혼을 하고 델포이에 있는 손자 네오프톨레모스를 죽이기 위해서 사라진 것을 알게 되었고, 결국 손자가 칼로 난자당해 죽었다는 비극적인 소식을 들었다. 그는 아들과 손자를 모두 잃은 자신의 비참한 운명을 통탄했다. 그때 테티스 여신이 나타나 그녀가 한때 그와 결혼한 인연으로 이곳에 왔다고 말했다. 그녀는 펠레우스에게 주어진 운명을 참고 견디라고 말하며 안드로마케의 앞날에 대해서도 일러주기를, 안드로마케는 몰로시아로 가서 헥토르의 형제인 헬레노스와 결혼할 것이고 그녀의 아들 몰로소스가 몰로시아를 행복하게 다스릴 것이며 그곳에서 펠레우스의 가문과 트로이의 가문의 대가 이어질 것이라고 말했다.

또 다른 이야기

『아이네이아스』에서도 네오프톨레모스의 여자가 된 안드로마케의 삶을 읽을 수 있다. 안드로마케는 아킬레우스의 아들 네오프톨레모스에게 전리품으로 주어졌고 남편을 죽인 원수의 아들의 노예가 되어 그와의 사이에서 아들 몰로소스를 낳았다. 그녀는 멀리 낯선 땅 그리스로 실려가 아킬레우스의 아들 네오프톨레모스의 오만을 견디며 그의 아들을 낳았다고 말했다. 그러나 네오프톨레모스가 레다의 외손녀이자 라케다이몬의 여인인 헤르미오네와 결혼하려고 자신을 헬레노스에게 넘겨주었다고 말했다. 네오프톨레모스는 아름다운 헬레네의 딸 헤르미오네와 결혼한 후 안드로마케를 또 다른 노예인 프리아스의 아들 헬레노스에게 넘겨준 것이다.

파우사니아스에 따르면 그리스로 끌려간 안드로마케는 네오프톨레모스와의 사이에서 세 명의 아들 몰로소스, 피에로스, 페르가모스를 낳았다. 네오프톨레모스가 죽자 다시 헥토르의 동생인 헬레노스와 결혼하여 헬레노스가 세운 에피루스의 여왕이 되었다.

신화해설

트로이 전쟁을 보면 전쟁의 당사자인 인간이 아닌 신들이 만들어낸 헛된 명분에 이리저리 휘둘리고 잔인하게 희생당하는 인간의 삶이 비루하게 느껴진다. 특히 가부장 사회에서 패전국의 여자들은 승전국의 남자들에게 바쳐질 물건에 불과하다. 그들에게 여자는 제비뽑기로 나누어 가질 수 있는 전리품 이상의 존재가 아니다. 그들에게 인권은 사치스러운 외침일 뿐이다. 전쟁터에서 여자는 사랑하는 가족을 모두 잃고도 모자라 승전국의 남자들 곁에서 목숨을 부지해야 하는 치명적인 약자들이다.

안드로메다 Andromeda

요약

에티오피아의 왕 케페우스의 딸이다.

어머니 카시오페이아의 오만함으로 인해 바다 괴물의 제물로 바쳐질 운명에 처하지만 영웅 페르세우스에 의해 구조되어 그의 아내가 되었다.

기본정보

구분	공주
원어 표기	그리스어: Ἀνδρομέδη
어원	인간의 통치자
별자리	안드로메다 은하
관련 신화	카시오페이아, 페르세우스, 케페우스

인물관계

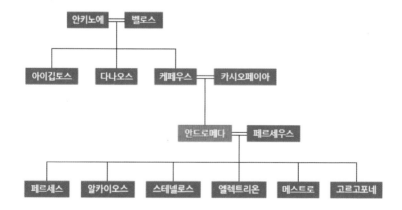

에티오피아의 왕 케페우스와 카시오페이아 사이에 태어난 딸로 무남독녀이다. 페르세우스와 결혼하여 여러 자식을 낳았다.

신화이야기

카시오페이아의 오만함과 허영심

『비블리오테케』와 『변신이야기』에 의하면 안드로메다의 어머니 카시오페이아는 자신의 미모에 대해 대단한 자부심을 갖고 있어서 자신이 바다의 님페들 그 누구보다도 아름답다고 자랑하고 다녔다고 한다. 그러나 히기우스의 『신화집』에 의하면 카시오페이아가 자랑한 것은 자신의 딸 안드로메다의 미모였다고 한다.

네레이스라고 불리우는 바다의 님페들은 '바다의 노인'이라는 별명이 있는 네레우스와 대양의 신인 오케

안드로메다
에드워드 포인터(Edward Poynter)
1869년, 개인 소장

아노스의 딸 도리스 사이에 태어난 딸들로 그 수는 50명에서 100명에 이른다. 네레이스의 복수형은 네레이데스이다. 바다 속 깊은 곳에 있는 아버지의 궁전에서 사는 네레이데스는 모두가 아름답다고 알려져 있는데 이 중의 하나가 포세이돈의 정식 아내인 아름다운 암피트리테이다. 안드로메다의 어머니 카시오페이아의 오만함과 허영심에 분노한 바다의 님페들과 암피트리테의 남편 포세이돈이 해일을 불러일으키고 괴물을 보내 나라를 초토화시켰다.

제물로 바쳐진 안드로메다

이러한 상황 속에서 재앙을 막기 위해서는 카시오페이아의 딸인 안드로메다 공주를 괴물의 제물로 바쳐야 한다는 신탁이 내렸다. 어쩔 수 없이 신탁을 따라야 하는 아버지 케페우스는 애통한 심정으로 안드로메다를 해변의 바위에 쇠사슬로 묶어놓았다. 이렇게 아무 죄도 없는 안드로메다는 어머니의 죄값을 치를 운명에 놓였고, 바다 괴물의 먹이가 되는 순간을 기다릴 뿐이었다.

안드로메다의 구출

그런데 마침 메두사의 목을 베고 돌아가던 페르세우스가 해변의 바위에 쇠사슬로 묶여있는 안드로메다를 보고는 첫눈에 그녀의 아름다움에 매혹되어 다가갔다. 페르세우스가 안드로메다를 구출하는 장면을 상세하게 전하는 『변신이야기』는 그가 안드로메다에게 다가가 탄식하는 말을 다음과 같이 전한다.

"오! 당신에게 이런 쇠사슬은 말도 안돼요!
연인들의 마음을 묶어주는 사슬이라면 몰라도요."

안드로메다를 풀어주는 페르세우스
페테르 파울 루벤스(Peter Paul Rubens), 1622년경
베를린 주립박물관

안드로메다는 페르세우스에게 모든 사연을 말해주었고 말이 채 끝나기도 전에 바다에서 요란한 소리를 내며 바다 괴물이 그 모습을 드러냈다. 이에 페르세우스는 격렬한 싸움 끝에 괴물을 퇴치했다.

안드로메다와 페르세우

스는 결혼식을 올리게 되었는데 결혼식장에서 피비린내 나는 싸움이 벌어졌다. 이는 이전에 안드로메다의 약혼자였던 그녀의 작은 아버지 피네우스가 무리를 이끌고 와 페르세우스를 공격하면서 일어난 것이다. 약

안드로메다를 구하는 페르세우스
피에르 미냐르(Pierre Mignard), 1679년, 루브르 박물관

혼자임에도 불구하고 안드로메다가 괴물의 제물로 바쳐져 먹이가 되는 순간에는 그대로 두고만 본 비겁한 피네우스를 안드로메다의 아버지 케페우스 왕이 비난하면서 타일렀다.

> "너는 안드로메다의 약혼자이면서 삼촌인데 그 애가 묶여있는데 그냥 보기만 하고 아무 도움도 주지 않았다. 그런데 너는 그것도 모자라서 그 애를 구해준 사람이 받을 상을 빼앗으려 하느냐? 그 상이 그렇게 대단해 보인다면 바로 네가 묶여있던 그 애를 바위에서 풀어내 데려왔어야 했다! 그 사람은 그 애를 데려와 내가 늙어서 자식 없이 살지 않게 해주었으니 약속한 대로 공에 대한 대가를 갖도록 해주어라. 그리고 너 대신에 그를 선택한 것이 아니라 죽을 수밖에 없는 상황 대신에 그를 선택한 것임을 명심해라."
>
> (『변신이야기』5권)

결국 페르세우스는 피네우스와 그 일당들에게 메두사의 목을 내밀었고, 그들은 메두사를 본 순간 돌로 변해버렸다.

안드로메다의 자식들

페르세우스와 결혼한 안드로메다는 맏아들 페르세스가 태어나자 그를 아버지의 후계자로서 부모 곁에 남기고 페르세우스를 따라갔다. 헤로도토스의 『역사』에 의하면 페르세스는 후에 페르시아 왕가의 조상이 되었다고 한다.

페르세우스와 안드로메다
프레더릭 레이턴(Frederic Leighton), 1891년.
영국 워커미술관

고향을 떠난 후 안드로메다는 페르세우스와의 사이에 아들 알카이오스, 스테넬로스, 헬레이오스, 메스토로, 엘렉트리온과 딸 고르고포네를 낳았다. 알카이오스의 아들이 암피트리온이고 엘렉트리온의 딸이 알크메네인데 이 두 사람이 결혼하여 쌍둥이 아들 이피클레스와 헤라클레스를 낳았다. 이 쌍둥이 아들 중에서 제우스가 영웅을 만들기 위해 알크메네와 동침하면서 하룻밤을 세 배로 늘려 낳은 자식이 바로 헤라클레스이다.

안드로메다 별자리

안드로메다는 죽은 뒤 아테나 여신에 의해 남편 페르세우스, 부모인 케페우스와 카시오페이아 등과 함께 하늘로 올라가 별자리가 되었다. 그러나 카시오페이아만은 오만함과 허영심에 대한 벌로 하늘에 거꾸로 매달려 있게 되었다.

안키세스 Anchises

요약

그리스 신화에 등장하는 다르다니아의 왕이다.

아프로디테 여신의 사랑을 받아 나중에 로마의 시조가 되는 아이네이아스를 낳았다. 아이네이아스와 함께 트로이의 편으로 트로이 전쟁에 참여했다.

기본정보

구분	다르다니아의 왕
외국어 표기	그리스어: Ἀγχίσης
관련 신화	트로이 전쟁, 로마 건국
가족관계	아프로디테의 남편, 아이네이아스의 아버지, 히포다메이아의 아버지

인물관계

안키세스는 카피스와 테미스테 사이에서 태어난 아들이다. 카피스의 부친 아사라코스는 트로스의 아들로 트로이의 건설자 일로스와 형제지간이다. 안키세스는 아프로디테와 관계하여 아들 아이네이아스를 낳았는데 아이네이아스는 트로이 전쟁에서 패한 뒤 일족을 이끌고 이탈리아로 가서 로마의 시조가 되었다.

다른 전승에 따르면 안키세스에게는 에리오피스라는 인간 아내가 있었으며 둘 사이에서는 딸 히포다메이아와 아들 리로스가 태어났다.

트로이 전쟁 때 목마를 성 안으로 들이는 것을 반대했다가 포세이돈의 노여움을 사 두 아들과 함께 바다뱀에게 목이 졸려 죽은 트로이의 신관 라오코온도 카피스의 아들로, 안키세스와 형제지간이라고 한다.

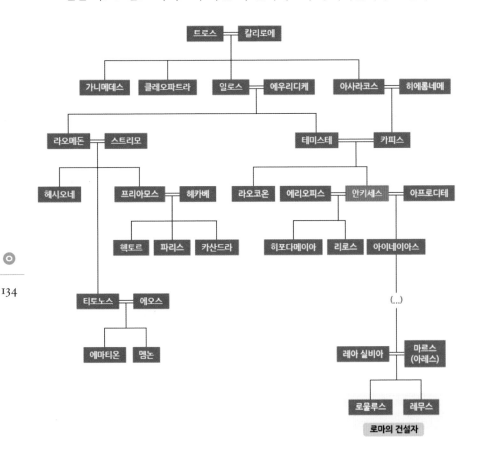

신화이야기

아프로디테와 안키세스

아프로디테는 마음에 연정을 불러일으키는 띠를 가지고서 신들을 인간과 사랑에 빠지도록 하는 놀이를 즐겼다. 이 놀이의 희생자는 아폴론, 에오스 등 적지 않았다. 이에 화가 난 제우스는 아프로디테 자신이 인간 남자를 사랑하도록 만들었다. 그리하여 아프로디테는 이데 산에서 양을 돌보고 있던 다르다니아의 왕자 안키세스를 사랑하게 되었다.

아프로디테는 안키세스의 사랑을 얻기 위해 자신을 프리기아의 왕 오트레우스의 딸인데 헤르메스에게 납치되어 이데 산으로 오게 되었다고 거짓말을 했다. 아프로디테는 그렇게 안키세스와 사랑을 나누어 임신을 하게 되었고 그에게 자신의 정체를 밝히고 자신과의 일을 아무에게도 발설하지 말라고 당부하였다.

얼마 뒤 아프로디테는 아들 아이네이아스를 낳았다. 아프로디테는 아이네이아스를 이데 산의 님페들에게 맡겨서 기르다가 다섯 살이 되었을 때 아버지 안키세스에게 데려다주었다. 안키세스는 처음에는 비밀을 잘 지켰지만 어느 축제 때 술에 취해서 그만 아이네이아스가 자신이 아프로디테와 정을 통해서 얻은 아이라고 자랑하고 말았다. 그는 신들과의 일을 발설한 죄로 제우스에게 벼락을 맞아 절름발이가 되었고 아프로디테에게도 버림을 받았다.

트로이의 신마

안키세스는 유명한 트로이의 신마(神馬)에서 씨를 훔쳐낸 것으로도 유명하다. 트로이의 신마는 사랑하는 막내 아들 가니메데스를 잃고 실의에 빠져 있는 트로스 왕을 위로하기 위해 제우스가 헤르메스를 통해 선물한 두 마리의 말이었다. 호메로스가 "필멸의 인간들 중 가장 아름다운 남자"라고 칭송했던 가니메데스는 이데 산에서 아버지의 양 떼를 돌보다가 그의 미모에 반한 제우스에게 유괴되어 올림포스로 가서 신들의 연회에서 술 따르는 일을 맡게 되었다.('가니메데스' 참조)

나중에 트로스의 손자로 트로이의 왕이 된 라오메돈은 이 신마들을 조카인 안키세스에게 맡겨 기르게 했는데 안키세스가 몰래 이 신마들을 자신의 암말과 교접시켜 씨를 훔쳐냈다. 안키세스는 이렇게 얻은 여섯 마리의 망아지 중 두 마리를 아들 아이네이아스에게 주었다고 한다. 이때부터 다르다니아의 준마들은 신마의 혈통을 이어받은 명마로 손꼽히게 되었다.

트로이 전쟁과 로마의 건설

안키세스는 아들 아이네이아스와 함께 트로이 전쟁에 참여했다. 하지만 트로이가 그리스 연합군에 의해 함락되자 그는 아이네이아스가 이끄는 무리들과 함께 트로이를 탈출하여 긴 방랑길에 오르게 되었다. 트로이를 떠날 당시 안키세스는 이미 여든이 넘은 나이였기에 아이네이아스는 아버지 안키세스를 등에 업고서 성을 빠져나왔다고 한다.

안키세스는 아이네이아스와 함께 새로운 트로이 건설을 위해 마케

아버지 안키세스를 업고 도망치는 아이네이아스
샤를 앙드레 반 루(Charles Andre van Loo), 1729년, 루브르 박물관

도니아, 에페이로스, 남부 이탈리아, 시칠리아 등지를 떠돌아다니다 죽었다고도 하고 아르카디아에서 죽어 안키시아 산 부근에 묻혔다고도 한다.

아이네이아스는 이탈리아의 쿠마이에 도착했을 때 무녀 시빌레의 안내로 저승에 내려가 아버지 안키세스의 망령을 만나게 되는데 이때 안키세스는 앞으로 아들이 건설하게 될 로마의 미래를 이야기하고 로마의 위대한 백성으로 태어날 영혼들을 만나게 해주었다. 아이네이아스는 아버지의 죽음을 추모하는 장례 경기를 벌였는데 이 경기가 로마 제국 시대까지 계속된 '트로이아 경기'의 기원이라고 한다.

안테노르 Antenor

요약

그리스 로마 신화에 등장하는 트로이의 장로이다.

트로이 전쟁 당시 화평을 주장하며 그리스군의 사절단을 보호해주었
다. 후대의 작가들에 의해 트로이를 배신한 인물로 묘사되기도 했다.

기본정보

구분	신화 속 인물
상징	화평론자, 배신자
외국어 표기	그리스어: Ἀντήνωρ
관련 신화	트로이 전쟁

인물관계

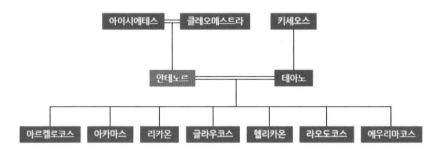

안테노르는 아이시에테스와 클레오메스트라 사이에서 태어난 아들
로 다르다니아인이다. 안테노르는 트라키아 왕 키세오스의 딸 테아노

와 결혼하여 아르켈로코스, 아카마스, 리카온, 글라우코스, 라오도코스, 아게노르, 이피다마스, 라오다마스, 히폴로코스, 에우리마코스, 헬리카온 등 여러 명의 아들을 두었다.

신화이야기

화평을 주장한 안테노르

안테노르는 트로이 전쟁 당시 프리아모스 왕의 친구이자 조언자였던 트로이의 장로이다. 그는 파리스의 헬레네 납치 사건으로 트로이와 그리스 사이에 전쟁이 벌어지려 할 때 화평을 주장한 인물로 유명하다.

트로이의 왕자 파리스에게 아내 헬레네를 빼앗긴 스파르타의 왕 메넬라오스는 그리스 연합군을 결성하여 트로이로 쳐들어가기 전에 먼저 오디세우스, 아카마스 등과 함께 트로이에 사절로 가서 헬레네의 반환을 요구하였다. 그러자 트로이에서는 헬레네를 돌려보내지 말고 사신들을 죽여야 한다는 주장과 헬레네를 돌려보내 전쟁을 피해야 한다는 주장이 팽팽히 맞섰다. 이때 안테노르는 헬레네를 그리스에 돌려보내고 전쟁을 피해야 한다고 역설하였고 또 그리스의 사절단을 자신의 집에서 묵게 하면서 이들을 죽이려는 트로이인들의 시도를 막아주었다. 하지만 프리아모스는 아들 파리스의 행동을 묵인하고 전쟁을 택했다.

트로이 전쟁이 벌어지고 난 뒤에도 안테노르는 갈등을 최대한 평화적으로 해결하려는 노력을 계속하였다. 전쟁을 파리스와 메넬라오스의 결투로 끝내자는 제안을 한 사람도 그였다.

트로이의 배신자?

하지만 후대로 가면서 안테노르는 화평론자가 아니라 적에게 조국을 판 배신자로 각인되기 시작했다. 이에 따르면 안테노르는 전쟁을 빨리 끝내기 위해 그리스군에게 트로이 성에 있는 팔라디온 신상을 훔쳐내고 또 목마를 만들도록 권했다고 한다. 그는 심지어 트로이인들에게 목마를 성 안으로 들이도록 부추겼으며 밤중에 목마의 문을 열어 안에 있는 그리스 용사들이 밖으로 나올 수 있게 해주고 횃불로 신호를 보내 그리스군의 트로이 함락을 적극적으로 돕기까지 하는 인물로 묘사되었다.

트로이가 함락되었을 때 오디세우스는 안테노르의 아들 리카온이 부상당한 것을 보고 그와 안테노르의 또 다른 아들인 글라우코스를 그리스 진영으로 데려와 보호해주었으며 안테노르의 집 문 앞에 표범 가죽을 내걸어 그리스군에게 공격당하지 않도록 표시해주었다고 한다. 하지만 아이네이아스와 함께 다르다니아군을 이끌고 그리스군에 맞서 싸운 아르켈로코스와 아카마스를 비롯하여 안테노르의 아들들 대부분은 전쟁에서 목숨을 잃었다.

트로이 전쟁 이후의 행적

전쟁 이후 안테노르의 행적에 대해서는 여러 가지 이야기가 있다. 잿더미가 된 트로이를 재건하였다는 이야기가 있고, 메넬라오스와 함께 아프리카로 건너가서 리비아의 키레네에 정착했다는 이야기가 있고, 이탈리아로 건너갔다는 이야기도 있다. 마지막 이야기는 로마의 역사가 티투스 리비우스에 따른 것인데 안테노르는 흑해 연안에 있는 파플라고니아에서 쫓겨난 에네토이족을 이끌고 아드리아 해로 북상하여 이탈리아 북부에 정착함으로써 베네치아인들의 조상이 되었다고 한다. 안테노르는 포 강 유역에 파타비움 왕국을 건설하였는데 이것이 오늘날의 파도바라는 도시라고 한다.

안테로스 Anteros

요약

그리스 신화에서 사랑과 성을 관장하는 신이다.

에로스의 동생으로 상대의 사랑에 보답하지 않는 사람을 벌하는 복수의 신이기도 하다. 에로스, 히메로스, 포토스 등과 함께 '에로테스'라고 불린다.

기본정보

구분	개념이 의인화된 신
상징	응답 없는 사랑, 또는 그에 대한 복수
외국어 표기	그리스어: Ἀντέρως
어원	응답된 사랑, 응답을 요구하는 사랑
가족관계	아프로디테의 아들, 아레스의 아들, 에로스의 형제

인물관계

안테로스는 미의 여신 아프로디테와 군신 아레스 사이에서 태어난 아들로 에로스와 형제이다. 전승에 따라 에로테스 사형제 모두가 아프로디테와 아레스 사이에서 태어난 자식이라고도 한다.

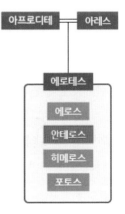

신화이야기

에로스의 동생 안테로스

그리스 신화에서 안테로스는 응답을 요구하는 사랑의 신으로 응답 없는 사랑에 대해 복수한다. 안테로스는 아프로디테와 아레스 사이에서 태어난 에로스의 동생으로 사랑의 결합을 의미하는 신인 에로스의 반대편에 위치한다.

에로스와 안테로스
카밀로 프로 카치니(Camillo Procaccini)
브라질 국립미술관

신플라톤주의 철학자 테미스티오스가 전하는 설에 따르면 아프로디테는 아들 에로스가 도무지 성장할 생각을 하지 않아 걱정을 하던 차에 동생이 생기면 자랄 것이라는 말을 듣고 안테로스를 낳았다고 한다.

안테로스는 어깨에 날개를 달고 손에는 활과 화살을 든 모습으로 거의 모든 면에서 에로스와 닮은 꼴이다. 하지만 곱슬머리인 에로스와 달리 긴 머리를 지니고 있으며 나비의 날개를 달고 있다. 안테로스는 에로스, 포토스, 히메로스 등과 함께 에로테스라고 불리는 사랑과 성을 관장하는 신에 속한다.

안테로스에 관해서는 다음과 같은 신화가 전해진다.

멜레스와 티마고라스

아테네의 청년 멜레스는 아테네에 거주하게 된 이방인 티마고라스의 사랑을 받았다. 하지만 멜레스는 그의 사랑을 진지하게 받아들이지 않고 비웃었으며 티마고라스는 멜레스의 온갖 변덕을 감수해야 했다. 그러던 어느 날 멜라스가 티마고라스를 아크로폴리스의 절벽 꼭대기로 데려가 자신을 진심으로 사랑한다면 뛰어내려 보라고 말했다. 티마고라스는 망설임 없이 절벽에서 몸을 던져 죽었다. 멜레스는 그때서야 자신의 행동을 후회하며 자신도 따라서 뛰어내렸다.

그 후 아테네 시민들은 사건을 기리기 위해 아카데미 입구에 안테로스의 제단을 세우고 응답 없는 사랑을 경계하였다. 이곳의 안테로스는 상대의 사랑에 보답하지 않는 자를 벌하는 복수의 신으로 안테로스 알라스토르라고 불렸다. '알라스토르(Alastor)'는 복수자라는 뜻이다.

에로테스

에로테스는 그리스 신화에서 사랑과 성을 관장하는 세 명 혹은 네 명의 정령들로 대개 날개가 달린 모습으로 미의 여신 아프로디테와 함께 등장한다. 에로테스는 사랑의 한 부분적인 특성과 연결되거나 사랑의 신 에로스의 다양한 측면을 나타내는 존재로 여겨지기도 한다. 이때 안테로스는 응답을 요구하는 사랑, 포토스는 부재하는 대상에 대한 욕망, 히메로스는 통제되지 않는 갈망을 대표한다.

개별적인 신으로서 에로테스는 모두 아프로디테와 아레스 사이에서 태어난 형제들로 간주된다.

에로테스는 헬레니즘 시대 미술가들이 즐겨 다룬 모티브로 벌거벗은 몸에

에로테스
일 소도마(Il Sodoma), 1500년경, 루브르 박물관
©Sailko@wikimedia(CC BY-SA 3.0)

날개가 달린 아름다운 소년의 모습으로 표현되었다. 에로테스는 에로스의 복수형이기도 하므로 로마 신화에서는 아모르의 복수형인 아모레티 혹은 아모리니로 불렸다.

초기 기독교 미술에서도 벌거벗은 미소년의 모습을 한 에로테스는 천상의 사랑을 상징하는 이미지로 표현되었다.

헤르마프로디토스와 에로테스
기원전 1세기 알렉산드리아 장신구, 예르미타시 미술관

안테이아 Anteia

요약

그리스 신화에 나오는 티린스 왕 프로이토스의 아내이다.

남편을 찾아온 영웅 벨레로폰에게 반해 유혹하려 했으나 그의 거절로 뜻을 이루지 못하자 오히려 그가 자신을 유혹하려 했다고 모함하였다. 이 일로 벨레로폰은 괴물 키마이라와 싸우는 등 많은 고난을 겪게 된다.

전승에 따라 안테이아는 이름이 스테네보이아로 바뀌기도 한다.

기본정보

구분	왕비
상징	유혹과 모함
외국어 표기	그리스어: Ἄντεια
별칭	스테네보이아
관련 신화	벨레로폰

인물관계

안테이아는 리키아의 왕 이오바테스의 딸로, 티린스의 왕 프로이토스와 결혼하여 세 딸 이피노에, 리시페, 이피아나사와 아들 메가펜테스를 낳았다.

신화이야기

벨레로폰과 안테이아

안테이아의 남편 프로이토스가 티린스를 다스리고 있을 때 코린토스의 왕자 벨레로폰이 살인을 저지르고 티린스로 피신해 와서 살인죄를 정화해달라고 청했다. 프로이토스는 벨레로폰을 환대하고 죄를 씻어주었다. 그런데 안테이아가 준수한 용모의 벨레로폰에게 반해 몰래그를 유혹하려 했다. 벨레로폰이 프로이토스와의 신의를 지켜 이를거절하자 안테이아는 앙심을 품고 오히려 그가 자신을 유혹하려 했다고 남편 프로이토스에게 거짓말을 했다. 아내의 말에 속은 프로이토스는 함께 식사를 나누고 또 자신이 죄를 정화해준 벨레로폰을 제 손으로 죽이는 것은 신들에게 불경한 짓이라고 여겨 그를 직접 죽이는 대신 봉인한 편지를 한 장 주어 리키아에 있는 장인 이오바테스 왕에게로 보냈다.

괴물 키마이라를 퇴치한 벨레로폰

이오바테스는 사위가 보낸 손님을 극진히 환대했다. 그는 관습에 따라 9일간 손님 벨레로폰을 잘 대접한 뒤 10일째 되는 날에 사위의 편지를 뜯어보았다. 그 안에는 이 편지를 가져온 자를 죽이라는 내용이 적혀 있었다. 그가 자신의 아내이자 장인의 딸인 안테이아를 욕보이려 했다는 이유였다. 이오바테스 역시 손님을 죽여 복수의 여신 에리니에스의 진노를 사고 싶지 않았기 때문에 벨레로폰에게 치명적인 과제를 주었다. 나라를 어지럽히는 괴물

벨레로폰에게 편지를 건네는 프로이토스
나폴리 인근 파에스툼에서 출토된 적색상 도기
기원전 330년경

키마이라를 퇴치해달라는 것이었다. 키마이라는 머리는 사자, 몸통은 염소, 꼬리는 용의 모습을 하고 아가리에서 불을 내뿜는 무시무시한 괴물이었으므로 벨레로폰은 키마이라와 싸우다 목숨을 잃을 게 분명해 보였던 것이다.

하지만 벨레로폰은 아테나 여신의 도움으로 천마 페가소스를 잡아타고 키마이라를 죽이는 데 성공했다. 벨레로폰이 임무를 마치고 돌아오자 이오바테스는 크게 놀라면서 다른 어려운 일들을 더 시켰지만 벨레로폰은 그것들마저 모두 처리하였다. 그러자 이오바테스 왕은 벨레로폰이 신들의 사랑을 받는 영웅임을 깨닫고 더 이상 그의 목숨을 빼앗으려 하지 않았다. 그는 벨레로폰에게 사위의 편지를 보여주며

그간의 일들에 대해 용서를 구하고 신뢰의 표시로 자신의 딸 필로노에와 나라의 절반을 내주었다. 벨레로폰과 필로노에 사이에서는 히폴로코스, 이산드로스, 라오다메이아 등이 태어났다. 이오바테스는 세상을 떠나면서 왕국의 나머지 절반도 벨레로폰에게 물려주었다.

안테이아의 죽음

한편 안테이아는 벨레로폰이 이 모든 일을 끝내고 복수를 위해 티린스로 다시 온다는 소식을 듣자 겁에 질려 스스로 목숨을 끊었다고도 하고, 남편 프로이토스의 도움을 얻어 극적으로 날개달린 말 페가소스를 타고 도망칠 수 있었지만 달아나던 도중에 말에서 떨어져 바다에 빠져 죽었다고도 한다.

프로이토스와 안테이아의 세 딸들

프로이토스와 안테이아 사이에서는 세 딸 이피노에, 리시페, 이피아나사가 태어났는데 이들은 나중에 디오니소스(혹은 헤라)에 대한 숭배를 소홀히 한 벌로 저주를 받아 광기에 빠지게 된다. 프로이토스와 안테이아는 미쳐서 암소 흉내를 내며 나라 전역을 휘젓고 다니는 딸들 때문에 걱정이 이만저만이 아니었다. 이때 예언자 멜람푸스가 찾아와 문제를 해결해주겠다고 했지만 프로이토스는 그의 제안을 거절하였다. 멜람푸스가 그 대가로 왕국의 절반을 요구했기 때문이다. 하지만 딸들의 광기가 점점 더 심해질 뿐만 아니라 티린스의 다른 여인들까지 딸들의 광기에 전염되자 프로이토스는 멜람푸스의 제안을 받아들이겠다고 했다. 하지만 멜람푸스는 이번에는 왕국을 3등분하여 자신과 동생 비아스에게 각각 3분의 1씩 떼어달라고 요구했고 왕은 하는 수 없이 그의 요구를 들어주었다. 티린스 왕국이 세 가문의 통치를 받기 시작한 것은 이때부터였다고 한다.

안티고네 Antigone

요약

그리스 신화에 등장하는 테바이 왕 오이디푸스의 딸이다.

안티고네는 전쟁터에서 죽은 오빠 폴리네이케스를 조국의 배신자로 규정하여 매장을 금지한 섭정 크레온의 명령에 따르기를 거부하고, 죽은 가족의 매장은 신들이 부여한 신성한 의무라고 맞서며 오빠의 시체에 모래를 뿌려 장례의식을 행하였다가 사형을 당했다.

안티고네
프레데릭 레이턴(Frederic Leighton),
1882년, 개인 소장

기본정보

구분	공주
상징	가족애, 인간적 계명과 신적 계명의 충돌
외국어 표기	그리스어: Ἀντιγόνη
관련 신화	오이디푸스의 비극, 7장군의 1차 테바이 공략

인물관계

안티고네는 테바이의 왕 라이오스의 아들 오이디푸스가 생모 이오카스테와 근친상간을 통해 낳은 네 명의 자식 중 하나다. 나머지 형제로는 두 명의 오라비 폴리네이케스와 에테오클레스 그리고 여동생 이스메네가 있다.

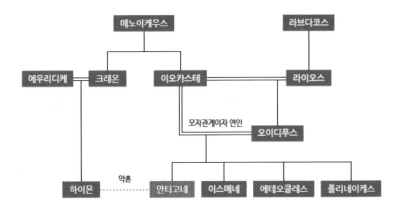

신화이야기

안티고네 신화는 그리스 신화에서 트로이권에 이어 두 번째로 큰 서사시 권역인 테바이권에 속하는 이야기다. 테바이권의 주요 신화로는 오이디푸스 신화와 테바이 공략 7장군의 신화 그리고 그들의 후손이 재차 테바이를 공격하는 '에피고노이' 신화 등을 꼽을 수 있다.

장님이 된 오이디푸스

안티고네는 테바이의 왕 오이디푸스가 생부(生父) 라이오스 왕을 미처 알아보지 못하고 살해한 뒤 역시 자기 생모(生母)인줄 모르고 선왕의 왕비였던 이오카스테와 결혼하여 근친상간을 통해 낳은 네 명의 자식 중 하나다. 오이디푸스는 예언자 테이레시아스의 신탁으로 뒤늦게 이 사실을 알고 자기 눈을 스스로 도려내었고 이오카스테는 목을 매어 자살했다. 오이디푸스가 테바이에서 추방되자 안티고네는 장님이 된 아버지의 방랑길에 동반자가 되어 신탁에 따라 오이디푸스가 최후를 맞이할 운명의 땅인 아티카의 콜로노스까지 함께 갔다. 그곳에서 예언대로 아버지가 죽은 뒤 안티고네는 두 오라버니의 다툼을 말리기 위해 다시 테바이로 돌아왔다.

폴리네이케스와 에테오클레스의 결투

오이디푸스가 갑자기 테바이를 떠나자 그의 두 아들 폴리네이케스와 에테오클레스 사이에 테바이의 왕좌를 둘러싼 다툼이 벌어졌다. 에테오클레스에 의해 테바이에서 쫓겨난 폴리네이케스는 아르고스의 군대를 이끌고 다시 돌아와서 테바이를 공격하였다. 전쟁은 결국 두 형제가 결투를 벌여 서로를 죽인 뒤 끝이 났다. 에테오클레스의 어린 아들 라오다마스를 대신하여 테바이의 섭정에 오른 안티고네 형제들의 숙부 크레온은 에테오클레스를 위해서는 성대한 장례식을 치러주었지만 폴리네이케스는 외국의 군대를 이끌고 조국을 공격한 반역자로 규정하여 매장을 불허하였다. 하지만 안티고네는 오

안티고네와 폴리네이케스
니키포로스 리트라스(Nikiforos Lytras), 1865년
그리스 국립미술관

빠 폴리네이케스의 시체가 장례도 받지 못하고 들판에 버려진 채 그대로 썩는 것을 바라만 보고 있지 않았다. 그녀는 죽은 가족의 매장은 신들이 부과한 신성한 의무라고 여겨 크레온의 명령을 어기고 폴리네이케스의 시체에 모래를 뿌려 장례의식을 행하였다.

안티고네의 죽음

안티고네의 행동은 크레온을 격노하게 만들었다. 그는 곧 병사들을 보내 안티고네를 잡아오게 한 뒤 국법을 어긴 죄로 사형을 선고하고

라브다코스 가문의 무덤에 산 채로 가두어버렸다. 크레온은 자신의 명령을 어긴 안티고네를 그곳에서 굶겨 죽일 작정이었다. 안티고네의 약혼자이자 크레온의 아들인 하이몬이 아버지에게 안티고네의 행동을 변호하며 그녀의 목숨을 구해보려 애썼지만 크레온은 요지부동이었다. 심지어 예언자 테이레시아스의 말도 소용이 없었다. 테이레시아스는 나라에 불길한 징조가 나타나고 있다며 죽은 자는 무덤에 매장하고 산 자는 지상으로 돌아오게 해야 한다고 조언했다.

결국 안티고네는 굶어 죽기 전에 목을 매고 자살하는 쪽을 택했고 이 소식을 들은 하이몬은 약혼녀의 시신 앞에서 자살하였다. 이미 전쟁에서 두 아들을 잃은 크레온의 아내 에우리디케는 막내아들 하이몬 마저 죽자 절망하여 스스로 목숨을 끊고 말았다.

예술작품

안티고네의 이야기는 고대 이래로 수많은 예술 작품의 소재가 되었다.

문학

소포클레스: 『안티고네』, 비극
에우리피데스: 『안티고네』, 비극
베르톨트 브레히트: 『안티고네』, 드라마
장 콕도: 『안티고네』, 드라마
장 아누이: 『안티고네』, 드라마

음악

톰마소 트라에타: 〈안티고네〉, 오페라
칼 오르프: 〈안티고네〉, 오페라
미키스 테오도라키스: 〈안티고네〉, 오페라

미술

오이디푸스와 안티고네
알렉산더 코쿨라(Aleksander Kokular),
1825년경, 바르샤바 국립박물관

콜로노스의 오이디푸스
풀크 란 장 해리엇(Fulchran Jean Harriet),
1798년, 클리블랜드 미술관

오이디푸스와 안티고네
요한 페터 크라프트(Johann Peter Krafft),
1809년

오이디푸스와 안티고네
페르 가브리엘 비켄베리(Per Wickenberg),
1833년, 개인 소장

오이디푸스와 안티고네
샤를 잘라베르(Charles Jalabert), 1842년
마르세유 미술관

콜로노스의 오이디푸스
장 밥티스트 위그(Jean Baptiste
Hugues), 1885년, 오르세 미술관

안티노오스 Antinous

요약

그리스 신화에 나오는 페넬로페의 구혼자 중 한 사람이다.

100명에 이르는 구혼자들 중 우두머리 격인 인물로 무례하고 비열하게 굴다가 오디세우스가 날린 복수의 화살에 첫 번째 희생자가 되었다.

기본정보

구분	신화 속 인물
외국어 표기	그리스어: Ἀντίνοος
어원	적개심
관련 신화	오디세우스

인물관계

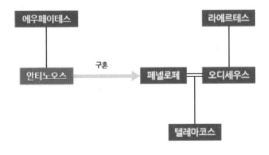

안티노오스는 이타카의 귀족 에우페이테스의 아들이다.

안티노오스는 오디세우스에게, 에우페이테스는 오디세우스의 아버지 라에르테스에게 각각 목숨을 잃었다.

신화이야기

페넬로페의 구혼자들

트로이 전쟁이 끝난 뒤 귀향길에 오른 오디세우스가 오랜 세월 바다 위를 떠돌며 돌아오지 못하자 그의 고향 이타카에서는 다들 그가 이미 죽었으리라고 여겼고 인근의 귀족들은 오디세우스의 재산과 지위를 탐하여 그의 아내 페넬로페에게 결혼을 요구하기 시작했다. 구혼자들의 수는 곧 100여명에 이르렀다. 이들은 오디세우스의 궁에 죽치고서 허구한 날 축제를 벌이며 그의 재산을 탕진하였다.

구혼자들의 집요한 결혼 요구를 견디다 못한 페넬로페는 구혼자들

오디세우스의 귀환
핀투리키오(Pinturicchio), 1508~1509년, 런던 내셔널갤러리

에게 연로한 시아버지 라에르테스를 위해 수의를 짜야 하는데 그 일이 끝나면 그들 중 한 사람을 남편으로 맞이하겠다고 약속하였다. 하지만 실제로 그녀는 낮에 짠 수의를 밤에 몰래 다시 풀어버리는 식으로 계속해서 시간을 끌며 남편이 돌아오기를 기다렸다. 페넬로페의 거짓은 시녀 멜란토의 고자질로 탄로나고 말았다.

텔레마코스의 살해를 모의한 안티노오스

안티노오스는 에우리마코스와 함께 페넬로페의 구혼자들을 대표하는 인물이었다. 그는 청년으로 성장한 오디세우스의 아들 텔레마코스가 이타카 주민들의 전체 회의를 소집한 뒤 구혼자들의 행태를 비난하며 그만 자신의 집에서 나가줄 것을 요구하자, 오히려 그의 어머니

페넬로페를 친정아버지 이카리오스에게로 보내 한시라도 빨리 재혼하게 하라고 반박하였다. 텔레마코스는 자신의 요구가 관철되지 않자 아테나 여신의 조언에 따라 아버지 오디세우스의 소식을 묻고 도움을 청하기 위해 배를 타고 필로스로 떠났다.

구혼자들을 죽이는 오디세우스
종 모양의 붉은 도기 조각, 기원전 33년
루브르 박물관

텔레마코스의 출항 소식을 들은 안티노오스는 그가 자신들에게 위협적인 존재가 되었음을 깨닫고 다른 구혼자들을 선동하여 이타카로 귀항하는 텔레마코스를 살해하려는 계획을 세웠다. 하지만 아테나 여신의 도움으로 텔레마코스는 길목에 잠복한 안티노오스 무리를 피해 무사히 집으로 돌아갈 수 있었다.

오디세우스의 귀환

그 무렵 오디세우스가 마침내 이타카로 돌아왔다. 충성스러운 돼지치기 에우마이오스와 아들 텔레마코스를 만나 그간의 소식과 이타카의 상황을 모두 전해들은 오디세우스는 일단 자신의 정체를 감추고 거지행색으로 궁에 들어갔다. 그러자 구혼자들은 낯선 거지가 오디세우스라는 걸 알아보지 못하고 조롱하고 무시하였다. 안티노오스는 웬 거지를 궁으로 들였다며 돼지치기 에우마이오스를 모욕했으며, 또 다른 거지 이로스를 충동질해서 오디세우스와 싸우게 하였다.

다음 날 페넬로페는 구혼자들에게 오디세우스가 남겨두고 간 활에 시위를 걸어 화살로 열두 개의 도끼 자루 구멍을 모두 꿰뚫는 사람을 새 남편으로 맞이하겠다고 선언하였다. 하지만 구혼자들은 아무도 오디세우스의 활에 시위를 걸지 못했다.

오디세우스의 복수

오디세우스의 활에 시위를 걸어 도끼를 꿰뚫은 사람은 거지로 변신한 오디세우스 자신이었다. 그는 자신의 정체를 밝히고 구혼자들에 대한 응징을 시작하였다. 오디세우스가 구혼자들을 향해 날린 화살의 첫 번째 희생자는 그들의 우두머리격인 안티노오스였다. 안티노오스는 마시려던 술잔을 채 입술에 대기도 전에 숨이 끊어지고 말았다. ('술잔에서 입술까지의 거리는 멀다'는 속담이 여기서 생겨났다)

이를 본 에우리마코스는 모든 책임을 이미 죽어서 누워 있는 안티노오스에게로 돌리고 그동안 구혼자들이 끼친 피해에 대한 보상을 약속하며 화해를 청했다. 하지만 오디세우스는 그의 청을 받아들이지 않았다. 오디세우스는 이날 100여 명에 이르는 구혼자들과 그들에게 동조하여 주인을 배신한 시종들을 모두 처단하였다.

안티노오스의 아버지 에우페이테스는 아들의 죽음을 복수하려고 무리를 이끌고 쳐들어왔다가 오디세우스의 아버지 라에르테스가 던진 창에 목숨을 잃었다.

또 다른 이야기

후대에 생겨난 오디세우스 신화의 한 이본에 따르면 오디세우스가 오랜 시간 집을 비운 사이 페넬로페는 수많은 구혼자들에게 시달리다가 결국 안티노오스에게 마음을 주었다고 한다. 집으로 돌아온 오디세우스는 그 사실을 알고 페넬로페를 아버지 이카리오스에게 돌려보냈고 친정으로 돌아간 페넬로페는 만티네이아로 가서 헤르메스와 결합하여 목신(牧神) 판을 낳았다고 한다.

안티오페 Antiope

요약

테바이 왕 라브다코스의 섭정을 한 닉테우스의 딸이다.

제우스의 아이를 임신하자 아버지의 분노가 두려워 도망가지만 아버지의 형제 리코스에 의해 다시 테바이로 끌려오는데 도중에 쌍둥이 아들 암피온과 제토스를 낳았다.

안티오페는 테바이로 끌려와 리코스와 그의 아내 디르케로부터 온갖 학대를 받지만 후에 쌍둥이 아들들에게 구조되었다.

기본정보

구분	신화 속 인물
외국어 표기	그리스어: Ἀντιόπη
관련 신화	암피온과 제토스, 닉테우스, 리코스, 디르케

인물관계

닉테우스의 딸로 폴리도로스와 결혼한 닉테이스와 자매이다. 제우스와 사이에 쌍둥이 아들 암피온과 제토스를 낳았다.

신화이야기

집안 이야기

안티오페는 테바이의 왕 라브다코스의 섭정을 한 닉테우스의 딸이
다. 닉테우스는 카드모스를 도와 테바이를 건설한 스파르토이 즉 '씨
뿌려 나온 자들' 중 한 명인 크토니오스의 아들인데 그에게는 안티오
페 외에 닉테이스라는 딸이 있다.

닉테이스는 카드모스의 아들로 테바이의 왕이 된 폴리도로스와 결
혼하여 라브다코스를 낳았는데 폴리도로스는 라브다코스가 어린 아
이일 때 죽었다. 이에 닉테우스는 어린 외손자 라브다코스를 대신하여
테바이를 섭정하고 닉테우스가 죽은 후에는 그의 형제인 리코스가
통치권을 행사하였고, 라브다코스가 성인이 되자 통치권을 돌려주었
다. 그런데 『비블리오테케』에 의하면 라브다코스 역시 젊은 나이에 죽
어, 그때 아들 라이오스의 나이가 겨우 한 살이었다고 한다. 이번에도

닉테우스의 동생인 리코스가 라이오스 대신에 테바이를 섭정했다.

안티오페의 임신과 시련

안티오페는 아름다운 미모로 제우스의 눈에 들게 된다. 제우스는 안티오페에게 접근해 관계를 맺고 이 관계에서 안티오페는 임신을 했다. 아버지의 분노가 두려운 안티오페는 시키온으로 도망가 에포페우스 왕과 결혼했다. 『비블리오테케』에 의하면 닉테우스는 딸에 대한 수치심과 절망감 때문에 자살을 했다고 한다. 닉테우스는 죽어가면서 형제인 리코스에게 안티오페와 에포페우스를 응징해달라는 유언을 남겼다.

리코스는 닉테우스의 유언대로 시키온을 침공하여 에포페우스를 죽이고, 안티오페는 포로가 되어 테바이로 끌려갔다. 그런데 파우사니아스의 『그리스 안내』에 의하면 닉테우스는 에포페우스를 공격하다가 부상을 당해 그로 인해 죽었다고 한다. 에포페우스 또한 훗날 이 전쟁에서 입은 상처가 원인이 되어 죽었다고 한다.

안티오페는 끌려가는 도중에 키타이론 산에서 쌍둥이 아들 암피온과 제토스를 낳았는데 리코스는 그녀의 두 아들을 산 속에 버리고 버려진 두 아들은 양치기들에게 발견되어 양육되었다.

테바이로 끌려온 안티오페는 리코스와 그의 아내 디르케에 의해 감금당한 채 온갖 학대를 받았다. 그러던 어느 날 안티오페는 탈출에 성공했는데 『비블리오테케』에 의하면 안티오페를 묶었던 사슬이 저절로 풀렸다고 한다. 안티오페는 키타이론 산으로 가서 암피온과 제토스를 찾고 두 아들은 그녀가 어머니임을 알게 된다. 안티오페의 두 아들은 즉시 어머니를 학대한 두 사람에게 복수했는데, 리코스를 죽이고 그의 아내 디르케는 황소에 매달아 죽인 후 그 시신을 샘에 던져버렸다. 그 샘은 후에 디르케 샘으로 불리게 된다.

그런데 히기누스의 『신화집』에 의하면 안티오페는 원래 리코스의 아내였다고 한다. 그런데 에포페우스가 계략을 꾸며 그녀를 범하고 이에 안티오페는 리코스에게 쫓겨났다고 한다. 그 후 제우스가 쫓겨난 안티오페와 사랑을 나누게 된 것이다. 한편 리코스는 후에 디르케와 결혼을 하는데 디르케는 남편과 옛 아내인 안티오페의 관계를 의심하여 그녀를 어두운 곳에 감금하고 학대했다.

그런데 『신화집』에서는 안티오페에 관한 이야기를 전하면서 또한 에우리피데스가 쓴 안티오페도 소개하고 있다. 지금은 전해지지 않는 이 작품은 안티오페가 리코스와 그의 아내 디르케로부터 탈출한 이후에 대해 앞에서 언급한 내용과는 다른 내용을 전하고 있다. 이 이야기에 의하면 안티오페가 탈출하여 암피온과 제토스, 두 아들을 찾아가지만 이들은 안티오페의 말을 믿지 않고 그녀가 도망다니는 노예라 생각하고 그녀를 받아들이지 않았다. 때 마침 그 자리에 나타나게 된 디르케에 의해 안티오페는 죽음 직전에 이르게 되는데, 자신들을 길러준 양치기로부터 모든 상황을 알게 된 안티오페의 두 아들은 죽음 직전의 어머니를 구해낸다. 그리고는 앞에서 언급한 바와 같이 끔찍하게 디르케를 죽였다. 그들이 리코스도 막 죽이려는 순간 헤르메스가 나타나 그들을 저지하였고 암피온에게 나라를 넘겨줄 것을 리코스에게 명했다. 이렇게 해서 리코스는 죽음을 면하게 되었다.

그런데 파우사니아스의 『그리스 안내』에 의하면 디르케는 디오니소스를 열렬하게 숭배하는 여인이라고 한다. 앞에서 언급한 바와 같이 디르케가 안티오페의 두 아들에 의해 황소에 묶여 끔찍한 죽임을 당하자 디오니소스는 분노에 휩싸였고 디오니소스의 저주로 안티오페는 광기에 휩싸여 미치광이가 된 채 방방곡곡을 헤매게 되었다. 그러던 중 시시포스의 손자인 포코스를 만나고 그가 안티오페를 치료해주고 그녀와 결혼했다. 안티오페는 죽어서 포코스와 합장되었다고 한다.

또 다른 안티오페

아마조네스의 여왕 히폴리테의 동생 중에 안티오페가 있다. 그녀는 테세우스에게 납치되어 아테네로 끌려갔는데 안티오페와 테세우스 사이에서 태어난 아들이 히폴리토스이다. 다른 설에 의하면 히폴리토스는 히폴리테의 아들이라고 한다.

안티클레이아 Anticlea

요약

그리스 신화에 나오는 영웅 오디세우스의 어머니이다.

이타카 왕 라에르테스와 결혼하여 아들 오디세우스를 낳았는데 실은 결혼하기 전에 이미 시시포스와 정을 통해 오디세우스를 임신하였다고 한다. 트로이 전쟁에 나가 돌아오지 않는 아들을 그리워하다 죽었다.

기본정보

구분	왕비
상징	애타는 모성
외국어 표기	그리스어: Ἀντίκλεια
관련 신화	오디세우스, 시시포스

인물관계

안티클레이아는 헤르메스의 아들 아우톨리코스가 암피테아와 사이에서 낳은 딸로, 아르키시오스의 아들 라에르테스와 결혼하여 아들 오디세우스와 딸 크티메네를 낳았다. 하지만 오디세우스는 안티클레이아와 시시포스 사이의 아들이라는 이야기도 있다.

헤르메스 ─── 키오네

암피테아 ─── 아우톨리코스

안티클레이아 ─── 라에르테스
또는 시시포스

크티메네   오디세우스 ─── 페넬로페

텔레마코스

신화이야기

안티클레이아와 시시포스

안티클레이아의 아버지 아우톨리코스는 전령의 신이자 도둑들의 수호신인 아버지 헤르메스로부터 절대로 들키지 않고 훔치는 기술을 물려받은 도둑질의 명수였다. 한번은 아우톨리코스가 시시포스의 소떼를 훔쳤는데 훔친 소의 색깔과 모양을 바꾸어 더 이상 누구의 소인지 알아볼 수 없게 만들었다. 그러나 교활하고 영리한 시시포스는 소가 점점 줄어드는 것을 알아채고 소의 발굽에 칼로 글자를 새겨서 자기 소의 발굽 자국이 어디로 갔는지를 확인하여 아우톨리코스의 도둑질을 밝혀냈다.

오디세우스
로마 시대 대리석상, 1세기
스페르롱가 국립고고학박물관

아우톨리코스는 시시포스가 도둑맞은 소들을 되찾기 위해 찾아왔을 때 그의 소떼를 훔친 데 대한 보상으로 딸 안티클레이아를 시시포스와 동침시켰다.(일설에는 도둑질을 빌미로 시시포스가 아우톨리코스에게 딸을 요구했다고 한다) 그 뒤 안티클레이아는 이타카의 왕 라에르테스와 결혼하여 오디세우스를 낳았는데 결혼할 때 이미 오디세우스를 임신한 상태였다고 한다. 그래서 오디세우스는 시시포스의 아들이라는 이야기가 있다.

아들을 그리워하다 죽은 안티클레이아

그 후 안티클레이아는 트로이 전쟁에 나간 아들 오디세우스가 돌아오지 않자 아들을 애타게 그리워하다 숨을 거두었다고 한다. 하지만 안티클레이아는 나우플리오스의 거짓말에 속아 죽었다는 이야기도 있다. 나우플리오스는 아들 팔라메데스가 트로이 전쟁에서 억울한 죽음을 당하자 이를 오디세우스의 탓으로 여겨 복수를 꾀하던 중 이타카에 있는 그의 어머니 안티클레이아에게 거짓으로 아들의 죽음을 알려 상심하여 스스로 목숨을 끊게 하였다는 것이다.('나우플리오스' 참조)

저승에서 만난 어머니와 아들

오디세우스는 마녀 키르케의 조언에 따라 저승으로 내려갔을 때 어머니 안티클레이아를 만났다. 오디세우스가 저승 입구에서 검은 양을 죽여 그 핏물로 망령들을 불러들일 때 그의 어머니 안티클레이아도 피 냄새를 맡고 다가왔는데 오디세우스는 먼저 테이레시아스의 예언을 들어야 하므로 어머니를 매정하게 물리쳤다. 그는 테이레시아스가 양의 피를 마시고 예언을 하고 나자 어머니에게도 피를 마시게 하였다. 피를 마신 안티클레이아는 아들에게 아내 페넬로페가 여전히 그를 그리워하며 이타카에서 기다리고 있다고 전해주었다.

알라스토르 Alastor, 넬레우스의 아들

요약

그리스 신화에 나오는 필로스 왕 넬레우스의 열두 아들 중 한 명이다. 넬레우스가 이피토스를 죽인 살인죄를 씻어주기를 거부하자 헤라클레스는 필로스로 쳐들어가 넬레우스와 알라스토르를 포함하여 그의 아들 열한 명을 죽였다. 외지에 있던 막내아들 네스토르만이 화를 피할 수 있었다.

기본정보

구분	왕자
외국어 표기	그리스어: Ἀλάστωρ
어원	복수자
관련 신화	헤라클레스, 클리메노스와 하르팔리케

인물관계

알라스토르는 필로스 왕 넬레우스와 암피온의 딸 클로리스 사이에서 태어난 열두 아들 중 한 명이다. 넬레우스와 클로리스 사이에서는 그밖에도 외동딸 페로도 태어났다. 알라스토르는 아르카디아 왕 클리메노스의 딸인 하르팔리케와 결혼하였지만 곧 다시 그녀의 아버지 클리메노스에게 아내를 빼앗겼다.

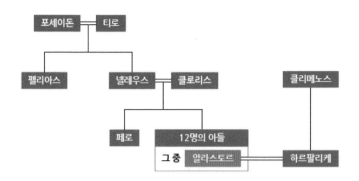

신화이야기

헤라클레스와 넬레우스의 전쟁

알라스토르는 필로스의 왕 넬레우스의 열두 아들 중 한 명이다. 넬레우스의 아들들은 막내 네스토르 한 명만 제외하고 모두 헤라클레스에게 살해당했는데 그 연유는 다음과 같다.

궁술의 명인으로 알려진 오이칼리아의 왕 에우리토스는 활쏘기 시합에서 자신을 이기는 자에게 아름다운 딸 이올레를 아내로 주기로 하였다. 헤라클레스는 에우리토스와 활쏘기 시합을 벌여 승리하였지만 에우리토스는 헤라클레스가 광기에 사로잡혀 아내와 자식들을 모두 죽인 전력을 들어 이올레를 아내로 내주려 하지 않았다. 이에 헤라클레스는 화를 내며 오이칼리아를 떠났는데 헤라클레스가 떠난 직후 에우리토스의 암말 몇 마리가 사라졌다. 에우리토스는 헤라클레스를 범인으로 의심했지만 실제로 말을 훔친 자는 도둑질의 명수 아우톨리코스였다.

헤라클레스는 에우리토스의 아들 이피토스가 잃어버린 암말을 찾아다니다 자신에게 들렀을 때 그가 자신을 도둑으로 의심한다고 여겨 높은 성벽에서 떨어뜨려 죽였다. 이피토스를 죽인 뒤 헤라클레스는 살인죄를 씻기 위해 필로스의 왕 넬레우스를 찾아갔지만 넬레우스는 헤라클레스를 정화시켜주기를 거부하였다. 이피토스의 아버지 에우리토스가 자신의 친구였기 때문이었다. 이에 앙심을 품은 헤라클레스는 필로스로 쳐들어가서 넬레우스를 죽이고 알라스토르를 포함한 그의 아들도 모두 죽였다. 막내아들 네스토르만이 외지에 나가 있던 덕에 화를 피할 수 있었다.

클리메노스와 하르팔리케

넬레우스의 아들 알라스토르의 이름은 아르카디아의 왕 클리메노스와 그의 딸 하르팔리케의 일화에도 등장한다.

클리메노스는 친딸 하르팔리케를 사랑하게 되어 유모의 도움을 빌어 은밀히 딸을 범하였다. 하지만 하르팔리케는 어린 시절에 이미 넬레우스의 아들 알라스토르와 약혼한 사이였다. 장성한 알라스토르가 하르팔리케와의 결혼을 요구하자 클리메노스는 어쩔 수 없이 딸을 알라스토르에게 내주었다. 하지만 클리메노스는 곧 마음을 바꿔 알라스토스와 함께 필로스로 가고 있던 딸을 다시 자기 궁으로 데려왔다.

그 뒤로 클리메노스는 공공연하게 하르팔리케를 자신의 아내처럼 대하였다. 아버지 클리메노스에 대한 증오심이 극에 달한 하르팔리케는 그의 두 아들 즉 자신의 두 남동생을 죽여 그 고기로 음식을 만들어 아버지에게 먹였다.(일설에는 자신이 클리메노스에게서 낳은 아들을 죽여서 그 고기를 먹였다고도 한다) 나중에 이 사실을 안 클리메노스는 딸을 죽이고 자신도 자살하였다. 하지만 또 다르게 전해지는 이야기에 따르면 하르팔리케는 새로 변하였다고 한다.

알라스토르 Alastor, 복수의 정령

요약

그리스 신화에 나오는 복수의 정령으로 악행에 의해 저주받은 사람으로 하여금 계속해서 새로운 악행을 저지르게 하여 저주의 악순환을 불러들이는 악령이다.

기본정보

구분	정령
상징	복수, 저주, 악의 순환
외국어 표기	그리스어: Ἀλάστωρ
어원	복수자
관련 신화	탄탈로스 가문의 저주

신화이야기

악의 저주

알라스토르는 그리스 신화에 등장하는 복수의 악령인데 주로 탄탈로스 집안에 내린 저주와 관련하여 언급된다. 고대 그리스의 비극작가 아이스킬로스는 『아가멤논』에서 아가멤논의 아들 오레스테스가 아버지의 죽음을 복수하기 위해 친어머니 클리타임네스트라를 죽이게 되는 모친 살해를 알라스토르의 소행이라고 말하고 있다. 그에 따르면 알라스토르는 저주받은 자로 하여금 계속해서 새로운 악행을 저지르게 하여 저주의 악순환을 불러들이는 악령이다. 즉 알라스토르는 하나의 악행이 계속해서 또 다른 악을 잉태하는 악의 저주를 의미한다.

개인의 동반자

알라스토르는 또한 저주받은 자를 개인적으로 따라다니는 악령으로 묘사되기도 한다. 저주받은 자는 그 자신의 알라스토르에게 쫓기게 되는데 예를 들어 소포클레스의 『오이디푸스 왕』에서 오이디푸스를 쫓아다니는 알라스토르가 그렇다. 아이스킬로스는 아예 오레스테스 자신을 복수의 악령 알라스토르로 묘사하기도 했다.

별칭으로서의 알라스토르

그리스 신화에서 알라스토르는 신들에게 붙는 '복수자'라는 별칭으로도 사용되었다. 주로 복수의 여신 에리니에스에게 붙여졌지만 간혹 제우스에게도 사용되었다. 타소스 섬에는 '제우스 알라스토르'에게 바쳐진 제단도 있었다고 한다.

기독교 시대의 알라스토르

기독교 악마론에서 알라스토르는 인간의 영혼을 잠식하는 악령의 일종으로 퇴마의식의 대상이 되었다. 그밖에도 사람들은 알라스토르를 악행을 일삼는 무뢰배를 지칭하는 욕으로도 입에 올렸다.

악몽
니콜라이 아브라함 아빌드가드(Nicolai Abildgaard),
1800년, 덴마크 소뢰 미술관

알레테스 **Aletes**, 미케네의 왕

요약

그리스 신화에 나오는 아이기스토스의 아들이다.

알레테스의 아버지 아이기스토스는 미케네 왕 아가멤논을 살해하고 미케네를 통치하다 아가멤논의 아들 오레스테스에게 죽임을 당했다. 알레테스 역시 오레스테스가 광기에 사로잡혀 자리를 비운 사이 미케네의 왕권을 차지했다가 돌아온 오레스테스에게 목숨을 잃었다.

기본정보

구분	미케네의 왕
외국어 표기	그리스어: Ἀλήτης
어원	'방랑자'
관련 신화	탄탈로스 가문의 저주, 아가멤논, 오레스테스

인물관계

알레테스는 아이기스토스와 클리타임네스트라 사이에서 난 아들로 클리타임네스트라와 아가멤논 사이의 아들 오레스테스와는 이부형제(異父兄弟)이다. 또 알레테스의 아버지 아이기스토스와 오레스테스의 아버지 아가멤논은 사촌지간이다.

탄탈로스 — 디오네

펠롭스 — 히포다메이아

아트레우스 — 아에로페　　　티에스테스

메넬라오스 — 헬레네　아가멤논　　탄탈로스　펠로페이아

헤르미오네　　　클리타임네스트라 — 아이기스토스

오레스테스　　　알레테스

신화이야기

알레테스와 오레스테스

　알레테스의 아버지 아이기스토스는 미케네 왕 아가멤논의 아내 클리타임네스트라의 정부이다. 그는 아가멤논이 트로이 전쟁에 나간 사이 클리타임네스트라를 유혹하여 그녀와 사이에서 알레테스를 낳았다. 아이기스토스는 아가멤논이 전쟁에서 돌아오자 클리타임네스트라와 모의하여 그를 살해하고 미케네를 다스렸다. 하지만 나중에 그는 아버지가 살해당하던 날 유모의 도움으로 간신히 도망칠 수 있었던 아가멤논의 아들 오레스테스에 의해 목숨을 잃게 된다. 청년이 되어 미케네로 돌아온 오레스테스는 친어머니 클리타임네스트라와 아이기스토스를 죽여 아버지의 원수를 갚았던 것이다.

　하지만 그 뒤 오레스테스는 친어머니를 죽인 친족살해범으로 미치광이가 되어 복수의 여신 에리니에스에게 쫓기는 신세가 된다. 오레스테스는 머나먼 야만족의 나라 타우리스로에 있는 아르테미스 신전의 여신상을 훔쳐 그리스로 가져와야 에리니에스의 저주에서 풀려날 수 있다는 신탁에 따라 친구 필라데스와 함께 그곳으로 떠났다.

미케네에 남아 있던 알레테스는 오레스테스가 타우리스에서 인신공양의 제물이 되었다는 소식을 듣고 미케네의 왕위를 차지하지만 이것은 잘못된 소식이었다. 오레스테스는 누이 이피게네이아의 도움으로 타우리스에서 무사히 아르테미스 여신상을 가지고 그리스로 돌아왔기 때문이다.('오레스테스' 참조) 광기와 저주에서 완전히 벗어난 오레스테스는 알레테스를 죽이고 아버지 아가멤논이 빼앗긴 왕권을 되찾았다.

탄탈로스 가문의 저주

이부형제(異父兄弟)인 오레스테스와 알레테스 사이의 갈등에는 단순한 왕권 다툼을 넘어서는 집안 대대로 이어진 핏줄간의 뿌리 깊은 원한이 작용하고 있다. 오레스테스와 알레테스 집안의 끔찍한 골육상쟁은 흔히 탄탈로스 가문의 저주라고 일컬어진다.

제우스의 아들로 부유한 리디아를 다스리던 탄탈로스는 신들에게 총애를 받아 올림포스에 초대되어 신들과 어울리는 특권을 누렸지만 점점 오만해졌다. 그는 신들의 전지적 능력을 시험해보기 위해 아들 펠롭스를 죽여 그 고기로 국을 끓여서 자기 집에 손님으로 온 신들에게 대접하였다. 이 일로 신들의 미움을 산 탄탈로스는 저승인 타르타로스에서 영원히 굶주림과 갈증으로 고통을 당하는 형벌을 받게 되었다.

아버지에 의해 고깃국이 된 펠롭스는 신들이 가엾게 여겨 다시 살려주었다. 하지만 그는 아름다운 히포다메이아를 아내로 얻기 위해 장인 오이노마오스를 살해하고 자신을 도운 미르틸로스마저도 바다에 던져 죽이는 짓을 저질렀다. 헤르메스 신의 아들이기도 한 미르틸로스는 펠롭스와 그 자손들에게 저주를 퍼부으며 죽어갔다.

펠롭스의 두 아들 아트레우스와 티에스테스는 부친이 죽자 서로 왕위를 차지하기 위해 싸웠다. 당연히 제 차지인 줄 알았던 왕위가 아내 아에로페의 배신으로 동생에게로 돌아가자 아트레우스는 티에스테스의 두 아들을 죽여 아버지에게 먹이는 끔찍한 복수를 하였다.

두 아들을 잃은 티에스테스는 델포이의 신탁에 복수할 방도를 물었다. 그러자 더욱 끔찍한 신탁이 내려왔다. 딸 펠로페이아와 잠자리를 가져서 낳은 아들이라면 복수를 해줄 수 있다는 것이다. 이에 티에스테스는 복면을 하고서 딸을 강제로 범하였고, 얼마 뒤 펠로페이아가 낳은 아들이 바로 알레테스의 아버지 아이기스토스였다.

아이기스토스는 장성하여 친아버지 티에스테스를 찾은 다음 신탁이 예언한 대로 큰아버지 아트레우스를 죽이고 나중에는 그 아들인 아가멤논마저 죽이게 된다. 집안의 골육상쟁은 결국 아가멤논의 아들 오레스테스가 아이기스토스와 그의 아들 알레테스를 모두 죽이고 나서야 끝이 났다.

알레테스 Aletes, 히포테스의 아들

요약

그리스 신화에 나오는 헤라클레스의 자손이다.

도리스족을 이끌고 코린토스 땅을 정복하여 코린토스 왕국을 건설하였다. 하지만 나중에 감행한 아테네 원정은 실패로 끝났다.

기본정보

구분	왕
외국어 표기	그리스어: Ἀλήτης
어원	방랑자
관련 신화	헤라클레이다이의 펠로폰네소스 원정, 코린토스 건국
가족관계	히포테스의 아들

인물관계

알레테스의 아버지 히포테스는 헤라클레스의 손자 필라스가 헤라클레스의 조카 이올라오스의 딸 레이페필레와 결혼하여 낳은 아들이다. 로마의 역사가 파테르쿨루스는 그가 헤라클레스의 6대손이라고 기록하였다.

신화이야기

개요

알레테스에게 '방랑자'라는 이름을 지어준 것은 그의 아버지 히포테스였다.(알레테스는 그리스어로 '방랑자'라는 뜻이다) 히포테스는 헤라클레이다이의 일원으로 펠로폰네소스 원정에 참가했다가 실수로 아폴론의 예언자를 죽인 바람에 신의 노여움을 사서 헤라클레이다이 무리에서 추방당했다. 그 뒤 이 도시 저 도시를 전전하며 살아가야 했던 히포테스는 아들에게도 그와 같은 이름을 지어주었던 것이다.

어른이 된 알레테스는 도리스족의 우두머리가 되어 그들을 이끌고 코린토스 땅으로 쳐들어갔다. 그는 그곳을 다스리고 있던 시시포스의

후손들을 몰아내고 코린토스 왕국을 건설하였다.(그 전까지 그곳은 에피라라고 불렸다)

코린토스의 왕이 된 알레테스

알레테스는 코린토스로 쳐들어가기 전에 도도네의 제우스 신전에 가서 그가 과연 코린토스 땅을 차지할 수 있을지 여부를 물었다. 그러자 신탁은 두 가지 일이 이루어지면 승리하게 될 것이라는 답을 내렸다. 첫째로 누군가가 그에게 코린토스의 흙덩이를 주어야 하고, 둘째로 왕관을 쓰는 날 도시를 공격해야 한다는 것이었다. 신탁이 말한 두 가지 일은 그대로 이루어졌다.

첫 번째 신탁은 알레테스가 거지로 변장하고 코린토스 땅으로 들어갔을 때 이루어졌다. 그가 구걸을 할 때 누군가가 빵 대신 흙덩이를 그의 그릇에 던져 넣었던 것이다. 두 번째 신탁은 '망자의 날'이 되면 모든 주민들이 왕관을 머리에 쓰는 코린토스의 풍습 덕택에 이루어졌다. 알레테스는 바로 이날을 택해서 코린토스를 공격하여 코린토스의 왕이 되었다.

실패로 끝난 아테네 원정

얼마 뒤 알레테스는 아테네 원정도 감행하였다. 이번에도 신탁에 물었는데 아테네 왕의 목숨을 살려두기만 한다면 그가 승리하게 되리라는 답을 얻었다. 하지만 이와 같은 신탁의 내용을 알게 된 아테네의 왕 코드로스는 나라를 위해 자신을 희생하기로 결심하였다.

그는 거지 차림을 하고 밀을 줍는 척하면서 아테네 성 밖으로 나갔다. 그리고는 길에서 마주친 적군 두 명에게 싸움을 걸어 한 명을 죽이고 다른 한 명에게 목숨을 잃었다. 왕의 죽음을 알아챈 아테네인들은 매장을 위해 왕의 시신을 돌려달라고 코린토스 진영에 요구하였고 알레테스는 승리의 희망이 사라졌음을 깨닫고 군대를 돌려 코린토스로 돌아갔다.

알렉토 Alecto

요약

그리스 로마 신화에 등장하는 복수의 여신 에리니에스 세 자매 중 하나이다. 베르길리우스의 서사시 『아이네이스』에서 유노(헤라) 여신의 지시로 트로이 유민과 라티움 원주민 사이에 불화를 일으켜 전쟁이 일어나게 만드는 역할을 하였다.

기본정보

구분	개념이 의인화된 신, 복수의 신
상징	복수, 정의, 불화
외국어 표기	그리스어: Ἀληκτώ
어원	쉬지 않는 여자
관련 신화	아이네이아스의 이탈리아 정착
가족관계	우라노스의 딸, 가이아의 딸, 닉스의 딸

인물관계

알렉토는 복수의 여신 에리니에스 세 자매 중 하나이다. 나머지 두 자매는 티시포네와 메가이라이다. 에리니에스 자매는 우라노스의 성기에서 흘러나온 피가 대지 가이아에 떨어져 태어났다고도 하고 밤의 여신 닉스가 홀로 낳은 딸들이라고도 한다. 그밖에도 하계의 지배자인 하데스와 페르세포네 사이에서 태어났다는 이야기도 있다.

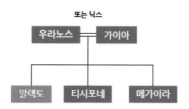

신화이야기

복수의 여신 에리니에스

에리니에스(단수형 에리니스)는 고대인들의 인과응보 관념을 인격화시킨 신으로 정의와 복수의 여신들이다. 이들은 흔히 크로노스가 아버지 우라노스의 성기를 잘랐을 때 흘러나온 피가 대지 가이아에 떨어져 태어났다고 한다. 하지만 에리니에스가 밤의 여신 닉스의 딸들이라는 이야기도 있다.

에리니에스는 운명의 여신 모이라이처럼 누구나 예외 없이 신들의 왕 제우스마저도 복종해야 하는 원초적인 힘을 의미한다. 처음에는 수가 일정치 않았는데 그리스 고전시기를 거친 뒤 알렉토(쉬지 않는 여자), 티시포네(살인을 응징하는 여자), 메가이라(질투하는 여자)라는 이름을 지닌 세 자매로 굳어졌다.

에리니에스는 일반적으로 질서의 수호자로 여겨지며 이를 어지럽히는 자들을 추궁하고 벌한다. 특히 부모 살해, 형제 살해 등 신성한 혈족의 유대를 깨뜨리는 자에 대해서는 용서가 없다.('오레스테스' 참조) 고대에는 그와 같은 무서운 죄를 진 자를 벌할 권리가 인간에게 없다고 여겼기 때문에 그런 죄인에 대한 정당한 처벌은 에리니에스에게 맡겨졌다.

에리니에스는 어깨에 날개가 있고 머리에는 뱀들이 엉켜 있으며 손에는 횃불이나 채찍을 든 무시무시한 모습으로 그려졌다. 이들은 희생

자를 붙잡으면 온갖 방법으로 괴롭혀 미치게 만들었기 때문에 종종 사람을 괴롭히는 '암캐'에 비유되기도 하였다. 이들의 거처는 하계의 가장 깊은 곳인 타르타로스이며 그래서 이들이 하데스와 페르세포네 의 자식이라는 이야기도 생겨났다. 내세에 관한 믿음이 확립되면서 에 리니에스는 하계의 징벌을 관장하는 신으로 간주되었다.

에리니에스는 대개 '너그러운 여인들'이라는 뜻의 에우메니데스라는 이름으로 불렸는데 이는 사람들이 광기를 뜻하는 무섭고 불길한 에리 니에스라는 이름을 함부로 입 밖에 내려 하지 않았기 때문이다.

로마 신화에서는 푸리아라는 이름으로 불렀다.

『아이네이스』에 등장하는 알렉토

에리니에스의 하나인 알렉토가 개별적인 역할로 등장하는 것은 『아 이네이스』에서다. 여기서 알렉토는 유노(헤라)의 지시로 아이네이아스 와 트로이인들을 곤경에 빠뜨리는 역할을 한다.

트로이가 패망한 뒤 그 유민들을 이끌고 이탈리아로 간 아이네이아 스는 라티움의 왕 라티누스로부터 환대를 받았다. 라티누스에게는 라 비니아라는 외동딸이 있었는데 신탁은 그에게 딸을 이방인에 내주어 야 한다고 지시하였으므로 그는 아이네이아스를 사위로 삼으려고 했 던 것이다. 사실 라비니아는 이미 이웃 부족인 루툴리족의 왕 투르누 스에게 주기로 약속이 되어 있었지만 라티누스는 이에 개의치 않았다.

하지만 라티누스의 아내 아마타 왕비는 남편의 결정에 찬성하지 않 았다. 이는 투르누스가 그녀의 조카인 까닭도 있었지만 무엇보다도 베 누스(아프로디테)의 아들 아이네이아스를 탐탁히 여기지 않던 유노가 알렉토를 시켜 아마타 왕비로 하여금 두 사람의 결혼을 적극적으로 반대하도록 만들었기 때문이었다.

이 일로 결국 트로이 유민들과 원주민들 사이에 전쟁이 벌어졌다. 아이네이아스는 투르누스를 죽이고 전쟁에서 승리한 뒤 라비니아와

라티누스의 궁정에 도착한 아이네이아스
페르디난트 볼(Ferdinand Bol), 1661~1663년, 암스테르담 국립미술관

결혼하고 라티누스 왕으로부터 라티움의 통치권도 물려받았다.

아이네이아스는 라티움 원주민과 트로이 유민을 결합시킨 새로운 왕국을 건설하고 이를 라비니아의 이름을 따서 라비니움이라고 명명했다.

알로아다이 Aloades, Aloadae

요약

그리스 신화에 등장하는 거인 형제이다.

알로아다이는 '알로에우스의 자식들'이라는 뜻이지만 실제로 두 형
제는 포세이돈의 아들이라고 한다. 두 형제는 오만하게 신들에게 맞서
려고 올림포스 산 위에 오사 산을 쌓고 또 그 위에 펠리온 산을 쌓다
가 죽임을 당하고 저승에서 영원한 형벌을 받고 있다.

기본정보

구분	거인
상징	신에 대항하는 거인
외국어 표기	그리스어: Ἀλωάδαι
어원	알로에우스의 자식들
가족관계	포세이돈의 아들, 이피메데이아의 아들

인물관계

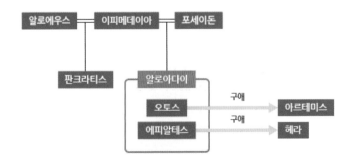

알로아다이(알로에우스의 자식들)로 불리는 오토스와 에피알테스는 알로에우스의 아내 이피메데이아가 바다의 신 포세이돈과 정을 통해 낳은 아들 형제이다. 이피메데이아와 알로에우스 사이에서는 딸 판크라티스가 태어났다.

신화이야기

출생

알로아다이는 '알로에우스의 자식들'이라는 뜻으로 오토스와 에피알테스 형제를 가리키는 말이다. 알로아다이 형제의 어머니 이피메데이아는 알로에우스와 결혼한 사이였지만 바다의 신 포세이돈을 사랑하였다. 그녀는 매일같이 포세이돈을 생각하며 바닷가를 거닐고 바닷물에 몸을 담갔다. 포세이돈도 마침내 그녀의 사랑에 응답하여 파도로 애무하며 그녀를 임신시켰고 얼마 후 이피메데이아는 오토스와 에피알테스 형제를 낳았다.

두 형제는 엄청난 거인으로 달마다 키가 아홉 손가락만큼씩 자라서 아홉 살이 되었을 때는 벌써 아홉 길(약 16미터)이나 되었다.

오토스와 싸우는 아르테미스
©Miia Ranta from Finland@wikimedia(CC BY-SA)

신들을 공격한 알로아다이

성격이 사납고 힘이 센 거인 형제는 올림포스의 여신들을 차지하기 위해 신들을 공격하기로 했다.(오토스는 아르테미스를, 에피알테스는 헤라를 욕심냈다고 한다) 이를 위해서 그들은 올림포스 산 위에 오사 산과 펠리온 산을 쌓아 하늘로 올라가는 길을 내려고 했다. 그리고 산으로 바다를 메워서 바닷물을 말리고 또 육지는 바닷물로 채우려고도 했다. 아레스가 이를 막으려다 그들에게 붙잡혀 헤르메스가 다시 풀어줄 때까지 13개월(월력으로 1년) 동안이나 청동항아리 속에 갇혀 있어야 했다.

하지만 다른 전승에 따르면 아레스가 알로아다이 형제에게 욕을 본 것은 그가 아프로디테의 사랑을 독차지한 미소년 아도니스를 죽게 했기 때문이라고 한다. 아프로디테는 아도니스를 알로아다이 형제에게 맡겼는데, 그에 대한 아프로디테의 사랑을 질투한 아레스가 멧돼지로 변신해서 미소년 아도니스를 죽였다는 것이다.

오만에 대한 형벌

알로아다이 형제의 행패가 도를 넘어서자 신들은 이들 거인 형제를 벌하기로 했다. 알로아다이는 제우스가 벼락으로 내리쳤다고도 하고, 아폴론이 활 쏘아 죽였다고도 하고, 아르테미스가 사슴으로 변신하여

저승에서 벌을 받는 티타네스와 기간테스(제일 왼쪽이 에피알테스)
귀스타프 도레(Gustave Dore), 1857년
: 단테 『신곡』의 지옥편에 따른 삽화

죽게 했다고도 한다. 아르테미스가 사슴으로 변신한 이야기의 내용은 다음과 같다.

알로아다이 형제가 낙소스 섬에서 사냥을 하고 있을 때 사슴으로 변신한 아르테미스 여신이 두 사람 사이로 뛰어들었다. 형제는 서로 이 탐스러운 사슴을 먼저 잡으려고 다투어 창을 던졌는데 창은 사슴을 비껴가더니 마주선 두 형제를 향해 날아갔고 결국 둘 다 목숨을 잃고 말았다는 것이다.

알로아다이 형제는 저승에 가서도 벌을 받았다. 신들은 두 형제를 타르타로스의 기둥에 뱀으로 칭칭 묶은 다음 올빼미를 보내 끊임없이 울게 하여 이들을 괴롭혔다. 하지만 형제는 인류에 문명을 가져온 인물로도 추앙받는다. 그들은 낙소스와 보이오티아의 아스크라에 도시를 건설하고 무사이 여신들에 대한 신앙을 소개하였다고 한다.

알로에우스 Aloeus

요약

그리스 신화에 등장하는 알로스의 왕이다.

그의 아내 이피메데이아가 낳은 두 거인 형제가 유명하지만 이들은 '알로아다이(알로에우스의 자식들)'라는 이름과 달리 포세이돈의 자식이다. 알로에우스는 아이톨리아 지방에 알로스라는 도시를 건설하였다.

같은 이름을 가진 헬리오스의 아들 알로에우스와 혼동하지 말아야 한다.

기본정보

구분	알로스의 왕
외국어 표기	그리스어: Ἀλωεύς
관련 신화	알로아다이
가족관계	포세이돈의 아들, 카나케의 아들, 이피메데이아의 남편

인물관계

알로에우스는 포세이돈이 아이올로스의 딸 카나케와 정을 통하여 낳은 아들로 호플레우스, 니레우스, 에포페우스, 트리오파스 등과 형제지간이다. 아이올로스는 그리스인들의 조상인 헬렌의 아들이다.

알로에우스는 트리오파스의 딸 이피메데이아와 결혼하여 딸 판크라티스를 낳았다. 이피메데이아가 낳은 두 거인 아들 알로아다이 형제는 이름처럼 알로에우스의 자식들이 아니라 포세이돈의 아들이다.

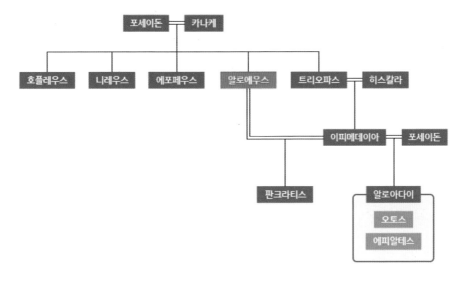

신화이야기

알로아다이

알로에우스의 아내 이피메데이아는 남편보다 바다의 신 포세이돈을 더 사랑하였다. 그녀는 매일같이 포세이돈을 생각하며 바닷가를 거닐고 바닷물에 몸을 담갔고 포세이돈도 그녀의 사랑에 응답하였다. 이피메데이아는 해변에 앉아 파도 거품의 애무를 받으며 임신하였고 얼마 후 오토스와 에피알테스 형제를 낳았다. 두 형제는 알로아다이(알로에우스의 자식들)라고 불렸지만 실제로는 포세이돈의 아들이었던 것이다. 알로아다이 형제는 달마다 키가 아홉 손가락 만큼씩 자라서 아홉 살이 되었을 때는 벌써 키가 아홉 길(약 16미터)이 넘는 거인이 되었다.

성격이 사납고 힘도 엄청나게 센 두 거인 형제는 점점 오만해져 급기야는 신들을 공격하려는 계획까지 세웠다.(일설에는 두 여신 아르테미스와 헤라를 차지하려고 그랬다고 한다) 이를 위해서 그들은 올림포스 산 위에 오사 산과 펠리온 산을 쌓아 하늘로 올라가는 길을 내려 했다.

도를 넘어선 이들의 오만한 행동에 분노한 신들은 두 형제에게 벌을 내렸다. 알로아다이 형제는 제우스가 벼락으로 내리쳤다고도 하고, 아폴론이 활을 쏘아 죽였다고도 하고, 아르테미스가 사슴으로 변신하여 둘 사이로 뛰어드는 바람에 서로 상대가 사슴을 잡으려 던진 창에 찔려 죽었다고도 한다.

형제는 저승에 가서도 벌을 받았다. 신들은 두 거인을 타르타로스의 기둥에 뱀으로 칭칭 묶은 다음 올빼미를 보내 끊임없이 울게 하여 이들을 괴롭혔다고 한다.

낙소스 섬으로 끌려간 판크라티스

이피메데이아와 알로에우스 사이에서 태어난 딸 판크라티스는 빼어난 미모로 유명했다. 하지만 판크라티스는 어머니 이피메데이아와 함께 아카이아의 드리오스 산에서 열리는 디오니소스 축제에 참가했다가 트라키아 출신의 해적들에게 붙잡혀 스트론길레(훗날의 낙소스) 섬으로 끌려가는 신세가 되었다. 당시 그 섬에 정착하여 살고 있던 트라키아인들에게 여자가 부족했기 때문이었다.

그런데 판크라티스의 미모가 워낙 뛰어나서 트라키아 해적들의 우두머리인 시켈로스와 헤케토로스 사이에 서로 판크라티스를 차지하려고 다툼이 벌어졌다. 하지만 싸움 끝에 두 사람 다 죽어버렸고 판크라티스는 낙소스의 왕 아가사메노스의 차지가 되었다.

아내와 딸을 빼앗긴 알로에우스는 곧 알로아다이 형제를 보내 모녀를 찾아오게 하였다. 두 거인 형제는 낙소스 섬을 공격하여 트라키아인들의 손에서 어머니와 누이동생을 구해냈다. 하지만 아름다운 판크라티스는 이복오라비들에게 구출되고 얼마 지나지 않아서 죽고 말았다.

또 다른 알로에우스

태양신 헬리오스의 아들 중에도 알로에우스라는 이름이 보인다. 헬리오스는 자신이 다스리던 나라를 둘로 나누어 아소피아(훗날의 시키온)는 알로에우스에게 주고 에피라이아(훗날의 코린토스)는 아이에테스에게 주었다. 아이에테스는 나중에 이 나라를 헤르메스의 아들 보우노스에게 넘기고 콜키스로 가서 그곳의 왕이 되었다.

알로에우스는 시키온을 아들 에포페우스에게 물려주고 죽었는데 에포페우스는 실제로는 알로에우스의 아들이 아니라 포세이돈과 카나케 사이에서 태어난 아들이었다. 에포페우스는 나중에 보우노스가 죽은 뒤 그가 다스리던 에피라이아까지 물려받았다.

알케스티스 Alcestis

요약

그리스 신화에 등장하는 페라이의 왕 아드메토스의 아내이다.
남편을 대신하여 죽음을 맞이하였으나 헤라클레스가 죽음의 신 타나토스와 싸워 다시 살려냈다.

기본정보

구분	왕비
상징	헌신적 사랑, 정절
외국어 표기	그리스어: Ἄλκηστις
관련 신화	헤라클레스의 12과업

인물관계

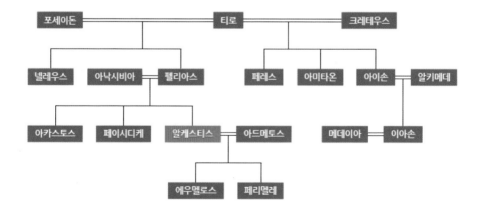

알케스티스는 이올코스의 왕 펠리아스와 아낙시비아 사이에서 태어난 딸들 중 하나로, 메데이아가 펠리아스를 딸들의 손에 죽게 하였을 때 친부 살해에 동참하지 않은 유일한 딸이다.

페라이의 건설자인 페레스의 아들 아드메토스와 결혼하여 아들 에우멜로스와 딸 페리멜레를 낳았다. 에우멜로스는 나중에 페라이와 이올코스의 병사들을 이끌고 트로이 전쟁에 참전하였다.

신화이야기

아폴론의 도움으로 알케스티스와 결혼한 아드메토스

이올코스의 왕 펠리아스는 아름답고 마음씨가 곱기로 명성이 자자한 딸 알케스티스와 결혼하려는 구혼자들이 몰려들자, 사자와 멧돼지를 전차에 매고 달릴 수 있는 자를 사위로 삼겠다고 공표했다. 역시 알케스티스를 마음에 두고 있던 아드메토스 왕은 마침 자신의 노예가 되어 봉사하고 있던 아폴론 신의 도움으로 펠리아스가 제시한 난제를 해결하고 알케스티스와 결혼에 성공하였다. 아폴론 신이 아드메토스 왕의 노예가 된 연유는 다음과 같다.

아드메토스와 알케스티스
1세기경, 나폴리 국립고고학박물관

아드메토스의 노예가 된 아폴론

아폴론에게는 인간 여인과 관계하여 낳은 아스클레피오스라는 아들이 있었다. 아폴론은 아들을 켄타우로스족의 현자 케이론에게 맡겨 기르게 하였고 케이론은 의술의 신 아폴론의 피를 이어받은 아스클레피오스를 세상에 둘도 없는 명의로 교육시켰다. 아스클레피오스는 심지어 죽은 사람을 살리는 의술까지도 터득하게 되었다.

하지만 죽은 사람을 되살리는 의술은 세상의 질서를 허무는 위험한 짓이었다. 저승을 다스리는 하데스는 아스클레피오스의 의술 때문에 이제 곧 아무도 죽지 않게 될 거라고 제우스에게 불만을 터뜨렸고 제우스는 세상의 질서를 어지럽히는 아스클레피오스를 벼락으로 내리쳐 죽였다. 그러자 아들을 잃은 아폴론이 화가 나서 제우스에게 벼락을 만들어준 키클로페스를 모두 죽여버렸다. 이 행동으로 아폴론은 제우스로부터 1년 동안 아드메토스 왕의 노예가 되어 그의 소를 돌봐야 하는 벌을 받았다.

그러나 아드메토스 왕은 자신의 노예가 된 아폴론을 함부로 대하지 않았다. 그는 아폴론을 같은 인간으로 대하지 않고 예전처럼 신으로 공경하였다. 아드메토스의 겸손한 태도에 감동한 아폴론은 그의 암소들이 새끼를 밸 때마다 쌍둥이를 낳게 해주었으며 알케스티스에 대한 구혼 경쟁에서도 아드메토스가 승리하도록 도와주었다. 아폴론의 호의는 여기서 그치지 않았다. 1년 간의 노예기간을 끝마치고 다시 신들의 나라로 가면서 아폴론은 아드메토스에게 다른 어떤 인간도 받아보지 못한 선물을 안겨주었다.

아드메토스와 알케스티스
요한 하인리히 티슈바인(Johann Heinrich Tischbein),
1780년

죽음의 신 타나토스를 물리치고 알케스티스를 구해낸 헤라클레스

아폴론의 마지막 선물은 아드메토스가 이승에서의 명이 다하여 죽게 되었을 때 만약 그를 대신하여 죽을 사람이 나타난다면 운명의 여신들에게 부탁하여 다시 한 번 이승의 삶을 살 수 있게 해주겠다는 것이었다. 하지만 아드메토스가 죽을 때가 되자 그를 대신하여 기꺼이 죽겠다고 나선 사람은 그의 아내 알케스티스밖에 없었다. 남편의 죽음을 대신하겠다는 알케스티스의 말이 떨어지자 다 죽어가던 아드메토스의 얼굴에 금세 생기가 돌았다. 하지

알케스티스의 죽음
안젤리카 코프만(Maria Anna Angelika Kauffmann),
1790년, 오스트리아 보라베르크 박물관

만 알케스티스는 얼마 뒤 몸져눕더니 곧 숨이 끊어지고 말았다.

바로 그 무렵 헤라클레스가 아드메토스의 궁에 들렀다. 그는 미케네의 에우리스테우스 왕이 부과한 12과업 중 하나로 디오메데스의 사람 잡아먹는 말들을 잡으러 가는 길이었다. 사람들로부터 사연을 전해들은 헤라클레스는 알케스티스를 저승으로 데려가는 죽음의 신 타나토스를 급히 뒤쫓아가서 한바탕 씨름을 겨룬 끝에 그녀를 다시 이승으로 되찾아왔다. 하지만 또 다른 전승에 따르면 헤라클레스는 저승문을 지키는 삼두견 케르베로스를 잡으러 하계로 내려갔을 때 알케스티

아드메토스와 알케스티스의 작별
조지 데니스(George Dennis), 1848년

스를 데려왔다고도 하고, 알케스티스의 헌신적인 사랑에 감동한 저승의 여왕 페르세포네가 그녀를 다시 남편 곁으로 돌려보냈다고도 한다.

관련 작품

알케스티스와 아드메토스의 신화는 후대에 수많은 예술 작품으로 형상화되었다.

문학

에우리피데스: 『알케스티스』, 비극

후고 폰 호프만슈탈: 『알케스티스』, 드라마

라이너 마리아 릴케: 『알케스티스』, 시

음악

장 밥티스트 릴리: 〈알체스테〉, 오페라

게오르크 프리드리히 헨델: 〈아드메토〉, 오페라

크리스토프 빌리발트 글루크: 〈알체스테〉, 오페라

안톤 슈바이처: 〈알체스테〉, 오페라

미술

알케스티스를 데려오려고 죽음의 신과 싸우는 헤라클레스
프레데릭 레이턴(Frederic Leighton), 1869년, 와즈워스 아테니움 미술관

저승에서 알케스티스를 데려오는 헤라클레스
폴 세잔(Paul Cezanne), 1867년, 피츠윌리엄 박물관

죽어가는 알케스티스
장 프랑수아 피에르 페이롱(Jean Francois Pierre Peyron), 1785년
루브르 박물관

알크메네 Alcmene

요약

그리스 신화에 나오는 암피트리온의 아내이자 헤라클레스의 어머니
이다. 남편 암피트리온으로 변신한 제우스와 잠자리에 들어 헤라클레
스를 낳았다. 헤라클레스를 출산할 때 질투심에 불타는 헤라의 방해
로 모진 고통을 겪어야 했다.

기본정보

구분	공주
외국어 표기	그리스어: Ἀλκμήνη
어원	강한 여인
관련 신화	헤라클레스

인물관계

알크메네는 미케네 왕 엘렉트리온의 딸로 사촌간인 암피트리온과
결혼하여 두 아들 헤라클레스와 이피클레스, 딸 페리메데를 낳았다.
하지만 헤라클레스는 제우스와 사이에서 태어났다고 한다.
알크메네와 암피트리온은 모두 제우스와 다나에 사이에서 태어난
영웅 페르세우스의 후손이다. 알크메네의 어머니 아낙소는 알카이오
스와 아스티다메이아 사이에서 태어난 딸로 암피트리온과 남매지간이
므로 알크메네는 외숙부와 결혼한 것이다.

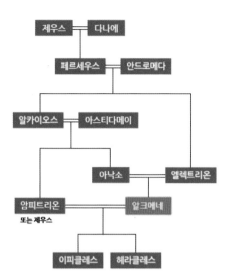

신화이야기

제우스와 알크메네

미케네 왕족 암피트리온의 아내 알크메네는 미모와 지혜 면에서 견줄 이가 없는 여인이었다. 헤시오도스는 『헤라클레스의 방패』에서 알크메네에 대해 다음과 같이 전하고 있다.

"알크메네는 부드러운 여인들 중에서도 미모가 수려하고 키가 컸으며 지혜를 두고 보더라도 필멸의 여자와 필멸의 남자가 몸을 섞어 낳은 여인들 중에서 그 어느 누구도 그녀에 견줄 수가 없었다."

제우스는 "그 어떤 여인들보다도 남편을 마음 속으로 존경하는 여인"인 알크메네에 대한 욕망을 채우기 위해 그녀의 남편 암피트리온이 전쟁터에 나간 사이에 그의 모습으로 변신하여 알크메네의 침실에 들었다. 제우스는 알크메네의 의심을 풀기 위해 전리품을 선물로 주고 마치 실제로 싸운 듯 전쟁터에서의 이야기도 들려주었으며, 훌륭한 영웅을 잉태시키기 위해 하룻밤을 세 배로 늘이며 기나긴 밤을 보냈다.

　다음날 전쟁터에서 돌아온 암피트리온은 아무 것도 모른 채 아내와 잠자리를 가졌고 얼마 뒤 알크메네는 쌍둥이를 임신하였는데 이들이 이피클레스와 헤라클레스였다.

헤라클레스의 탄생

　알크메네가 헤라클레스를 낳으려 할 때 헤라는 출산의 여신 에일레이티이아 뿐만 아니라 운명의 여신 모이라이 자매도 불러서 아예 출산을 막고 알크메네와 헤라클레스를 죽이려고 하였다.

　에일레이티이아와 모이라이는 알크메네의 산실 문턱에서 두 팔로 무릎을 감싸고 양손을 깍지 낀 자세로 주술을 써서 아흐레(혹은 이레) 동안이나 밤낮으로 헤라클레스의 출산을 막고 있었다. 알크메네의 고통은 이루 말할 수가 없었다.

헤라클레스의 탄생
장 자크 프랑수아 르 바르비에(Jean Jacques
Francois Le Barbier), 1807년에 파리에서 출간
된 오비디우스의 『변신이야기』 수록 삽화

　이를 곁에서 지켜보던 알크메네의 몸종 갈린티아스는 꾀를 내어 알크메네가 제우스의 도움으로 이미 아기를 출산했다고 소리치며 산실을 뛰쳐나왔다. 밖에 있던 에일레이티이아와 모이라이가 깜짝 놀라 화를 내며 벌떡 일어섰다. 출산과 생사를 관장하는 자신들의 권한이 무시되었다고 여겼던 것이다. 하지만 그 바람에 출산을 가로막고 있던

주술이 풀리면서 알크메네는 무사히 헤라클레스를 낳을 수 있었다.

사실을 알게 된 여신들은 분노하여 갈린티아스를 족제비로 만들고는 그녀가 입으로 자신들을 속였으므로 새끼를 입으로 낳게 하였다. (고대인들은 족제비가 귀로 임신하여 입으로 새끼를 낳는다고 여겼다)

뱀을 죽인 헤라클레스

알크메네가 무사히 출산을 하자 헤라 여신은 어린 헤라클레스를 죽이려고 쌍둥이가 누워 있는 방으로 독사 두 마리를 보냈다. 어린 아들의 자지러지는 울음소리를 들은 암피트리온이 칼을 빼들고 방으로 가보니 이피클레스는 새파랗게 겁에 질려 울고 있는데 헤라클레스는 양손에 뱀을 한 마리씩 쥐고 있었다. 뱀들은 목이 졸려 죽어 있었다. 이때 헤라클레스는 태어난 지 겨우 열 달이었다. 이 광경을 보고 암피트리온은 이피클레스만이 자신의 피를 이은 아들이고 헤라클레스는 제우스의 아들이란 사실을 알게 되었다고 한다. 분노한 암피트리온이 알크메네를 장작더미 위에 묶어 놓고 태워 죽이려 했지만 제우스가 급히 소나기를 내려 불을 껐다.

뱀을 죽이는 헤라클레스와 겁에 질린 이피클레스
고대 그리스 도기 그림, 기원전 470년경
루브르 박물관

나중에 제우스는 부부의 화해를 중재했고 암피트리온은 분노를 접고 신의 아들의 양부(養父) 노릇을 받아들였다.

헤라클레스와 에우리스테우스

알크메네가 헤라클레스를 임신했을 때 제우스는 크게 기뻐하며 얼마 뒤에 태어날 페르세우스의 후손이 미케네의 통치자가 될 거라고 말했다. 헤라클레스의 어머니 알크메네가 페르세우스의 후손이었기 때문이다. 하지만 비슷한 시기에 페르세우스의 아들인 미케네 왕 스테넬로스의 아내도 아들 에우리스테우스를 임신하고 있었다.

알크메네를 질투한 헤라는 출산의 여신 에일레이티아에게 지시하여 헤라클레스의 탄생은 늦추고 에우리스테우스는 일곱 달 만에 세상에 나오게 하였고 그 덕분에 제우스가 예언한 미케네의 통치권은 에우리스테우스에게로 돌아갔다. 하지만 헤라클레스는 자신에게 왕위 계승의 권리가 있다고 여기며 늘 에우리스테우스의 왕권을 위협하는 존재가 되었다.

그 후 헤라에 의해 광기에 사로잡힌 헤라클레스가 자신의 자식들을 살해하는 사건이 벌어지자 델포이의 신탁은 헤라클레스에게 에우리스테우스의 노예가 되어 그가 시키는 일을 해야 죄를 씻을 수 있다고 했다. 이에 헤라클레스는 에우리스테우스로부터 인간의 힘으로는 도저히 해결하기 어려운 열두 가지 과업을 부여받게 된다.

에우리스테우스의 죽음

헤라클레스는 신탁이 부여한 과업을 다 이루고 난 뒤 제우스가 예언한 통치권을 되찾고자 하였으나 에우리스테우스의 방해로 뜻을 이루지 못하고 죽었다.

그 전에 이미 암피트리온과도 사별한 알크메네는 헤라클레스의 자식들과 함께 에우리스테우스의 박해를 피해 아테네로 갔다. 그러자 에우리스테우스는 이들의 인도를 요

헤라클레스가 멧돼지를 잡아오자 항아리에 숨은 에우리스테우스
적색 도기 그림. 기원전 510년. 루브르 박물관

구하며 아테네를 공격했고 다급해진 아테네인들은 신탁에 앞으로 닥칠 일을 물었다. 신탁은 헤라클레스의 자녀 중 한 명을 희생 제물로 바치면 전쟁에서 승리할 수 있다는 답을 내렸다. 그리하여 헤라클레스의 딸 마카리아가 희생되었고 에우리스테우스는 신탁의 예언대로 전쟁에서 대패하고 자식들도 모두 잃게 되었다.

에우리스테우스는 홀로 전차를 타고 도망치다가 헤라클레스의 조카 이올라오스에게 붙잡혀 스케이로니스의 바위에서 최후를 맞았다. 이올라오스가 에우리스테우스의 머리를 잘라 알크메네에게 보내자 알크메네는 칼로 에우리스테우스의 두 눈을 도려냈다고 한다.

엘리시온에 들어간 알크메네

그 후 알크메네는 헤라클레스의 후손들과 함께 테바이에서 장수를 누리다 생을 마쳤다. 그러자 제우스는 헤르메스를 보내 알크메네를 복된 자들의 땅 엘리시온으로 데려가게 하였다. 그곳에서 알크메네는 라다만티스와 결혼하였다고 한다.

또 다른 이야기에 따르면 크레타에서 추방당한 라다만티스가 보이오티아로 갔을 때 그곳에서 암피트리온과 사별하고 홀몸이 된 알크메네와 결혼하여 고르티스와 에리트로스를 낳았다고도 한다.

알키노오스 Alcinous

요약

스케리아 섬에 사는 파이아케스족의 왕으로 오디세이아 일화에 등장한다. 배가 난파하여 오디세우스가 스케리아 섬으로 표류해왔을 때 알키노오스 왕이 그를 따뜻하게 맞이해주고 후에 부하들에게 그를 고향으로 무사히 데려다주게 했다.

기본정보

구분	파이아케스의 왕
상징	도움을 주는 자
외국어 표기	그리스어: Ἀλκίνοος
관련 신화	나우시카, 오디세이아, 이아손, 메데이아
가족관계	나우시토오스의 아들, 아레테의 남편, 나우시카의 아버지

인물관계

나우시토오스의 아들이자 포세이돈의 손자이다. 조카인 아레테와 결혼하여 아들 다섯 명과 딸 하나를 두었다. 딸의 이름은 나우시카이다.

신화이야기

개요

알키노오스는 스케리아 섬에 사는 파이아케스족의 왕이다. 『오디세이아』에 의하면 스케리아 섬은 파라다이스라 할 수 있을 만큼 축복의 땅으로 묘사되어 있다. 파이아케스 사람들이 제물을 바치면 신들은 제사가 끝난 다음 '공공연히 나타나서' 잔치에 함께 하고, 사람들이 길을 가다 신들을 만나면 신들이 모습을 숨기지 않을 정도로 파이아케스족은 신들과 가까운 친족이자 신들의 피가 흐르는 사람들이라고 언급되어 있다.

파이아케스족은 한 마디로 신들의 축복과 사랑을 받는 사람들이다. 그들은 전쟁에는 관심이 없는 선량한 사람들로 포세이돈이 부러워할 만큼 항해술이 뛰어난 민족이다.

파이아케스 사람들의 왕 알키노오스는 현명하고 공정한 왕으로 국민들의 존경과 사랑을 한 몸에 받았다. 그는 형 렉세노르의 딸 아레테와 결혼하여 네 명의 아들과 외동딸 나우시카를 낳았다. 『오디세이아』에서 알키노오스 왕의 아내 아레테는 결혼하여 남편과 자식을 돌보는 여인들 중에서 그토록 존경받는 여인은 세상에 없다고 할 만큼 남편과 자식과 백성들로부터 지극한 사랑과 존경을 받았다고 전해지고 있다.

파이아케스족은 '나그네와 탄원자는 형제나 마찬가지'라고 믿는 친절한 사람들로 그들의 왕 알키노오스와 왕비 아레테 또한 정성을 다해 이방인들을 대접하고 특히 난파당한 사람들에게는 최선을 다해 도움을 제공해주었다. 이들이 도와준 이방인들의 예를 들자면 배가 난파하여 스케리아 섬에 오게 된 오디세우스 그리고 콜키스에서 도망을 온 이아손과 메데이아가 있다.

　『오디세이아』는 난파를 당해 스케리아 섬으로 오게 된 오디세우스를 알키노오스 왕이 정성껏 대접하고 고향으로 돌려보내주는 이야기를 전하고 있다. 파이아케스족과 그들의 왕 알키노오스의 이야기는 오디세우스와 관련되어 6권에서 13권에 걸쳐 상세하게 전해지고 있다. 알키노오스 왕은 오디세우스를 기꺼이 외동딸 나우시카의 남편이자 자신의 사위로 삼고 싶어했다.

> "그대같이 훌륭한 사람이 내가 생각하는 그대로 이곳에 머물면서 내 딸을 아내로 삼아 내 사위라고 불린다면 얼마나 좋겠소! 그대가 스스로 머물고자 한다면 나는 그대에게 집과 재산을 내어줄 것이오."

　그러나 오디세우스는 이미 결혼하여 아내 페넬로페가 고향인 이타케에서 기다리고 있는 상황이었다. 알키노오스는 최선을 다해 오디세우스를 대접하고 그를 위해 잔치를 열어주었고 오디세우스는 알키노오스 왕의 궁정에서 기나긴 모험담을 들려주었다. 알키노오스는 후에

알키노오스의 왕궁에 있는 오디세우스
프란체스코 하예즈(Francesco Hayez), 1814~1815년, 카포디몬테 국립 미술관

부하들을 시켜 오디세우스를 고향인 이타케로 무사히 데려다주었다.

이아손과 메데이아

기원전 3세기에 로도스 섬에 사는 서사 시인 아폴로니오스가 쓴
『아르고호 이야기』는 알키노오스 왕이 이아손과 메데이아를 맞아들
인 이야기를 전하고 있다.

이아손과 메데이아
존 윌리암 워터하우스(John William
Waterhouse), 1907년, 개인 소장

아르고호를 타고 황금 양털 가죽을
찾아 원정을 떠났던 사람들을 아르
고나우타이라 하는데, 이아손을 선두
로 한 아르고나우타이가 메데이아와
함께 콜키스 섬을 떠나 고향으로 가
는 도중에 알키노오스의 왕궁에 머
무르게 되었다. 거기서 그들은 메데이
아를 콜키스로 데려오라는 메데이아
의 아버지 아이에테스 왕의 명령을
받고 온 사람들과 마주치게 된다.

메데이아는 이아손에 대한 사랑 때
문에 아버지와 조국 콜키스를 배반하
고 게다가 아버지의 추적을 피하기 위해 남동생의 몸을 가차 없이 토
막을 내어 죽이고 도망을 온 상황이었다. 그녀는 아버지 아이에테스
왕에게 보내지면 처절한 복수를 당해야 했다. 죽음의 공포에 떨고 있
는 메데이아와 복수의 일념에 사로잡혀있는 아이에테스, 이 두 사람
사이에서 알키노오스 왕은 모든 사람들이 최선이라고 납득할 수 있
는 판결을 내려야 하는 상황을 맞았다. 이에 알키노오스 왕은 아내
아레테 왕비에게 메데이아가 아직 처녀의 몸이라면 아버지에게 보내
고 이아손과 잠자리를 나누었다면 남편 곁에 머물게 할 것이라고 말
했다. 아레테 왕비는 서둘러 이아손과 메데이아를 결혼시켰고 그 후
두 사람은 무사히 이아손의 고향으로 돌아갔다.

알키오네 Alcyone

요약

그리스 신화에 등장하는 트라키스의 왕 케익스의 아내이다.

항해에 나선 남편 케익스가 이미 물에 빠져 죽은 줄도 모르고 매일같이 남편을 위해 기도를 올렸다. 이를 불쌍히 여긴 헤라 여신이 꿈의 신 모르페우스를 보내 남편의 죽음을 알려주자 비탄에 빠져 바다를 거닐다 물총새로 변신하였다.

기본정보

구분	왕비
상징	부부 금슬, 정조
외국어 표기	그리스어: Ἀλκυόνη
별자리	플레이아데스 성단
관련 동물	물총새

인물관계

알키오네는 바람의 신 아이올로스와 에나레테의 딸로 새벽별의 신 에오스포로스의 아들인 케익스와 결혼하였다.

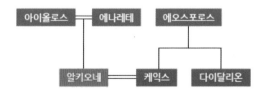

신화이야기

바다로 나갔다 빠져 죽은 케익스

알키오네의 남편 케익스는 형 다이달리온이 갑자기 독수리로 변신하는가 하면, 살인죄를 짓고 고향에서 쫓겨난 펠레우스를 환대하였다가 거대한 늑대가 나타나 그의 소들을 물어뜯어 죽이는 일을 당하는 등 변고가 끊이지 않자, 자신이 혹시 신들에게 밉보인 것이 아닌가 하여 신탁에 물어보기로 작정했다.

알키오네를 떠나는 케익스
15세기 프랑스 삽화, 릴 시립도서관

델포이의 신탁소로 가는 길에는 무법자 포르바스가 버티고 있어 갈 수가 없었기 때문에 그는 배를 타고 클라로스의 신탁소로 가기로 했다. 남편이 길을 떠나려 하자 알키오네는 나쁜 예감이 들었다. 그녀는 남편에게 항해를 단념하거나 아니면 자신을 데리고 가라고 간청했지만 케익스는 아내의 말을 듣지 않고 두 달 안에 돌아오겠다며 길을 떠났다. 하지만 바다로 나간 케익스는 곧 커다란 폭풍을 만나 물에 빠져죽고 말았다.

알키오네의 꿈에 나타난 모르페우스

알키오네는 사랑하는 남편 케익스가 이미 바다에서 죽은 줄도 모르고 날마다 헤라 여신의 신전을 찾아가 간절히 기도하며 향불을 피웠다. 이를 더 이상 두고 볼 수가 없었던 헤라 여신은 무지개의 여신 이리스를 힙노스에게 보내 알키오네의 잠 속으로 들어가 남편에 대한 소식을 알려주도록 부탁하였다. 헤라 여신의 부탁을 받은 힙노스는 아들 모르페우스를 불러 알키오네의 꿈에 남편 케익스로 나타나서

케익스와 알키오네
헬렌 스트래튼(Helen Stratton), 뉴욕에서
1915년 빌간된 책의 삽화, 뉴욕공립도시관

사실을 말해주게 하였다. 힙노스가 많은 자식들 중에 특별히 모르페우스를 부른 것은 그가 꿈의 신들 중에서도 인간의 모습으로 변하는 데 능했기 때문이었다. 모르페우스는 걸음걸이며 용모, 말씨, 옷차림, 자세에 이르기까지 조금도 틀림없이 흉내낼 수 있었던 것이다

모르페우스는 소리 없는 커다란 날개로 눈 깜짝할 사이에 알키오네가 있는 곳으로 가서 케익스의 죽은 모습으로 변신했다. 익사한 시체답게 창백한 얼굴에서는 물방울이 뚝뚝 떨어졌다. 케익스로 변한 모르페우스는 알키오네의 꿈 속으로 들어가 그녀에게 자신은 이미 죽었으니 이제 그만 헛된 희망을 버리고 죽은 지아비를 애도해달라고 말했다. 잠에서 깨어난 알키오네는 남편의 죽음을 깨닫고 가슴을 치고 옷과 머리를 쥐어뜯으며 눈물을 흘렸다.

새로 변한 알키오네와 케익스

다음 날 아침 알키오네는 남편을 그리워하며 그가 떠난 바닷가를 거닐었다. 그런데 웬 시커먼 것이 파도에 떠밀려 오길래 보았더니 남편 케익스의 시체였다. 알키오네는 남편에게로 가고자 방파제에서 몸을 던졌고 이를 불쌍히 여긴 신들이 그녀를 새로 만들어주었다. 새로 변한 알키오네의 부리가 닿는 순간 케익스의 몸도 새로 변하였고 두 마리의 물총새는 짝을 지어 물 위를 날았다.

남편 케익스를 찾고 있는 알키오네
허버트 제임스 드레이퍼(Herbert James Draper), 1915년, 개인 소장

또 다르게 전해지는 이야기에 따르면 알키오네와 케익스는 아주 금슬이 좋은 부부였는데 교만하게도 서로를 헤라와 제우스라고 부르며 자신들을 신들에 견주었다고 한다. 이에 분노한 신들이 두 사람을 새로 만들어버렸다.

알키오네우스 Alcyoneus

요약

그리스 신화에 등장하는 기간테스 중의 한 명이다. 영웅 헤라클레스에 맞서 싸우다가 죽음을 맞이한 기가스이다.

한 전승문헌에 따르면 그는 일곱 명의 딸을 낳았는데 그들은 아버지가 헤라클레스에 의해 죽자 바다에 몸을 던졌다. 이를 불쌍히 여긴 포세이돈의 아내 암피트리테가 그들을 물총새로 변신시켰다.

기본정보

구분	기간테스
외국어 표기	그리스어: Αλκυονευς
어원	이름의 명확한 유래가 밝혀지지 않아서 어원적 의미를 추론하기 힘들다. 알키오네우스는 기간테스 중에서도 가장 힘이 센 기가스로 여겨진다. 이런 이유로 이름의 어원적 의미가 '힘이 센' 또는 '강인한'이란 의미를 나타낸 고대 그리스어의 접두사 alk-와 연관될 것이라는 추측이 나온다.
관련 신화	기간토마키아, 헤라클레스, 알키오니데스
가족관계	우라노스의 자식, 가이아의 자식, 알키오니데스의 아버지

인물관계

『신들의 계보』, 『비블리오테케』 그리고 백과사전 『수다』의 조합에 따른 계보

우라노스의 거세된 남근에서 흘러내린 핏방울이 대지, 즉 가이아에 스며들어 태어난 그는 알키오니데스라 불리는 일곱 명의 딸을 낳았다.

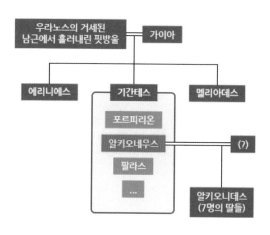

『이야기』 서문에 따른 기간테스의 계보

어머니 가이아와 아버지 타르타로스 사이에서 태어났다. 이 전승문헌에서는 알키오네우스에 대한 언급이 없다.

신화이야기

알키오네우스의 죽음

『신들의 계보』에 따르면 기가스 알키오네우스는 대지의 여신 가이아의 자식들인 기간테스 중 한 명으로 그리스 신화에서 가장 오래된 등장인물에 속한다.

알키오네우스의 죽음은 불사의 신 제우스와 필멸의 인간 알크메네 사이에서 태어난 헤라클레스와 깊은 연관성이 있다. 영웅 헤라클레스가 기가스 알키오네우스를 죽였는데 이와 관련하여 대표적인 두 가지

페르가몬 대제단
기원전 2세기초, 페르가몬 박물관
: 기간토마키아를 묘사한 부분으로, 알키오네우스(왼쪽), 아테나 여신(왼쪽에서 두 번째), 가이아(대지에서 몸의 절반만 내민 여신) 그리고 니케(오른쪽)가 등장한다.
©Miia Ranta from Finland@wikimedia(CC BY-SA)

설명이 있다. 그 중 오늘날 더 일반적으로 받아들여지는 설명은 『비블리오테케』에 나온다. 이에 따르면 알키오네우스는 형제들과 함께 기간토마키아 전쟁에서 올림포스 신들에 맞서 용감하게 싸웠다. 올림포스 신들의 편에 선 헤라클레스가 기간테스 중에서 가장 먼저 최강의 상대방 전사인 알키오네우스에게 활을 겨누었지만 헤라클레스의 화살을 맞은 알키오네우스는 땅 위에 쓰러지자마자 다시 기운을 차렸다. 기간테스는 자신들이 태어난 땅에서 결코 죽지 않는다는 신탁이 내려졌기 때문이다. 그래서 헤라클레스는 아테나 여신의 충고에 따라 알키오네우스를 그의 고향인 팔레네로부터 끌어내어 죽였다. 알키오네우스는 고향 밖에서는 불사의 존재가 아니기 때문이다.

"기간테스 중에서 가장 뛰어난 이들은 포르피리온과 알키오네우스이다. 특히 기가스 알키오네우스는 그가 자신이 태어난 땅에서 싸우는 한 불사의 존재이다. […] 올림포스 신들에게 신탁이 주어진다. 그 신탁에 따르면 기간테스 중 그 누구도 신의 손에 의해서 죽지 않을 것이다. 그러나 신들이 죽음을 피할 수 없는 인간의 도움을 받는다면 비로소 기간테스를 끝장낼 수 있다는 것이다. 이런 신탁의 내용을 알게 된 게[가이아]는 기간테스가 필멸의 인간에 의해 죽지 않게 할 약초를 찾아나선다. 그러나 제우스가 선수를 친다. 그는 새벽의 여신 에오스, 달의 여신 셀레네 그리고 해의 신 헬리오스에게 세상을 비추지 말도록 명령을 내린다. 그런 다음에 그는 다른 누구보다 먼저 불사의 약초를 손에 넣는다. 그런 다음에 그는 아테나를 헤라클레스에게 보내 그를 동맹자로 불러오게 한다. 헤라클레스는 가장 먼저 알키오네우스에게 화살을 쏜다. 그런데 그가 화살을 맞고 땅 위에 쓰러지면 그는 금방 다시 기운을 되찾는다. 그러자 헤라클레스는 아테나의 조언을 따라 그를 팔레네 밖으로 끌어낸다. 그러자 그 기가스는 죽음을 맞이한다."

한편 기원전 5세기경에 활동한 고대 그리스 서정 시인 핀다로스는 알키오네우스와 헤라클레스 사이에서 벌어진 싸움과 기간테스와 올림포스 신들 사이에서 벌어진 기간토마키아 전쟁을 별개의 사건으로 설명한다. 핀다로스의 『이스미아 찬가』에 따르면 헤라클레스는 텔라몬 그리고 다른 동료들과 함께 알키오네우스의 고향 플레그라이를 지나갔다. 그들은 그곳에서 산 만큼 큰 목동 알키오네우스를 만났다. 그런데 거인 알키오네우스는 돌을 던져 두 대의 마차를 부수고 마차에 타고 있던 헤라클레스의 동료 스물네 명을 죽였다. 이에 헤라클레스와 텔라몬은 힘을 합쳐 알키오네우스의 목숨을 빼앗았다.

헤라클레스와 기가스 알키오네우스
흑색 도기 그림. 기원전 520년. 프랑스 메달 박물관

알키오니데스의 변신

10세기 말경 고대 그리스에 관한 방대한 백과사전 한 권이 비잔틴에

서 출간되었다. 이 백과사전의 제목은 『수다』이다. 이 백과사전의 표제어 '알키오니데스'의 기술 내용에 따르면 알키오네우스의 딸들인 알키오니데스는 헤라클레스에 의해 아버지가 죽자 슬픔을 이기지 못하여 바다에 몸을 던졌다. 그러자 포세이돈의 아내 암피트리테가 알키오네우스의 일곱 명의 딸을 물총새로 변신시켰다.

"그들은 기가스 알키오네우스의 딸들이다. 이들의 이름은 포스토니아, 안테, 메토네, 알키파, 팔레네, 드리모, 아스테리에이다. 아버지 알키오네우스가 죽자 그들은 펠레네의 가장 높은 곳인 카나스트라이온에서 바다로 몸을 던진다. 그러자 암피트리테가 그들을 새로 만든다. 그리고 그들은 아버지의 이름을 따 알키오네(Aklyone, 물총새)로 불린다." (『수다』)

알타이아 Althaea

요약

칼리돈 시의 왕 오이네우스의 아내이자 멜레아그로스의 어머니이다.

기본정보

구분	왕비
외국어 표기	그리스어: Ἀλθαία
관련 신화	칼리돈의 멧돼지, 알타이아의 장작

인물관계

아이톨리아 지방의 플레우론 도시의 왕 테스티오스의 딸이며 아이톨리아 지방의 수도인 칼리돈 도시의 왕 오이네우스의 아내이다.

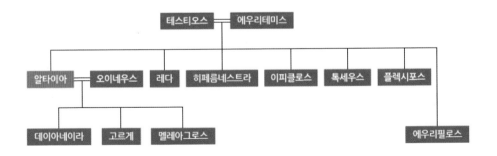

신화이야기

개요

『변신이야기』를 보면 아이톨리아의 수도 칼리돈의 왕비 알타이아가
아들 멜레아그로스를 낳았을 때 세 명의 운명의 여신(클로토, 케시스,
아트로포스)이 나타나 화덕에서 타고 있는 장작이 다 타버리면 아이의
숨도 동시에 꺼져버릴 것이라는 무서운 예언을 했다. 이에 놀란 알타
이아는 장작을 꺼내 물을 뿌려 식힌 후 집안의 가장 깊숙한 곳에 숨
겨 아들의 생명을 지켰다. 그렇게 멜레아그로스는 씩씩한 청년으로 성

장작불을 끄는 알타이아
요한 빌헬름 바우어(Johann Wilhelm Baur), 1659년
동판화. 오비디우스 『변신이야기』의 삽화

장했다. 그러나 인간
이 운명의 실을 잣고
있는 운명의 여신의
물레를 멈추려고 발
버둥친들 멈출 수는
없다.

운명의 여신들의 예
언이 이루어질 서막이
서서히 열렸다.

칼리돈의 멧돼지

멜레아그로스의 아버지 오이네우스는 풍년이 들자 그해의 첫 과일
을 신들에게 바치며 감사의 제사를 올렸다. 그러나 아르테미스의 제단
에만 제물을 올리지 않았다. 기분이 상한 아르테미스 여신은 칼리돈
을 아비규환으로 만들 복수의 메신저인 멧돼지를 보냈다. 난폭하기
이를 데 없는 멧돼지는 불같은 기세로 칼리돈을 휘젓고 다니며 곡식,
과일, 가축 할 것 없이 모두 쑥대밭으로 만들었다. 그러자 오이네우스
의 아들 멜레아그로스가 그리스 전역의 영웅들을 모아 멧돼지를 처치

하려고 했다. 멜레아그로스는 이때 그의 죽음을 재촉할 여자를 만난다. 그는 이미 결혼한 몸이었지만 테케아의 처녀 사냥꾼 아탈란테를 보고 사랑에 빠졌다. 순간의 사랑이 그의 마지막 운명의 실을 잣게 한 것이다.

칼리돈의 멧돼지 사냥 부조

사냥이 시작되었지만 난폭한 멧돼지를 죽이는 일은 쉽지 않았다. 멧돼지를 잡기는커녕 오히려 맹렬하게 날뛰는 멧돼지를 피하지 못하고 히포콘의 아들 에나이시모스가 죽임을 당했다. 이런 혼란의 와중에 아탈란테가 쏜 화살이 멧돼지의 귀 밑에 박혀 피가 뚝뚝 흐르자 멜레아그로스는 그녀의 용기에 합당한 명예를 얻게 될 것이라고 찬사를 보냈다. 그러나 아르카디아의 왕 리쿠르고스의 아들 안카이오스는 여자에게 진 것이 분해서 참을 수 없었다. 그는 남자가 여자보다 강함을 보여주겠다고 무모하게 나섰다가 멧돼지의 어금니에 사타구니 윗부분을 들이받쳐 그 자리에서 숨을 거두고 말았다. 멧돼지를 잡을 운은 오이네우스의 아들 멜레아그로스에게 돌아갔다. 이 행운이 결국 그의 죽음을 부르기는 했지만 말이다.

멧돼지의 등에 창을 꽂은 멜레아그로스는 아탈란테에게 자신의 전리품을 나눌 영광을 함께 누리겠다고 말하고 멧돼지의 가죽과 머리를 주었다. 문제는 누구도 그의 행동을 탐탁하게 여기지 않았다는 데에 있었다. 그 중 특히 테티우스의 아들이자 멜레아그로스의 외삼촌들인 톡세우스와 플렉시포스가 조카의 행동을 못마땅해했다. 그들은 아탈란테에게 자신들의 명예를 가로채지 말라고 말했다. 이에 격분한 멜레아그로스는 외삼촌인 그들의 가슴에 칼을 꽂아 죽였다.

알타이아의 장작개비

알타이아는 아들의 승리에 감사하기 위해 신들의 신전으로 제물을 들고 가다가 오빠들의 죽음을 알게 되었다. 비탄에 빠진 그녀는 비극적인 사건의 전말을 알게 되었고, 그녀는 아들을 선택할 것인지 오빠를 죽인 원수를 갚을 것인지 갈등하다가 결국 오빠의 원수를 갚기로 하였다. 그녀는 집안 깊숙이 숨겨두었던 아들의 생명줄인 장작을 꺼내 불구덩이에 던지기로 하였다. 어미된 마음으로 아들을 죽이는 것이 쉽지는 않았기에 순간 그녀는 멈칫했지만 결국 자신의 자궁의 열매를 타오르는 불길에 던져버렸다. 알타이아의 아들은 신음하며 연로한 아버지와 형제들과 누이와 아내를 부르며 숨을 거두었다. 아들이 죽은 후에야 비로소 알타이아는 어머니로서 자신이 얼마나 끔찍한 일을 저질렀는지를 깨닫고 칼로 자신을 찔렀다.

호메로스의 『일리아스』

『일리아스』는 다른 이야기를 전한다. 멜레아그로스가 외삼촌을 죽였다는 소식을 들은 알타이아는 자신의 친동생을 죽인 아들에게 죽음을 내려달라고 신들에게 열심히 기도하였다. 그녀의 기도를 들은 복수의 여신이 칼리돈을 전쟁으로 몰아넣었다. 칼리돈은 쿠레테스족과 전쟁을 벌여 수세에 몰렸다. 그러자 아이톨리아인들의 원로들이 멜레아그로스에게 사제를 보내 큰 선물을 약속하며 전투에 참여해 줄 것을 요청했다. 그리고 멜레아그로스의 아버지 오이네우스와 누이, 친한 친구들도 나서서 그에게 전쟁 참여를 간절히 빌었다. 그럼에도 그는 꼼짝도 하지 않았다. 마침내 아내 클레오파트라가 눈물로 애원을 하자 마음이 움직인 그는 전쟁에 참여하여 칼리돈 시민들을 구하였다. 그러나 약속된 보상은 아무 것도 받지 못했다고 한다.

암브로시아 Ambrosia

요약

그리스 신화에서 암브로시아는 넥타르와 함께 대표적인 신들의 음식이다.

호메로스에 따르면 넥타르는 신들이 마시는 음료이고 암브로시아는 신들이 먹는 음식을 뜻한다. 하지만 암브로시아는 몸에 바르는 향유로도 사용된다. 신들은 인간에게 불사의 몸을 주고자 할 때 암브로시아를 몸에 바르는 의식을 행하였다.

기본정보

구분	신의 음식
상징	불사, 불멸
외국어 표기	그리스어: ἀμβροσία
어원	불사의 것

신화이야기

개요

암브로시아는 신들이 먹는 음식으로 맑고 깨끗한 물과 올리브유, 과일즙, 꿀, 보리 등으로 만들어졌다고 한다. 암브로시아는 원래 신들만이 먹을 수 있는 음식이지만 탄탈로스, 아킬레우스, 아이네이아스 등 신들의 각별한 총애를 받는 인간 혹은 반신들에게는 예외적으로 허락되기도 하였다. 암브로시아를 먹은 인간은 신들처럼 불사의 존재가 될 수 있다고 한다. 암브로시아는 비둘기들이 올림포스 산에서 가져다주었다.

암브로시아는 음식으로 먹기만 한 것이 아니라 몸에 바르면 상처를 낫게 하고 불사의 몸으로 만들어주는 향유로도 사용되었다.

올림포스 신들의 음식
니콜라 다 우르비노(Nicola da Urbino), 1530년,
도자기 접시, 보이만스 반 뵈닝겐 미술관

암브로시아를 훔치다 벌을 받은 탄탈로스

탄탈로스는 제우스가 오케아노스와 테티스 사이에서 난 님페 플루토를 취하여 태어난 아들로, 리디아의 시필로스 산 부근을 다스리는 아주 부유한 왕이었다. 탄탈로스는 신들의 각별한 총애를 받아 신들의 식탁에 초대되곤 했지만 신들의 음식인 암브로시아와 넥타르를 훔쳐서 인간 친구들에게 주고 신들의 비밀을 누설하는 등 악행을 일삼다 결국 저승 타르타로스에 추방되어 영원한 갈증과 허기에 시달리는 벌을 받게 되었다.

탄탈로스는 타르타로스에서 물이 턱 밑까지 닿는 연못 안에 있지만 목이 말라 물을 마시려고만 하면 연못물이 뒤로 물러

형벌을 받은 탄탈로스
베르나르 피카르(Bernard Picart), 1733년경

나며 검은 바닥을 드러냈고, 머리 위에는 온갖 과일과 올리브가 주렁주렁 매달려 있지만 따려고 손을 뻗으면 바람이 불어와 그것들이 달려 있는 가지들을 하늘 높이 밀어올렸다. 이렇듯 과일과 물이 입에 닿을 듯 가까이 있었지만 탄탈로스는 결코 그것들을 먹고 마실 수 없었다. '애타게 만든다'는 뜻의 영어 단어 'tantalize'는 이러한 탄탈로스의 형벌에서 유래하였다.

암브로시아를 함부로 먹어치우다 괴물로 변한 카립디스

카립디스는 그리스 신화에서 오디세우스, 아르고호 원정대, 아이네이아스 등의 모험에 등장하는 무서운 바다 괴물이다.('카립디스' 참조)

카립디스는 원래 대지의 여신 가이아와 바다의 신 포세이돈 사이에서 태어난 여신이었다. 그런데 식탐이 너무 심해서 신들의 음식인 암브로시아와 넥타르를 함부로 먹어치우곤 했다. 보다 못한 제우스가 벼락을 내리쳐 그녀를 바다로 던져버렸다. 그리고는 영원히 채워지지 않는 허기를 바닷물로 달래도록 그녀에게

배를 난파시키는 카립디스 소용돌이
'알렉산드로 알로리(Alessandro Allori),
1575년경

하루에 세 번 엄청난 양의 바닷물을 들이마시게 하였다. 그녀가 거대한 아가리로 바닷물을 들이마셨다가 내뿜을 때면 주변에 엄청난 소용돌이가 생겨나 지나가는 배들을 침몰시켰다.

불사의 향유 암브로시아

그리스 신화에서 암브로시아는 신들이 인간을 불사의 몸으로 만들기 위해 발라주는 향유로도 등장한다. 아킬레우스의 어머니인 바다의

님페 테티스는 아들을 불사의 존재로 만들기 위해 몸에 암브로시아를 발라주고 불 속에 넣어 사멸(死滅)의 요소를 태워 없애는 의식을 행하다 아이의 아버지 펠레우스의 눈에 띄는 바람에 실패하고 말았다. 펠레우스는 아내가 아들을 불태워 죽이려는 줄 알고 빼앗아버렸던 것이다. 결국 테티스는 아들을 스틱스 강물에 담가 그 어떤 무기로도 상처를 입힐 수 없는 강철 같은 몸을 만들어주게 된다. 하지만 이때 손으로 아이의 발목을 잡고서 강물에 담갔기 때문에 물이 묻지 않은 부위가 아킬레우스의 치명적인 약점이 되었다.('아킬레스건') 나중에 트로이 전쟁에 참가한 아킬레우스는 그곳에 화살을 맞고 죽었다.

아킬레우스에게 암브로시아를 발라주는 테티스
요한 발타사르 프로브스트(Johann Balthasar Probst), 17~18세기, 에칭판화, 샌프란시스코 미술관

데메테르 여신도 어린 트리프톨레모스(혹은 데모폰)에게 불사의 몸을 주고자 했을 때 몸에 암브로시아를 바르고 불에 태우는 의식을 행했다. 하지만 이때도 놀란 아이 어머니가 방해하는 바람에 여신의 의도는 성공하지 못하였다.('트리프톨레모스', '데모폰' 참조)

암펠로스 Ampelus

요약

그리스 신화에 등장하는 젊고 아름다운 사티로스로, 포도나무를
의인화한 존재이다. 디오니소스의 사랑을 받았다.

기본정보

구분	사티로스
상징	포도나무, 와인
외국어 표기	그리스어: Ἄμπελος
어원	포도나무
관련 상징	포도나무, 황소
별자리	목동자리
가족관계	사티로스의 아들, 님페의 아들

인물관계

신화이야기

암펠로스는 디오니소스의 사랑을 받았던 젊고 아름다운 사티로스
였는데 일찍 죽어 디오니소스를 슬픔에 빠뜨렸다. 미소년 암펠로스의
죽음에 관해서는 두 가지 이야기가 전해진다.

그리스 시인 논노스의 버전

논노스의 『디오니소스 이야기』에 따르면 암펠로스는 소아시아의 리디아 숲에 사는 사티로스로 디오니소스의 사랑을 받았다. 그런데 어느 날 황소 사냥에 나섰다가 낙마하여 황소의 발굽에 밟혀 죽고 말았다. 디오니소스는 애인의 갑작스런 죽음을 몹시 슬퍼하였고 제우스는 그런 아들을 위로하기 위해 암펠로스를 포도나무로 만들어주었다. 디오니소스는 처음에 포도나무 새싹을 새의 뼈 속에 심

암펠로스와 디오니소스
조르지오 서머(Giorgio Sommer)
우피치 미술관

었다. 하지만 새의 뼈가 너무 작고 비좁아서 나무가 자라지 못하자 포도나무 새싹을 사자의 뼈 속에 옮겨 심었다가 나중에는 다시 노새의 뼈 속에 심었다. 이렇게 해서 디오니소스는 암펠로스가 변한 포도나무를 늘 품에 지니고 다니면서 온 세상에 포도나무 종자를 퍼뜨렸다.

로마 시인 오비디우스의 버전

오비디우스에 따르면 암펠로스는 사티로스와 님페의 결합으로 태어난 아들이었다. 디오니소스는 트라키아의 숲에 사는 아름다운 미소년 암펠로스를 무척 사랑하였다. 어느 날 암펠로스가 느릅나무를 휘감고 올라간 포도나무 넝쿨에 매달린 포도송이를 따려고 나무에 오르다가 그만 떨어져서 죽고 말았다. 디오니소스는 사랑하는 암펠로스의 죽음을 슬퍼하며 그를 하늘의 별자리로 만들어주었다.(목동자리)

암피아라오스 Amphiaraus

요약

그리스 신화에 나오는 아르고스의 전설적인 왕으로, 제우스와 아폴론의 보호를 받는 예언자 겸 치유자로 알려져 있다.

테바이 원정의 일곱 용사 가운데 한 명인 그는 마지막에 땅 속으로 삼켜져 신탁을 내리는 신적 존재가 되었다. 그가 내린 오로포스 신탁은 고대 그리스에서 가장 권위 있는 신탁으로 유명하다.

기본정보

구분	아르고스의 왕
상징	예지, 신탁
외국어 표기	그리스어: Ἀμφιάραος
관련 신화	테바이 공략 7장군, 아르고호 원정대, 칼리돈의 멧돼지 사냥, 오로포스 신탁, 네메아 경기
가족관계	오이클레스의 아들, 히페름네스트라의 아들, 에리필레의 남편, 에우리디케의 아버지

인물관계

암피아라오스는 오이클레스와 히페름네스트라의 아들이다. 그는 에리필레와 결혼하여 두 아들 알크마이온과 암필로코스 그리고 두 딸 에우리디케와 데모나사를 낳았다. 이탈리아 전설에 나오는 세 용사를 그의 아들로 추가하기도 하는데 로마 근교의 티부르(현재의 티볼리)를 건설한 티부르투스와 코라스 그리고 카틸루스가 그들이다.

신화이야기

아드라스토스와 암피아라오스

암피아라오스는 아르고스의 왕 오이클레스와 히페름네스트라의 아들로, 어머니 히페름네스트라는 테스티오스의 딸이다. 그의 예언자적 능력은 그의 증조할아버지 멜람푸스에게서 물려받았다. 몇 가지 전승에는 그가 히페름네스트라에 의해 태어난 아폴론의 자식으로 나타나지만 이는 그의 예언자와 치유자로서의 능력에 대한 수사학적 표현으로 보인다.

고대의 전승에서 암피아라오스는 주로 용맹한 영웅으로 그려진다. 칼리돈의 멧돼지 사냥에 나섰던 영웅 가운데 한 명이었던 그는 아탈란테 다음으로 멧돼지의 눈에 치명타를 입혔다. 그는 또한 아르고호 원정대의 일원이기도 했다.

그는 친척 관계인 아드라스토스와 함께 아르고스를 다스렸는데 분쟁이 일어나 아드라스토스의 아버지 탈라오스를 죽이고 아드라스토스를 추방했다. 훗날 두 사람은 화해했지만 아드라스토스의 마음 속 앙금은 풀리지 않았다. 아드라스토스는 여동생 에리필레를 암피아라오스와 결혼시키면서 만일 두 사람 사이에 또다시 분쟁이 생기면 에리필레의 판단에 따르기로 맹세하게 했다. 나중에 암피아라오스는 바로 이 약속 때문에 죽게 된다.('에리필레' 참조)

오이클레스의 아들 암피아라오스

테바이 공략 7장군

아드라스토스는 사위 폴리네이케스에게 테바이의 왕좌를 되찾아주기 위해 테바이를 공략하기로 결심하고 암피아라오스에게 테바이 원정에 참여할 것을 요구했다. 하지만 신적 예지를 통해 이 원정이 실패할 것이며 원정에 참여할 경우 자신이 죽음을 맞으리란 것을 알고 있던 암피아라오스는 이를 거부했다. '군대의 눈'이라 불리는 암피아라오스가 원정에 불참하겠다고 하자 다른 장수들도 별다른 의지를 보이지 않았다. 이때 폴리네이케스가 하르모니아의 목걸이로 에리필레의 환심을 샀고 남편을 설득해달라고 부탁하였다.

테바이 공략 7장군의 맹세
알프레드 처치의 『그리스 비극인들의 이야기(Stories from the Greek Tragedians)』에 실린 삽화, 19세기

이 목걸이는 하르모니아와 테바이의 창건자인 카드모스가 결혼할 때 헤파이스토스가 만들어 준 것인데 폴리네이케스가 테바이에서 도망나올 때 가져왔던 것이다.

에리필레가 남편에게 원정에 참여해야 한다고 요구하자 암피아라오스는 예전에

테바이 원정을 떠나는 암피아라오스
『노르드 가정서(Nordisk familjebok)』에 실린 삽화.
초판 1876년

아드라스토스와 했던 맹세 때문에 어쩔 수 없이 길을 떠나게 된다. 원정을 떠나기 전 그는 자신의 아들들에게 자신이 죽게 되면 어머니 에리필레를 죽여 아버지의 원수를 갚으라고 말하였다.

네메아 경기

테바이로 가는 도중 네메아에서 용사들은 마실 물이 없어 고통을 당했다. 일행은 그곳에서 왕의 아들 오펠테스를 돌보던 여자 노예 힙시필레에게 목을 축일 만한 샘이 있는 곳을 알려달라고 청했다. 그러자 힙시필레는 아기가 걷기 전에 땅에 내려놓지 말라는 신탁을 깜박 잊고 그들에게 길을 알려주기 위해 아기를 잠시 땅에 내려놓았다. 그 순간 뱀이 나타나 아기를 물어죽이고 말았다. 암피아라오스는 이 불길한 전조를 통해 원정은 실패하고 장군들이 죽을 것이라는 예언을 했다. 하지만 그들은 원정을 멈추지 않았다. 대신 다시 길을 떠나기 전 그들은 불행하게 죽은 아기 오펠테스에게 아르케모로스, 즉 '운명의 시작'이라는 이름을 붙여주고 그를 추모하는 경기를 시작하였다. 훗날 이 경기는 '네메아 경기'로 제정되어 매 2년마다 개최되었다.

암피아라오스는 이 경기에서 높이뛰기와 원반던지기에 참여하여 우승을 거두었다. 또한 기지를 발휘하여 오펠테스의 부모에게 힙시필레

의 용서를 구하는 데도 성공하는 등 많은 공로를 세웠다.

드디어 테바이에 도착하여 전쟁이 시작되었다. 일곱 장수 중 한 명인 티데우스는 멜라니포스와 대적하다가 두 명 모두 치명적인 상처를 입었다. 이때 아테나 여신이 불사의 약을 통해 티데우스를 불멸의 몸으로 만들려고 하는 것을 간파한 암피아라오스가 멜라니포스의 목을 잘라 그 머리를 티데우스에게 주었다. 자신의 반대에도 불구하고 테바이 원정을 주장했던 티데우스가 불멸의 몸이 되는 것을 원치 않았기 때문이었다. 티데우스는 피범벅인 멜라니포스의 머리를 받자마자 그 것을 쪼개 뇌를 꺼내 먹었다. 이런 잔혹한 행위에 질려버린 아테나 여신이 티데우스를 도우려는 뜻을 접자 티데우스는 곧 죽고 말았다.

전쟁이 끝나갈 무렵 더 이상 제우스가 테바이 원정의 일곱 용사들을 돕지 않을 것을 알게 된 암피아라오스는 이스메노스 강가로 몸을 피했다. 그때 적장 페리클리메노스에게 발견되어 최후를 맞으려는 순간, 자신의 예언자의 불행한 최후를 원치 않았던 제우스가 벼락을 내려 암피아라오스 앞의 땅을 갈라 그의 몸과 말 그리고 마차와 마부까지 모두 땅 속으로 삼켜버렸다.

오로포스 신탁

암피아라오스가 사라진 곳이라 여겨지는 아티카와 보이오티아 사이 오로포스 지역에 암피아라이온이라는 사원이 생겼다. 이곳은 고대 그리스에서 가장 권위 있는 신탁이 내리는 지역으로 유명했다.

암피아라이온 사원 유적지

암피온 Amphion

요약

그리스 신화에 등장하는 테바이의 왕이다.

쌍둥이 형제 제토스와 함께 테바이를 다스리며 일곱 성문이 달린 테바이 성을 축조하였다. 그의 아내 니오베는 자식의 많음을 레토 여신에게 뽐내다가 레토의 유일한 아들딸인 아폴론과 아르테미스의 손에 자식들을 모두 잃었다.

기본정보

구분	테바이의 왕
상징	칠현금, 음악
외국어 표기	그리스어: Ἀμφίων
어원	달의 보호를 받는 자
관련 상징	리라(칠현금)
가족관계	제우스의 아들, 안티오페의 아들, 제토스의 형제, 니오베의 남편

인물관계

암피온은 테바이 섭정 닉테우스의 딸인 안티오페와 제우스 사이에서 태어난 아들로 제토스와 쌍둥이 형제이다. 암피온은 리디아 왕 탄탈로스의 딸 니오베와 결혼하여 아들 일곱 명과 딸 일곱 명 혹은 각각 열 명씩을 낳았다.

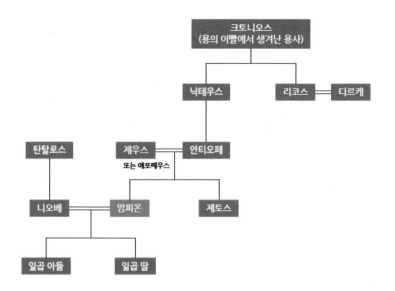

신화이야기

출생

암피온과 제토스는 당시는 카드메이아라고 불리던 테바이의 섭정 닉테우스의 딸 안티오페가 사티로스로 변신한 제우스와 정을 통해서 낳은 쌍둥이 아들이다. 안티오페가 쌍둥이를 임신한 채 시키온의 왕 에포페우스에게로 도망치자 닉테우스는 사랑하는 딸의 부정한 행실에 낙담하여 스스로 목숨을 끊었다.(혹은 에포페우스가 딸을 유혹하여 임신시켰다고 여겨 그와 결투를 벌이다 죽었다. '에포페우스' 참조) 닉테우스는 죽어가면서 동생 리코스에게 복수를 당부했고 리코스는 시키온으로 쳐들어가서 안티오페를 빼앗아왔다.

리코스는 질녀 안티오페가 테바이로 돌아오는 길에 쌍둥이를 출산하자 아이들을 카이론 산에 버리고 안티오페는 자신의 집으로 데려와서 아내 디르케의 노예로 삼았다. 산에 버려진 암피온과 제토스는 목동이 발견하여 집으로 데려가 길렀다.

돌을 움직이는 암피온의 리라 연주

쌍둥이는 목동의 집에서 건장한 청년으로 자랐다. 제토스는 무술과 목축 등 힘 쓰는 일을 좋아한 반면 암피온은 헤르메스에게 제단을 만들어 바치고 선물 받은 리라 연주에 몰두하였다. 그는 헤르메스에게서 받은 4현으로 된 리라(사현금)에 현 3개를 추가하여 7현으로 된 리라(칠현금)를 새로 만들었으며 오늘날의 장조에 해당하는 음계도 발명하였다. 그의 아내 니오베의 고향인 리디아에서 연주되는 리라는 모두 칠현금이었다고 한다.

제토스는 리라에만 열중하는 암피온을 틈만 나면 조롱했지만 암피온의 음악적 재능은 나중에 테바이 성을 축조할 때 제토스의 힘을 훨씬 능가하는 위력을 발휘하였다. 제토스는 돌을 등에 짊어지고 날랐지만 암피온은 리라를 연주하여 돌들이 스스로 성벽 쪽으로 움직이게 하였다. 일곱 개의 성문을 지닌 유명한 테바이 성은 이들 쌍둥이 형제의 작품이다. 일곱 개의 성문은 암피온이 연주한 리라의 7현을 본떠서 만들었다고 한다. 훗날 아르고스의 7장군이 테바이로 쳐들어와 성문을 각각 하나씩 맡아서 공격했지만 테바이 성의 일곱 개 성문은 하나도 파괴되지 않았다.('테바이 공략 7장군' 참조)

제토스와 암피온
1885년경, 미상

어머니 안티오페의 복수

한편 리코스의 궁에 노예로 들어간 안티오페는 리코스와 디르케에게 모진 학대를 당하고 있었다. 리코스는 질녀 안티오페가 아버지를 배신하여 결국 죽음에 이르게 만들었다고 여겨 미워하였고 디르케는 안티오페의 미모를 질투하였다. 그러던 어느 날 안티오페는 그녀를 묶고 있던 사슬이 제우스의 도움으로 저절로 풀린 덕분에 리코스의 궁을 탈출하여 두 아들과 만나게 된다. 처음에는 서로를 몰라본 어머니와 두 아들의 상봉이 극적으로 이루어진 뒤 암피온과 제토스는 어머니의 학대 사실을 듣고 복수를 다짐하였다. 무예가 출중하여 '백마를 탄 디오스쿠로이(제우스의 아들들)'라고도 불리던 두 형제는 리코스의 궁으로 쳐들어가 리코스와 디르케를 죽였다. 디르케의 죽음은 특히 끔찍했다. 형제는 그녀를 산 채로 황소 뿔에 묶어 바위투성이의 언덕을 끌고 다니며 갈가리 찢겨져 죽게 만들었다. 그 후 두 형제는 앞서 언급한 테바이 성을 쌓은 뒤 나라 이름을 카드메이아에서 테바이로 바꾸어 함께 다스렸다. 테바이는 제토스의 아내 테베의 이름에서 유래하였다.

돌로 변한 니오베

암피온은 리디아 왕 탄탈로스의 딸인 니오베와 결혼하여 일곱 아들과 일곱 딸을 낳았다.(전승에 따라 자식들의 수는 다르다) 니오베는 수많은 아들딸을 거느린 자신이 아들 하나 딸 하나 밖에 없는 레토 여신보다 더 낫다고 뽐내다가 레토의 자식인 아폴론과 아르테미스의 손에 자식들을 모두 잃었다. 자식을 잃은 니오베는 통한의 눈물을 흘리다 돌로 변하였다.

암피온은 스스로 목숨을 끊었다고도 하고 아폴론의 신전을 부수려하다가 아폴론이 쏜 화살에 맞아 죽었다고도 한다.

암피온과 제토스가 죽은 뒤에는 오이디푸스의 아버지 라이오스가 테바이의 왕이 되었다.

암피트리온 Amphitryon

요약

　티린스의 왕 알카이오스의 아들로 헤라클레스의 양부이다.

　숙부 엘렉트리온의 딸, 즉 사촌누이인 알크메네와 약혼하지만 우연한 사고로 장인이 될 엘렉트리온을 죽이게 되어 미케나이에서 추방되었다. 암피트리온은 알크메네와 함께 테바이로 가서 알크메네의 소원대로 처남들의 원수를 갚고 그녀와 첫날밤을 보낸 후 알크메네는 쌍둥이 아들 헤라클레스와 이피클레스를 낳았다.

기본정보

구분	영웅
외국어 표기	그리스어: Ἀμφιτρύων
관련 신화	헤라클레스, 알크메네, 엘렉트리온, 크레온

인물관계

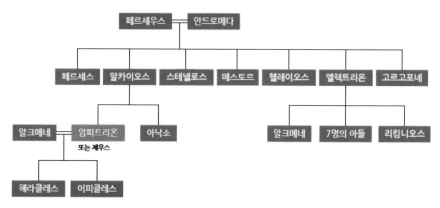

알카이오스의 아들이자 페르세우스의 손자이다. 숙부 엘렉트리온의 딸 알크메네와 결혼하여 쌍둥이 아들 헤라클레스와 이피클레스를 낳았다. 이 중 헤라클레스는 제우스의 아들이다.

신화이야기

암피트리온의 가계와 타포스인들과의 분쟁

암피트리온의 할아버지 페르세우스는 안드로메다와 결혼하여 페르세스, 알카이오스, 스테넬로스, 메스토르, 엘렉트리온 등의 아들을 낳았다. 페르세우스가 죽자 미케나이의 왕위는 엘렉트리온이 물려받고 알카이오스는 티린스의 왕이 되었다. 알카이오스의 아들인 암피트리온은 숙부 엘렉트리온의 딸 알크메네와 약혼을 했다. 페르세우스의 또 다른 아들인 메스토르의 손자 타피우스는 타포스 섬으로 가서 거기에 사는 사람들을 텔레보아이족이라 이름짓고 타포스 섬을 통치했는데, 타포스의 왕이 된 그의 아들 프테렐라오스가 나중에 엘렉트리온과 미케나이의 왕권을 두고 다툼을 벌이게 되면서 엘렉트리온의 딸과 약혼한 암피트리온이 이 분쟁에 휘말리게 된다.

암피트리온의 추방

이 분쟁은 타포스의 왕 프테렐라오스의 아들들이 미케나이로 와서 엘렉트리온에게 미케나이의 왕권과 관련하여 자신들의 할아버지, 즉 엘렉트리온의 형제인 메스토르의 몫을 요구하면서 시작되었다. 엘렉트리온이 이 요구에 응하지 않자 프테렐라오스의 아들들이 타포스인들을 이끌고 미케나이로 진격하여 막내 리큄니오스를 제외한 엘렉트리온의 아들들을 모두 죽이고 엘렉트리온의 소떼를 몰고 돌아갔다.

엘렉트리온은 알크메네와의 결혼을 원하는 암피트리온에게 소를 되찾고 아들들의 원수를 갚기 전에는 결혼을 허락할 수 없다고 하면서 그에게 소를 찾아올 것을 지시하였다. 암피트리온이 무사히 임무를 완수하고 소떼를 데려와 엘렉트리온에게 가져다주었는데, 바로 그때 암소 한 마리가 날뛰기 시작하였고 이에 암피트리온이 암소를 잡기 위해 막대기를 던졌는데 하필이면 그 막대기에 장인이 맞아죽었다. 이에 대해 『비블리오테케』는 다음과 같이 전하고 있다.

"암피트리온이 손에 들고 있던 막대기를 소에게 던졌는데 그 막대기는 암소의 뿔을 맞고 튕겨져 나와 엘렉트리온의 머리에 맞아 그를 죽게 했다."

그러자 엘렉트리온의 형제들, 특히 스테넬로스가 장인을 죽였다는 이유로 암피트리온을 미케나이에서 추방하고 자신이 미케나이의 왕위를 물려받았다. 암피트리온은 약혼녀 알크메네를 데리고 테바이로 갔다.

타포스 원정

테바이로 간 암피트리온은 테바이의 왕 크레온으로부터 죄씻김을 받고 그곳에 정착했다. 암피트리온은 알크메네와의 결혼을 원했지만 알크메네는 오빠들의 죽음에 대한 복수를 할 때까지는 청혼을 받아들일 수 없다고 말했다. 이에 암피트리온은 크레온 왕의 원군과 함께 타포스 섬으로 원정을 떠났다.

그런데 타피우스의 아들인 타포스 왕 프테렐라오스는 포세이돈의 손자였다. 포세이돈이 이전에 그 손자에게 황금빛 머리카락 하나를 심어놓아 그를 불사의 몸이 되게 했는데 암피트리온을 지독하게 사랑하게 된 타포스의 코마이토 공주가 사랑 때문에 아버지 프테렐라오스의 황금빛 머리카락을 없애버렸다. 이로 인해 더 이상 불사의 몸이 아닌 프테렐라오스는 필멸의 인간이 되어 숨을 거두었다. 코마이토 공주가 암피트리온을 사랑한 나머지 아버지를 죽게 하였지만 정작 암피트리온은 아버지를 배반하여 죽게 했다는 이유로 비운의 공주 코마이코를 처형했다. 그리고는 타포스 원정을 성공적으로 끝내고 약혼녀 알크메네가 있는 테바이로 돌아왔다. 그런데 별로 반기는 기색없이 시큰둥한 반응을 보이는 알크메네에게 암피트리온은 의구심을 품었다.

알크메네는 미모와 지혜 면에서 견줄 여인이 없을 정도였고 이를 제우스가 그냥 지나칠 리가 없었다. 헤시오도스의 『헤라클레스의 방패』는 알크메네에 대해 다음과 같이 전하고 있다.

> "알크메네는 부드러운 여인들 중에서도 미모가 수려하고 키가 컸으며 지혜를 두고 보더라도 필멸의 여자와 필멸의 남자가 몸을 섞어 낳은 여인들 중에서 그 어느 누구도 그녀에 견줄 수가 없었다."

제우스는 암피트리온이 오기 전날 밤에 바로 자신이 원하는 여자의 남편으로 변신하여 하룻밤을 세 배로 늘이며 기나긴 밤을 보냈던 것이다. 알크메네는 "그 어떤 여인들보다도 남편을 마음 속으로 존경하는 여인"(『헤라클레스의 방패』)으로 언급되어 있다. 그렇다면 그런 알크메네가 남편으로 변신한 제우스와 동침했다면 그녀는 과연 누구와 동침했다고 말해야 하는가?

후에 알크메네는 쌍둥이 아들을 낳았는데 『비블리오테케』에 의하면 "하룻밤 손위"인 헤라클레스는 제우스의 아들이고 다른 하나는 암피트리온의 아들이라고 한다.

암피트리온은 헤라클레스와 함께 에르기노스가 다스리는 미니아이 족과의 전투에서 싸우다 전사했다.

암피트리테 **Amphitrite**

요약

그리스 신화에 나오는 바다의 님페이다.
포세이돈의 아내로 바다의 여왕으로 불린다.

기본정보

구분	님페
상징	바다의 아름다움
외국어 표기	그리스어: Ἀμφιτρίτη
어원	아우성치다
로마 신화	살라키아(Salacia)
별자리	돌고래자리
관련 동물	돌고래, 물개
가족관계	네레우스의 딸, 도리스의 딸, 포세이돈의 아내, 트리톤의 어머니

인물관계

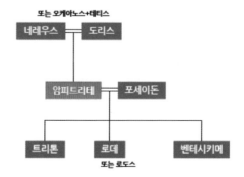

암피트리테는 바다의 노인 네레우스와 오케아니데스(오케아노스의 딸)의 하나인 도리스 사이에서 태어난 딸로, 바다의 지배자 포세이돈과 결혼하여 바다의 여왕이 되었다. 둘 사이에서는 해신 트리톤, 로데(로도스), 벤테시키메 등이 태어났다.

다른 이야기에 의하면 암피트리테는 오케아노스와 테티스 사이에서 태어난 오케아니데스의 하나라고도 한다.

신화이야기

개요

헤시오도스에 따르면 암피트리테는 해신 네레우스와 오케아노스의 딸인 도리스 사이에서 태어난 바다의 님페(네레이데스) 중 하나이고, 아폴로도로스에 따르면 오케아노스와 테티스 사이에서 태어난 바다의 님페(오케아니데스) 중 하나이다. 호메로스는 그녀를 "암피트리테의 큰 너울"이나 "노호하는 암피트리테"처럼 바다를 의인화한 형태로만 언급하였다.

암피트리테는 바다의 아름다움을 상징하며, 포세이돈의 아내로서 그녀는 신화에서 제우스의 아내 헤라나 하데스의 아내 페르세포네와 같은 역할을 하는 바다의 여왕으로 간주된다. 돌고래의 등에 타거나 돌고래나 트리톤이 끄는 조개 위에 올라탄 모습으로 등장한다.

암피트리테
프랑수아 드보(Francois
Theodore Devaulx), 1866년
루브르 박물관

암피트리테의 승리
샤를 나투아르(Charles-Joseph Natoire), 1730년대, 바르샤바 국립미술관

포세이돈과 암피트리테

　포세이돈은 낙소스 섬에서 자매들과 춤을 추고 있는 암피트리테의 모습에 반해 그녀에게 청혼했으나 암피트리테는 그의 청을 거절하였다. 하지만 포세이돈이 계속해서 구애하자 암피트리테는 지중해 가장

암피트리테
베르네르 판 덴 팔케르트(Werner van den Valckert), 1619년
코펜하겐 국립미술관

먼 곳에 있는 아틀라스에게로 도망쳐버렸다. 포세이돈은 바다의 동물들을 모두 동원하여 그녀를 찾게 하였고 마침내 돌고래가 그녀를 찾아냈다. 돌고래는 암피트리테를 열심히 설득하여 포세이돈의 청혼을 받아들이게 한 뒤 그녀를 등에 태우고 포세이돈의 궁으로 귀환하였다. 이에 포세이돈은 돌고래의 공을 치하하여 하늘의 별자리로 만들어주었다.(돌고래자리)

　다른 이야기에 의하면 포세이돈이 첫눈에 반해 사랑에 빠진 상대는 암피트리테가

아니라 그녀의 자매 테티스였다고 한다. 하지만 테티스가 낳은 아들이 아버지를 능가한다는 예언이 두려워 그녀를 포기하고 대신 암피트리테를 납치하여 아내로 삼았다는 것이다.

미술작품

넵투누스와 암피트리테
야콥 드 게인 2세(Jacob de Gheyn II), 16세기경
발라프-리차르츠 박물관

넵투누스와 암피트리테
파리스 보르도네(Paris Bordone)
1560년 경, 개인 소장

넵투누스와 암피트리테
세바스티아노 리치(Sebastiano Ricci)
1691∼1694년, 티센보르네미차 미술관

암피트리테의 승리
위그 타라발(Hugues Taraval), 1780년,
미드 미술관

에니오 Enyo

요약

그리스 신화에서 군신 아레스와 짝을 이루는 전쟁과 파괴의 여신이다. 아레스의 딸, 혹은 누이, 혹은 아내라고 하며 신화에서의 역할은 불화의 여신 에리스와 거의 비슷하다.

로마 신화에 나오는 전쟁의 여신 벨로나와 동일시된다.

기본정보

구분	개념이 의인화된 신
상징	전투, 살상, 파괴
외국어 표기	그리스어: Ἐνυώ
로마 신화	벨로나(Bellona)
관련 신화	트로이 전쟁, 티폰 전쟁
가족관계	제우스의 딸, 헤라의 딸, 아레스의 남매

인물관계

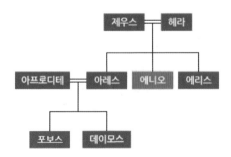

에니오는 대개 제우스와 헤라 사이에서 태어난 딸로 아레스의 누이라고 하지만 전승에 따라 아레스의 딸, 어머니, 아내 등 다양하게 언급된다. 에니오는 그밖에도 불화의 여신 에리스, 아레스의 쌍둥이 아들인 공포의 신 포보스와 데이모스 등과 자주 함께 등장한다.

신화이야기

전쟁의 여신

전쟁의 여신 에니오는 아레스와 함께 전쟁터를 누비며 도시를 파괴하고 피비린내 나는 살상을 자행했다. 호메로스는 『일리아스』에서 그녀를 아레스와 함께 트로이군의 전투를 돕는 여신으로 등장시켰다.

전쟁의 여신 벨로나
미 국회의사당 내 벽화

"(…) 그리고 아레스와 여신 에니오가 그들(트로이인들)을 인도했으니 그녀는 파렴치한 전쟁의 소음을 시종으로 데리고 다녔고 아레스는 손에 무시무시한 창을 들고 때로는 헥토르 앞으로 때로는 그의 뒤로 돌아다녔다."

퀸투스 스미르네우스의 『호메로스 후속편』에 따르면 에니오는 제우스와 헤라 사이에서 태어난 딸로 아레스와 남매지간이지만 다르게 전해지는 이야기에서는 아레스의 딸, 유모, 어머니, 아내 등 다양한 관계로 등장한다. 일반적으로 고대의 문헌에서 그녀의 이름은 아레스와 마찬가지로 전쟁과 동의어로 사용되었다.

에니오는 자주 불화의 여신 에리스와 동일시되었으며 아레스의 두 아들 포보스(공포), 데이모스(경악)와 함께 피비린내 나는 전투를 즐기는 모습으로 묘사되었다. 퀸투스 스미르네우스에 따르면 에니오는 아킬레우스의 방패에 에리스, 포보스, 데이모스와 함

벨로나
필립 갈레(Phillip Galle), 1574년
로스앤젤레스 카운티 미술관

께 잔인하고 파괴적인 모습으로 새겨져 있었다고 한다.

논노스는 『디오니시아카』에서 에니오가 싸움을 너무나 즐겨 제우스와 거대한 괴물 티폰 사이에 전쟁이 벌어졌을 때 어느 쪽도 편들기를 거부하고 전쟁터를 누볐다고 했다.

"에리스(불화)는 전쟁의 아수라장 속에서 티폰을 호위하였고 니케(승리)는 전투에서 제우스를 거들었다 (…) 에니오는 천둥과 번개가 하늘에서 우르릉 쾅쾅 불춤을 출 때 제우스와 티폰 사이에서 어느 쪽도 편들지 않고 균형을 유지하였다."

파우사니아스에 따르면 아테네의 아레스 신전에 에니오의 초상화가 있었다고 한다.

에라토 Erato

요약

  그리스 신화에 나오는 무사이(뮤즈) 중 한 명으로 사랑의 시와 춤을 관장하는 여신이다.

  '에라토'는 에로스에서 파생된 말로 사랑스럽다는 뜻이다. 에라토는 주로 머리에 장미 화관을 쓰고 리라나 키타라를 손에 든 모습으로 묘사되지만 횃불을 들고 에로스와 함께 등장하기도 한다.

기본정보

구분	무사이
상징	사랑의 시
외국어 표기	그리스어: Ἐρατώ
어원	사랑스러운
관련 상징	장미, 리라, 키타라
관련 신화	타미리스
가족관계	제우스의 딸, 므네모시네의 딸, 타미리스의 어머니

인물관계

  에라토는 우라노스와 가이아의 딸인 티탄 신족 므네모시네가 제우스와 결합하여 낳은 아홉 명의 무사이 자매 중 한 명이다. 엔디미온의 아들 아에틀리오스, 혹은 필람몬과 사이에서 전설적인 음유시인 타미리스를 낳았다.

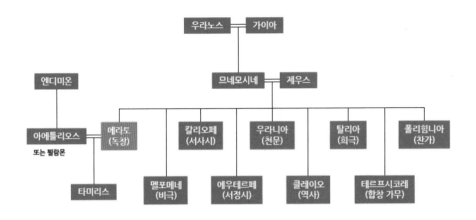

신화이야기

연애시의 여신

에라토
로마 시대 대리석상, 2세기
피오 클레멘티노 박물관

에라토는 그리스어로 '사랑스럽다'는 뜻으로 에로스와 같은 어원에서 나온 말이다. 에라토는 이름이 뜻하는 것처럼 사랑의 서정시 특히 에로틱한 사랑을 노래하는 연애시를 관장하는 무사이(뮤즈)이다. 그래서 아폴로니오스 로디오스는 『아르고나우티카』 3권에서 메데이아의 사랑을 노래할 때 에라토에게 영감을 청했으며, 베르길리우스도 『아이네이스』 7권에서 에라토의 힘을 빌어 라비니아와 아이네이아스의 사랑을 표현했다.

일설에 따르면 에라토는 키타라를 발명했다고도 한다. 그래서 그녀는 자주 키타라를 연주하는 모습으로 묘사된다.

타미리스의 어머니

에라토는 엔디미온의 아들 아에틀리오스, 혹은 필람몬과 사이에서 타미리스를 낳았다고 한다. 어머니의 재능을 물려받아 뛰어난 음유시인이 된 타미리스는 델포이에서 열리는 고대의 가장 유명한 노래 경연대회인 피티아 경기에서 세 번째로 우승을 차지한 인물로 알려져 있다. 피티아 경기의 첫 번째 우승자는 전설적인 음유시인 크리소테미스이고 두 번째 우승자는 필람몬이다.

에라토
시몽 부에(Simon Vouet), 1640년
뉴올리언스 미술관

하지만 타미리스는 자신의 재능과 실력을 과신한 나머지 자만에 빠져 무사이 여신들과 음악 경연을 벌였는데 결국 대결에서 패하여 여신들에 의해 시력과 목소리를 빼앗기는 불행을 맞았다.

무사이 여신

에라토는 아홉 명의 무사이 자매 중 한 명이다. '무사이'는 '무사(뮤즈)'의 복수형으로 아홉 자매를 통칭할 때 쓰이는 표현이다. 무사이는 기억의 여신 므네모시네와 제우스 사이에서 난 딸들인데 므네모시네는 올림포스 산 동쪽 피에리아에서 제우스와 9일 밤낮을 관계를 맺어

리라를 켜는 에라토
존 윌리엄 고드워드(John William Godward)
19세기 말/20세기 초, 아트 리뉴얼 센터 박물관

에라토 모습의 마리 앙투와네트
루드비히 구텐브룬(Ludwig Guttenbrunn)
1788년, 크론베르크 궁전 미술관

이들을 낳았다고 한다. 아홉 명의 무사이는 음악, 미술, 문학, 철학, 역사 등 광범위한 지적 활동을 관장하는 여신들로 시인, 음악가, 미술가 등에게 영감을 불어넣는 역할을 했다.

처음에 무사이는 멜레테(수행), 므네메(기억), 아오이데(노래) 세 명이었는데 헤시오도스가 이들을 아홉 명으로 언급한 뒤로 이들 자매의 수는 아홉 명으로 굳어졌고, 후대로 가면서 이들 아홉 자매가 관장하는 영역도 구체적으로 지정되었다. 에라토는 연애시, 칼리오페는 서사시, 클레이오는 역사, 에우테르페는 서정시, 멜포메네는 비극, 테르프시코레는 합창가무, 우라니아는 천문, 폴리힘니아는 찬가, 탈리아는 연극을

뮤즈들의 석관
150년경, 루브르 박물관 소장. 왼쪽부터 설명하면 대개는 나팔과 물시계를 들고 다니는데 여기서는 책을 들고 있는 역사 담당의 클레이오, 웃는 가면을 들고 있는 희극 담당의 탈리아, 연기를 담당하는 에라토, 플루트를 들고 있는 서정시의 여신 에우테르페, 골똘히 생각에 잠겨있는 찬가와 무언극의 여신 폴리힘니아, 월계관과 책을 들고 있는 서사시의 여신 칼리오페, 리라를 들고 있는 가무의 여신 테르프시코레, 지구의 및 나침반과 함께 있는 천문의 여신 우라니아 그리고 슬픈 가면을 쓰고 있는 비극의 무사 멜포메네이다.

각각 담당한다. 무사이는 음악과 예언의 신으로서 그녀들의 지도자 격인 아폴론 신과 함께 묘사될 때가 많으며 올림포스에서 열리는 신들의 연회에서 우미의 세 여신 카리테스, 계절의 여신 호라이 등과 함께 춤을 추기도 한다.

또 다른 에라토

그리스 신화에는 그밖에도 여러 명의 에라토가 등장한다.

1) 다나오스의 딸들인 50명의 다나이데스 중 하나로 아이깁토스의 50명의 아들 중 하나인 브로미오스와 결혼하였다. 에라토는 아버지의 명령에 따라 첫날밤에 남편을 살해하였다.('다나이데스' 참조)

2) 해신 네레우스와 도리스 사이에서 태어난 딸들인 네레이데스 중 한 명.

3) 테스피아이의 왕 테스피우스와 메가메데 사이에서 태어난 50명의 딸들 중 하나로 헤라클레스와 사이에서 아들 디나스테스를 낳았다.

4) 디오니소스를 키운 님페 중 한 명.

5) 나무의 님페 드리아데스 중 하나로 아르카스와 결혼하였다.

에레보스 Erebus

요약

그리스 신화에서 암흑을 의인화한 신이다.

에레보스는 신으로 지칭되기보다는 타르타로스처럼 하계(저승)의 일부로써 자주 언급된다.

기본정보

구분	개념이 의인화된 신, 태초의 신
상징	어둠, 저승
외국어 표기	그리스어: Ἔρεβος
어원	어둠, 암흑
가족관계	카오스의 아들, 닉스의 남편

인물관계

에레보스는 카오스에서 곧바로 생겨난 다섯 명의 태초의 신들 중하나이다. 밤의 여신 닉스와 관계하여 아이테르(공기)와 헤메라(낮) 등여러 자식들을 낳았다.

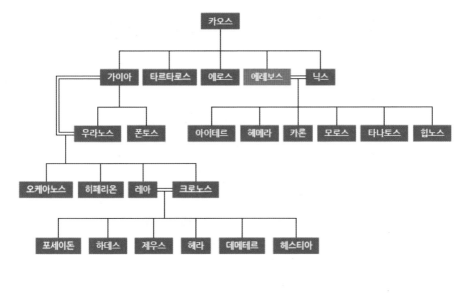

신화이야기

어둠의 탄생

『신들의 계보』에서 전하는 창조신화에 따르면 태초에 카오스가 생겨나고 카오스로부터 만물의 영원한 거주지인 넓은 가슴을 지닌 가이아, 심연의 안개에 뒤덮인 타르타로스, 신들 가운데 가장 아름다우며 모든 신과 인간들의 정신을 지배하는 에로스, 그리고 지하세계의 암흑의 신인 에레보스와 밤의 여신 닉스가 태어났다. 이들이 그리스 신화의 첫 세대 신들이다.

에레보스는 닉스와 사랑을 나누어 밝은 공기인 아이테르와 낮의 신 헤메라를 낳았다. 대지의 신 가이아는 어떤 남신과도 관계하지 않고 제일 먼저 하늘의 신 우라노스와 바다의 신 폰토스를 낳은 다음 다시 우라노스와 관계하여 오케아노스, 히페리온, 이아페토스, 테이아, 레아, 므네모시네, 크로노스 등 티탄 12신을 낳았다.

가이아와 우라노스 사이의 막내아들 크로노스는 어머니 가이아와 손잡고 아버지 우라노스를 거세하여 쫓아낸 다음 신들의 왕좌에 올

신들의 회합
자코포 주치(Jacopo Zucchi), 1576년, 개인 소장

랐다. 크로노스는 누이 레아와 관계하여 포세이돈, 하데스, 제우스 등 올림포스의 신들을 낳지만 그 자신도 막내아들 제우스에 의해 왕좌에서 쫓겨나는 신세가 된다. 제우스는 포세이돈과 하데스와 더불어 하늘과 바다와 하계(저승)를 나누어 통치하면서 그리스 신화의 올림포스 시대를 열었다.

에레보스와 닉스의 자식들

키케로와 히기누스에 따르면 에레보스와 닉스 사이에서는 밝은 공기와 대낮과 같이 이 세상의 긍정적인 측면을 대표하는 신들뿐만 아니라 운명의 여신 모로스, 죽음의 여신 케레스, 죽음의 신 타나토스, 그리고 타나토스의 쌍둥이 형제인 잠의 신 힙노스와 꿈의 신 오네이로스, 비난의 신 모모스와 재앙의 신 오이지스 등도 태어났다. 다른 이야기에 따르면 이 신들은 밤의 여신 닉스가 혼자서 낳았다고 한다. 그리스의 희극 작가 아리스토파네스는 사랑의 신 에로스를 에레보스와 닉스 사이에서 태어난 아들로 묘사한다. 그밖에도 저승의 강 스틱스(혹은 레테)에서 죽은 자들을 태워 하계로 데려가는 뱃사공 카론도 에레보스와 닉스 사이에서 난 자식이라고 한다.

에레보스와 타르타로스

이렇게 태초에 세상이 만들어질 때 말고 에레보스는 신화에서 거의 인격적인 존재로 등장하지 않으며 후대의 이야기에서는 주로 저승의 어두운 곳을 가리키는 말로써 사용된다. 하데스는 저승을 두 부분으로 나누어 죽은 자들이 처음 머무는 곳은 에레보스, 티탄 족 등이 갇혀 있는 더 깊은 곳은 타르타로스라고 불렀다고 한다.

신화해설

에레보스는 인격화된 신이라기보다는 태초에 생성의 에너지가 꿈틀대는 어둠으로 이해될 수 있다. 에레보스가 마찬가지로 밤의 어둠을 지칭하는 여신 닉스와 관계하여 밝은 공기와 낮을 생겨나게 하는 것이 어둠과 밝음의 대립적인 힘을 묘사하고 있다면 에레보스는 선악의 원리로도 작용하여 죽음, 비난, 재앙, 불화 등 세상의 어두운 면을 생겨나게 하거나 아예 생성의 역할을 잃고 저승으로 내려가 영원한 어둠의 일부가 된다.

에레크테우스 Erechtheus

요약

그리스 신화에 나오는 아테네의 전설적인 왕이다.

간혹 대장장이 신 헤파이스토스의 아들인 에리크토니오스와 혼동
되기도 한다. 딸의 희생 덕분에 이웃나라 엘레우시스와의 전쟁에 승리
하고 그 영토를 차지하였다.

기본정보

구분	아테네의 왕
외국어 표기	그리스어: Ἐρεχθεύς
어원	대지를 뒤흔드는 자
관련 신화	아테네 건국
가족관계	판디온의 아들, 프락시테아의 남편, 크레우사의 아버지, 판도라의 아버지

인물관계

에레크테우스는 판디온 1세와 제욱시페 사이에서 태어난 아들로 부
테스와 형제이고 누이로는 필로멜라와 프로크네가 있다. 부왕 판디온
이 죽은 뒤 에레크테우스는 왕권을 차지하였고 동생 부테스는 아테네
의 수호신인 아테나와 포세이돈의 사제가 되었다.

에레크테우스는 물의 님페 프락시테아와 결혼하여 케크롭스 2세, 판
도로스, 메티온 등의 아들과 프로토게네이아, 판도라, 프로크리스, 크

레우사, 크노니아, 오레이티이아, 메로페 등의 딸을 낳았다.

신화이야기

전쟁에 이기기 위해 딸을 희생시킨 에레크테우스

에레크테우스가 아테네를 통치하고 있을 때 이웃나라 엘레우시스와 전쟁이 벌어졌다. 엘레우시스 주민들은 동맹국인 트라키아의 왕 에우몰포스에게 원군을 청했다. 에우몰포스는 포세이돈과 키오네의 아들로 알려졌는데 키오네가 보레아스와 오레이티이아 사이에서 태어난 딸이므로 에우몰포스는 에레크테우스의 증손자가 된다.

에우몰포스의 공격으로 아테네가 위기에 빠지자 에레크테우스는 어떻게 해야 전쟁에 이길 수 있는지를 신탁에 물었다. 신탁은 딸 하나를 제물로 바쳐야 한다는 답을 내렸다. 에레크테우스는 고민 끝에 딸 한 명을 희생시키기로 결정했다. 그러자 에레크테우스의 딸들은 자신들 중 누구 하나가 희생되면 모두 따라 죽기로 맹세하였다. 결국 크토니아가 제물로 뽑혀 죽음을 맞았고 다른 딸들은 모두 스스로 목숨을 끊었다.

에레크테우스의 탄생
지오바니 바티스타 피라네시(Giovanni Battista Piranesi)

에레크테우스의 죽음

딸들을 모두 잃은 에레크테우스는 적장 에우몰포스를 죽이고 전쟁에 승리하여 엘레우시스를 아테네의 영토로 삼았다. 하지만 아들을 잃은 포세이돈은 에레크테우스를 그대로 놔두지 않았다. 에레크테우스는 분노한 포세이돈의 창에 찔려 죽었다고도 하고 포세이돈의 부탁을 받은 제우스의 번개에 맞아 죽었다고도 한다.

에레크테우스와 에우몰포스의 대결
아테네 시청 벽화, 1939년

에레크테우스가 죽은 뒤 아테네는 한동안 그의 친구인 테살리아 출신의 크수토스에 의해 통치되었다. 하지만 에레크테우스의 아들 중에서 아테네의 새 왕을 지명해달라는 아테네인들의 요구에 따라 크수토스는 케크롭스 2세를 왕으로 뽑았다. 그 뒤 크수토스는 케크롭스의 다른 형제들에 의해 아테네에서 쫓겨나고 말았다. 아테네의 왕위는 이후 케크롭스의 후손인 아이게우스를 거쳐 테세우스로 이어졌다.

에리크토니오스와 에레크테우스

호메로스는 『일리아스』에서 아테네를 "에레크테우스의 땅"이라고 불렀는데 이때 호메로스가 말하는 에레크테우스는 실제로는 헤파이스토스의 아들 에리크토니오스를 가리킨다.

그 때문에 에리크토니오스는 에레크테우스 1세로, 판디온의 아들 에레크테우스는 에레크테우스 2세로 표기되기도 한다. 아테네인들은 에레크테이스, 즉 에레크테우스의 자손들이라고 불리기도 한다. 아테네의 아크로폴리스에는 에레크테우스(혹은 에리크토니오스)를 모신 신전이 있다.

에르기노스 Erginus, Erginos

요약

그리스 신화에 등장하는 오르코메노스의 왕이다.

조공 문제로 테바이와 벌인 전쟁에서 헤라클레스가 이끄는 테바이 군에 패해 목숨을 잃었다. 헤라클레스는 이 공로로 테바이 왕 크레온의 맏딸인 메가라와 결혼하였다. 일설에 따르면 에르기노스는 전쟁에서 죽지 않고 살아서 젊은 여인과 결혼하여 두 아들을 낳고 천수를 누렸다고도 한다.

기본정보

구분	오르코메노스의 왕
외국어 표기	그리스어: Ἐργῖνος
관련 신화	헤라클레스의 모험
가족관계	필레오스의 형제, 트로포니오스의 아버지

인물관계

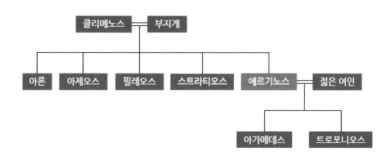

에르기노스는 보이오티아 지방의 오르코메노스에서 미니아이족을 다스리던 왕 클리메노스와 리코스의 딸 부지게 사이에 태어난 아들로 아론, 아제오스, 필레오스, 스트라티오스 등과 형제지간이다. 에르기노스는 신탁의 지시에 따라 늘그막에 젊은 여인과 결혼하여 두 아들 아가메데스와 트로포니오스를 낳았다.

신화이야기

에르기노스의 테바이 공략

에르기노스의 아버지 클리메노스는 온케스토스에서 열린 포세이돈 축제에 참가했다가 사소한 시비 끝에 테바이의 귀족 메노이케우스의 마부 페리에레스가 던진 돌에 맞아 목숨을 잃었다. 클리메노스는 죽어가면서 아들 에르기노스에게 복수를 당부했다. 아버지에 이어 오르코메노스의 왕위에 오른 에르기노스는 곧바로 군대를 소집하여 테바이를 공격했다. 테바이는 이 전쟁으로 많은 병사와 주민을 잃었을 뿐만 아니라 향후 20년 동안 매년 100마리의 소를 조공으로 바쳐야 하는 처지에 빠지고 말았다.

헤라클레스의 반격

하지만 당시 테바이에 거처를 두고 있던 헤라클레스가 이 조공에 반대했다. 키타이론 산의 사자를 사냥하고 테바이로 돌아오던 헤라클레스는 조공을 받으러 테바이로 가는 에르기노스 왕의 사신들과 마주치자 그들의 코와 귀를 베어 목에 걸게 한 다음 그것이 조공이니 에르기노스에게 갖다주라며 돌려보냈다. 이 같은 모욕에 분노한 에르기노스는 당장 다시 군사를 일으켜 테바이로 향했다. 에르기노스는 테바이의 왕 크레온에게 헤라클레스를 자신에게 넘기고 항복할 것을 요구했다. 두려움에 빠진 크레온 왕은 에르기노스의 요구에 응하려 했으나 헤라클레스는 쌍둥이 동생 이피클레스와 함께 테바이의 젊은 이들을 소집하고 자신은 아테나 여신에게서 받은 무기로 무장을 한 뒤 에르기노스의 군대와 전투를 벌였다.

헤라클레스는 결국 이 전쟁에서 승리하였고 오르코메노스의 왕 에르기노스도 죽였지만 전투 중에 양부(養父) 암피트리온이 적들의 손에 죽고 말았다.

헤라클레스는 오르코메노스를 정복하고 에르기노스가 테바이에 부과한 조공의 두 배를 테바이에 바치게 하였다. 테바이의 왕 크레온은 자신의 딸 메가라를 아내로 주어 헤라클레스의 공을 치하하였다.

젊은 여인을 아내로 얻은 에르기노스

하지만 또 다르게 전해지는 이야기에 따르면 에르기노스는 이 선생에서 죽지 않았다고 한다. 그는 전쟁에 패한 뒤 자신이 테바이에 요구했던 것의 두 배를 조공으로 바치는 조건으로 헤라클레스와 협정을 체결하고 나라를 다시 이끌었다. 많은 조공을 바치느라 재산이 거의 바닥이 나버린 에르기노스는 노령에 이르기까지 결혼을 하지 못했다. 자식을 갖고 싶었던 에르기노스는 델포이의 신탁에 문의했고 신탁은 에르기노스에게 쟁기를 바꾸라는 대답을 내렸다.

에르기노스는 신탁의 지시대로 하고 나서 젊은 여인을 아내로 얻었고 그녀와 사이에서 두 아들 아가메데스와 트로포니오스를 낳으며 천수를 누리다 죽었다.

에리고네 Erigone, 아이기스토스 딸

요약

   그리스 신화에 나오는 아이기스토스의 딸이다.

   아이기스토스는 미케네 왕 아가멤논을 살해하고 미케네를 통치하다 아가멤논의 아들 오레스테스에게 죽임을 당했다. 오레스테스는 아이기스토스의 아들 알레테스와 딸 에리고네도 죽이려 했지만 에리고네는 아르테미스 여신의 도움으로 목숨을 건지고 여신을 모시는 여사제가 되었다.

기본정보

구분	공주
외국어 표기	그리스어: Ἠριγόνη
별자리	처녀자리
관련 신화	탄탈로스 가문, 오레스테스

인물관계

   에리고네는 아이기스토스와 클리타임네스트라 사이에서 난 딸로 알레테스와 친남매 사이다. 클리타임네스트라와 아가멤논 사이에서 태어난 아들 오레스테스와는 아버지가 다른 남매지간이 된다. 일설에 따르면 에리고네는 오레스테스와 사이에서 아들 펜틸로스를 낳았다고 한다.

에리고네와 오레스테스 사이에는 흔히 탄탈로스 가문의 저주라고 불리는 집안 대대로 이어진 핏줄간의 뿌리 깊은 갈등이 작용하고 있다.('오레스테스', '알레테스' 참조)

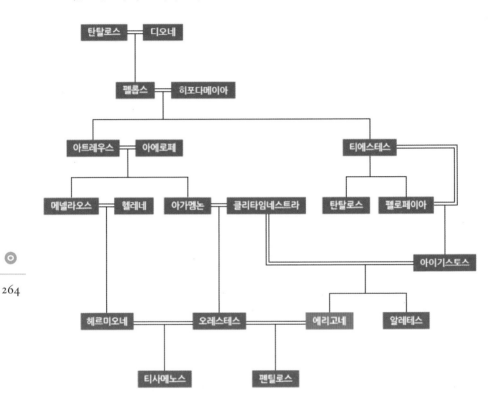

신화이야기

아가멤논의 죽음

에리고네의 아버지 아이기스토스는 미케네 왕 아가멤논이 트로이 전쟁에 나간 사이 클리타임네스트라를 유혹하여 그녀와 사이에서 에리고네와 알레테스 남매를 낳았다. 아이기스토스는 아가멤논이 전쟁에서 돌아오자 클리타임네스트라와 모의하여 그를 살해하고 미케네를 다스렸다. 하지만 나중에 그는 아버지가 살해당하던 날 유모의 도움으로 간신히 도망칠 수 있었던 아가멤논의 아들 오레스테스에 의해 목숨을 잃게 된다. 청년이 되어 미케네로 돌아온 오레스테스는 친어머니인 클리타임네스트라와 아이기스토스를 죽여 아버지의 원수를 갚았던 것이다.

오레스테스의 복수

하지만 그 뒤 오레스테스는 친어머니를 죽인 친족 살해범으로 미치광이가 되어 복수의 여신 에리니에스에게 쫓기는 신세가 되었다. 에리니에스의 저주에서 풀려나기 위해서는 머나먼 야만족의 나라 타우리스에 있는 아르테미스 신전의 여신상을 훔쳐서 그리스로 가져와야 한다는 신탁에 따라 오레스테스는 친구 필라데스와 함께 미케네를 떠나 타우리스로 갔다.

아이기스토스와 클리타임네스트라를 죽이는 오레스테스
베르나르디노 메이(Bernardino Mei), 1654년

미케네에 남아 있던 에리고네의 오빠 알레테스는 오레스테스가 타우리스에서 인신공양의 제물이 되었다는 소식을 듣고는 미케네의 왕위를 차지하였다. 하지만 이것은 잘못된 소식이었다. 오레스테스는 누이 이피게네이아의 도움으로 타우리스에서 무사히 아르테미스 여신상을 가지고 그리스로 돌아왔기 때문이다.('오레스테스' 참조) 광기와 저주에서 완전히 벗어난 오레스테스는 미케네로 돌아와 알레테스를 죽이고 아버지 아가멤논이 빼앗긴 왕권을 되찾았다. 오레스테스는 이때 에리고네도 함께 죽이려 했지만 아르테미스 여신이 그녀를 불쌍히 여겨 구해주었다고 한다. 아르테미스는 에리고네를 아테네로 데려가 자신의 신전을 돌보는 여사제로 삼았다.

에리고네의 죽음

에리고네의 죽음에 관해서는 두 가지 설이 있다. 첫 번째 이야기에 따르면 에리고네는 어머니 살해죄로 아테네의 법정에 오레스테스를 고발하였다고 한다. 하지만 오레스테스는 그것이 아버지 아가멤논의 억울한 죽음에 대한 복수였음을 주장하여 아테네의 법정으로부터 무죄 판결을 받았고, 에리고네는 분을 참지 못하고 스스로 목숨을 끊었다.

또 다른 이야기에 따르면 에리고네는 이부(異父)남매지간인 오레스테스와 사이에서 아들 펜틸로스를 낳았다고 한다. 펜틸로스는 오레스테스와 헤르미오네 사이의 아들인 이복형제 티사메노스와 함께 3년 동안 아르고스와 스파르타를 다스렸다.

에리고네 Erigone, 이카리오스의 딸

요약

그리스 신화에 등장하는 아테네 농부 이카리오스의 딸이다.

디오니소스의 사랑을 받았으나 아버지가 포도주를 나누어주다 아테네인들에게 맞아 죽자 나무에 목을 매고 자살하였다. 디오니소스는 아테네인들에게 벌을 내려 에리고네의 원혼을 달래주고 그녀를 하늘의 별자리로 만들었다.

기본정보

구분	신화 속 인물
외국어 표기	그리스어: Ἠριγόνη
별자리	처녀자리
관련 신화	주신(酒神) 디오니소스 신화

인물관계

에리고네는 아테네 농부 이카리오스의 딸로 디오니소스와 사이에서 아들 스타필로스를 낳았다.

신화이야기

에리고네의 집을 찾은 디오니소스

에리고네는 아테네의 가난한 농부 이카리오스의 딸로 디오니소스가 인간들에게 포도나무 재배법과 포도주 담그는 법을 가르쳐주러 그녀의 아버지를 찾아왔을 때 디오니소스의 사랑을 받았다. 오비디우스는 아라크네가 아테나 여신과 베 짜는 솜씨를 겨룰 때 그녀가 짠 천에 한 송이 포도로 변신한 디오니소스가 에리고네를 유혹하는 모습이 담겨 있다고 하였다. 에리고네와 디오니소스 사이에서는 아르고호 원정대에도 참여한 영웅 스타필로스가 태어났다.(스타필로스는 낙소스 섬에 버려진 아드리아네와 디오니소스 사이의 아들이라는 이야기도 있다)

이카리오스와 에리고네의 죽음

이카리오스는 디오니소스가 지시한 대로 자신이 담근 포도주를 이웃사람들에게 나누어주며 맛보게 하였다. 하지만 포도주를 마신 이들이 취해서 쓰러지자 사람들은 이카리오스가 자신들에게 독을 먹이려 했다고 여겨 몽둥이로 그를 때려죽였다.

이카리오스가 며칠이 지나도 집으로 돌아오지 않자 에리고네는 충견 마이라를 데리고 아버지를 찾아나섰다.

디오니소스와 이카리오스
로마 시대 모자이크, 3세기경, 디오니소스의 집, 파포스(키프로스)

마이라는 결국 숲 속에 매장도 되지 않은 채 버려져 있는 아버지 이카리오스의 시신을 찾아냈고 에리고네는 슬픔을 이기지 못하고 근처의 나무에 목을 매고 죽었다. 마이라도 근처의 우물에 몸을 던져 함께 죽었다고 한다.

디오니소스와 이카리오스
아래 모자이크의 부분 확대

디오니소스의 분노

에리고네와 이카리오스의 죽음에 분노한 디오니소스는 아테네인들에게 재앙을 내렸다. 그러자 아테네의 처녀들이 광기에 사로잡혀 에리고네처럼 스스로 나무에 목을 매고 죽기 시작했다.

아테네인들이 까닭을 몰라 델포이의 신탁에 문의하자 디오니소스가 에리고네와 이카리오스의 죽음에 복수하는 것이라는 답이 내려졌다. 이에 아테네인들은 이카리오스를 죽인 자들을 처형하고 두 부녀의 원혼을 달래는 제사를 지냈는데 제의가 진행되는 동안 아테네의 젊은 처녀들을 나무에 매달았다고 한다. 나중에는 처녀를 직접 매다는 대신 사람의 얼굴이 그려진 원반을 매달았는데 이것이 '오스킬라' 축제의 기원이다.

신들은 에리고네 부녀와 충견 마이라를 하늘의 별자리로 만들어주었다. 에리고네는 처녀자리, 이카리오스는 목동자리, 마이라는 큰개자리가 되었다.

에리니에스 Erinyes

요약

　그리스 신화에서 나오는 세 자매로 복수 및 저주의 여신들이다.
　에리니에스는 '광폭한 여신들'로 불리어지며 나중에는 '자비로운 여신들'로 불리어진다. 세 자매의 이름은 티시포네, 알렉토, 메가이라인데 이들은 항상 함께 떼를 지어 다닌다.

기본정보

구분	개념이 의인화된 신, 복수의 신
상징	복수, 징벌
외국어 표기	그리스어: Ἐρῑνύς
어원	광폭한 이들
로마 신화	푸리에, 디라이
관련 동물	뱀, 박쥐,
관련 신화	오레스테스,
가족관계	우라노스의 딸, 가이아의 딸, 닉스의 딸

인물관계

　에리니에스는 크로노스가 낫으로 아버지 우라노스의 성기를 자를 때 흐른 피가 대지에 스며들어 태어났다. 대지는 곧 가이아 여신을 의미하며 따라서 에리니에스는 우라노스가 거세된 후, 혹은 그 과정에서 대지의 여신 가이아와 결합해 낳은 자식들이다. 다른 이야기에 의하면 에리니에스는 밤의 여신 닉스의 딸이라고도 한다.

카오스

가이아 ——— 우라노스의 피

모자이자 부부

우라노스

헤카톤케이레스들
브리아레오스
기게스
코토스

티탄신족
오케아노스
코이오스
크리오스
히페리온
이아페토스
크로노스
레아
테티스
테이아
테미스
포이베
므네모시네

키클로페스

에리니에스

물푸레나무 요정들

24명의 기간테스
그중 애우리메돈

하데스　제우스　헤라　데메테르　헤스티아　포세이돈

신화이야기

개요

　에리니에스는 인물관계도에서 나타난 바와 같이 올림포스의 다른
어떤 신들보다도 훨씬 이전부터 존재했던 신들이다. 이들은 지하세계

에 살면서 죄지은 자들, 특히 살인자와 거짓 맹세를 하는 자들을 처벌하고 특히 부모 살해범에 대해서는 가차 없이 추적하여 가혹한 복수를 하며 심지어는 죽은 사람까지도 처벌하였다. 그리고 에리니에스는 가족이 살해당한 사람들이 복수를 미루는 경우에도 그 사람들을 가차 없이 추적하였다.

이 여신들의 외모에 대해 서로 다른 이야기가 있기는 하지만 머리에는 뱀이 꿈틀거리고 눈에는 피가 흐르며 머리는 개의 모습으로 혹은 박쥐의 날개를 가진 모습으로 묘사되는 등 무서운 모습으로 표현된다. 아테네 사람들은 후에 이 여신들을 '에우메니데스' 즉 '자비로운 여신들'로 부른다.

출생

『신들의 계보』에 의하면 크로노스가 우라노스를 거세할 때 흐른 피가 대지에, 즉 대지의 여신 가이아의 몸에 떨어져 에리니에스가 태어났고, 이때 사랑의 여신 아프로디테는 바다에 떨어진 성기의 살점으로부터 태어났다고 한다.

신화해설

에리니에스를 다룬 고대의 작품 중에서 가장 많이 거론되는 작품은 아이스킬로스의 3부작 비극 『오레스티에』이다. 이 3부작은 오레스테스 신화를 소재로 피의 복수 및 죽음의 복수에 나타난 불합리한 면을 보여주면서 복수의 여신들 에리니에스가 힘을 잃게 되는 과정을 보여주는데 에리니에스는 3부에서 등장하며 그 제목도 「에우메니데스」이다.

오레스테스는 델포이 신전의 신탁에 의해, 즉 델포이의 신인 아폴론

에리니에스에게 쫓기는 오레스테스
윌리앙 아돌프 부그로(William Adolphe Bouguereau), 1862년
크라이슬러 예술 박물관

의 명령에 의해 아버지를 살해한 복수를 하기 위해 어머니 클리타임네스트라를 살해했다. 그가 복수를 하지 않았다면 복수를 미룬다는 이유로 복수의 여신들에게 괴롭힘을 당했을 것이다. 그러나 오레스테스는 이제 모친의 살해범이라는 이유로 에리니에스의 가혹한 탄압을 받게 되며 급기야는 광기에 사로잡히게 되었다. 여기에서 피의 복수에 나타난 부조리한 면이 명백하게 드러난다.

　오레스테스는 에리니에스의 모진 탄압과 추적 속에서도 다시금 아폴론 신의 신탁에 의해 아테네 법정에서 재판을 받게 된다. 에리니에스가 검사로 아폴론이 변호사로 그리고 아테나 여신이 재판관으로 등장하는 이 재판에서 아폴론은 부계가 모계보다 우위에 있으므로 아버지의 복수를 위해 어머니를 살해한 오레스테스 남매는 무죄라고 주장했다.

　유죄인지 무죄인지를 결정하는 투표가 동 수로 나오자 재판관인 아테나 여신의 표가 판결을 결정하게 되었고 아테나 여신은 부계가 우선이므로 오레스테스 남매는 무죄라는 판결을 내렸다. 그러나 에리니에스는 이 판결에 분노하여 아테네의 모든 시민들을 괴롭히겠다고 위협했다. 이에 아테나 여신은 에리니에스가 '자비로운 여신들'로 변한다면 아테네에서 자신과 똑같은 숭배를 받을 것이라고 약속했고 분노를 가라앉힌 에리니에스는 그 이후로 '자비로운 여신들'로 불리게 되었다.

이 판결은 아테네의 사회 정치적 변화와 관련지어 설명된다. 아테네는 도시국가로 발전하면서 가족 중심의 씨족 사회에서 벗어나 가부장적인 체제와 더불어 국가의 체제를 확립하기 시작했는데 바로 이 시기에 아이스킬로스의 비극 「에우메니데스」가 쓰여졌다. 이 작품은 게롤트 돔머르트 구드리히가 주장한 바와 같이 개인 및 가족 중심으로 피의 복수를 주도해온 에리니에스가 도시국가 아테네의 수호신 아테나에 의해 무력해지는 과정을 보여주고 있다.

이는 곧 복수에 대한 책임이 가족으로부터 국가기관인 법정으로 전이되는 과정을 의미하는 것이다.

에리다노스 Eridanus

요약

   그리스 신화에 등장하는 강의 신으로 오케아노스와 테티스 사이에서 태어난 아들들 중 하나이다.

   에리다노스 강은 태양신 헬리오스의 아들 파에톤이 제우스의 벼락을 맞고 태양전차에서 추락하여 떨어진 곳이다.

기본정보

구분	강의 신
외국어 표기	그리스어: Ἠριδανός
어원	호박
별칭	에리다누스(Eridanus)
관련 신화	파에톤의 추락
별자리	에리다누스 자리
가족관계	오케아노스의 아들, 테티스의 아들

인물관계

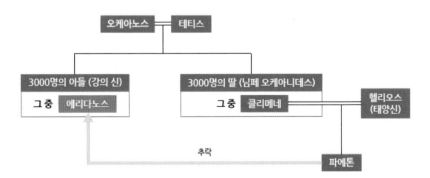

대양의 신 오케아노스와 테티스 사이에서는 3천 명의 딸 오케아니데스와 3천 명의 아들(강의 신)이 태어났는데 에리다노스는 그 중 한 명이다.

신화이야기

에리다노스 강으로 추락한 파에톤

파에톤은 태양신 헬리오스와 오케아니데스(오케아노스의 딸)인 클리메네 사이에서 난 아들인데 어느 날 어머니로부터 자신의 아버지가 태양신 헬리오스라는 말을 듣고 아버지를 만나기 위해 머나먼 동방에 있는 헬리오스의 궁을 찾아갔다. 아들을 만난 헬리오스가 소원을 물었고 파에톤은 태양신인 아버지의 태양전차를 몰아보고 싶다고 하였다. 이미 입 밖에 낸 약속이라 마음대로 거둘 수가 없었던 헬리오스는 너무 위험한 일이라며 다른 소원을 권했지만 파에톤은 고집을 꺾지 않았다. 헬리오스는 하는 수 없이 전차를 내주며 절대로 정해진 길을 벗어나지 말라고 신신당부하였다. 그러나 파에톤의 힘으로는 거친 천마들을 조종할 수 없었고 전차는 궤도를 이탈하고 말았다.

활활 타오르는 태양전차가 궤도에서 벗어나 제멋대로 달리기 시작하자 제우스는 온 세상이 불바다가 될 것을 우려하여 벼락을 내리쳤고 파에톤은 새카맣게 그을린 채 지상으로 추락하여 죽고 말았다. 파에톤이 떨어진 곳은 에리다노스 강이었다. 에리다노스는 불타는 파에톤의 몸을 강물로 식히고 어루만져주었다.(파에톤은 오케아노스와 테티스의 딸 클리메네의 아들이므로 클리메네와 남매간인 에리다노스에게는 조카가 된다) 파에톤의 누이 헬리아데스(헬리오스의 딸들)는 에리다노스 강가에 앉아 동생의 죽음을 하염없이 슬퍼하다 포플러나무로 변했고 그들이 흘린 눈물은 강물에 떨어져 호박(보석)이 되었다.

또 이 광경을 멀리서 지켜보던 스테넬로스의 아들 키크노스는 외가로 친척간이던 파에톤의 죽음을 슬퍼하다 백조로 변신하였다.

파에톤이 추락한 이후로 에리다노스 강에서는 계속해서 뜨거운 증기가 피어올라서 새들조차 강물을 건널 수 없었다고 한다. 그 위를 날아가다가는 중간에 불길에 휩싸여 강물 속으로 추락하였기 때문이다.

또 다른 신화 속의 에리다노스 강

에리다노스 강은 그리스 신화에 여러 차례 등장하는데 대체로 지금의 갈리아 지방에 있는 강으로 여겨졌

파에톤의 추락
조셉 하인츠(Joseph Heintz the Elder),
1596년, 라이프치히 조형예술 박물관

277

다. 헤라클레스는 열두 과업 중 하나인 헤라의 황금 사과를 가져오기 위해 헤스페리데스의 정원을 찾아가는 도중 에리다노스 강가에서 물의 님페들에게 길을 묻는다. 님페들은 헤라클레스에게 헤스페리데스의 정원으로 가는 길을 알려면 바다의 노인 네레우스를 찾아가라고 조언해주었다.

에리다노스 강은 또한 아르고호 원정대가 콜키스의 황금 양털을 찾으러 가는 여정에도 등장한다. 원정대는 이 강을 따라 켈토이족의 나라를 지나 아드리아 해에 도착하였다.

역사가 헤로도토스는 에리다노스 강을 오늘날의 포 강과 동일시하였고, 베르길리우스는 『아이네이스』에서 에리다노스를 하계를 흐르는 강으로 묘사하였다.

에리스 Eris

요약

에리스
아티카 흑색상도기, 기원전 550년경.
베를린 고미술관

그리스 신화에서 불화와 다툼이 의인화된 여신이다. 전쟁을 일으키는 악한 신의 모습과 경쟁심을 일으켜 열심히 일하게 만드는 유익한 신의 모습이 공존한다.

불청객으로 참석한 펠레우스와 테티스의 결혼식에서 '가장 아름다운 자에게 바친다'는 글귀가 새겨진 황금 사과를 하객들에게 던져 나중에 트로이 전쟁의 원인이 되는 분란을 일으켰다.

기본정보

구분	개념이 의인화된 신
상징	불화, 시기, 경쟁심
외국어 표기	그리스어: Ἔρις
어원	다툼
별자리	에리스
로마 신화	디스코르디아
관련 신화	파리스의 사과
가족관계	닉스의 딸, 제우스의 딸, 아레스의 남매

인물관계

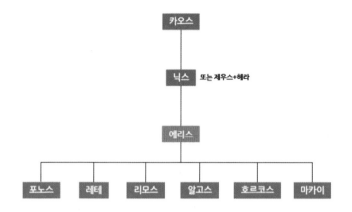

헤시오도스에 따르면 에리스는 밤의 여신 닉스가 홀로 낳은 딸이다. 포노스(노고), 레테(망각), 리모스(굶주림, 기아), 알고스(고통), 호르코스(맹세), 마카이(전쟁) 등이 에리스가 낳은 자식들이다. 제우스와 헤라의 딸로 군신 아레스와 남매지간이라는 이야기도 있고 아레스의 아내 혹은 시종이라는 이야기도 있다.

신화이야기

두 얼굴의 여신

헤시오도스는 『일과 날』에서 에리스에게는 두 가지 모습이 있다고 말한다. 하나는 다툼과 갈등을 일으키는 존재이고 다른 하나는 인간에게 유익한 경쟁심을 유발하는 존재이다.

불화(에리스)는 한 종류만 있는 것이 아니라
지상에는 두 종류가 있소.
그중 하나는 알고 보면 칭찬받겠지만

다른 하나는 비난받아 마땅하니 둘은 서로 기질이 다르오.

그중 하나는 잔인하게도 사악한 전쟁과 다툼을 늘리니

어느 누구도 그녀를 좋아하지 않소.

그러나 사람들은 어쩔 수 없이 불사신들의 뜻에 따라

불화에 경의를 표하지요.

그러나 다른 하나는,

어두운 밤(닉스)이 먼저 그녀를 낳자

하늘에 사시며 높은 자리에 앉아 계시는 크로노스의 아드님(제우

스)께서 대지의 뿌리 속에 앉히셨고

인간들에게 큰 이익이 되게 하셨소.

그런 불화는 게으른 사람도 일하도록 부추긴다오.

왜냐하면 일에서 처지는 자는

부자인 다른 사람이 서둘러 쟁기질하고 씨 뿌리고 알뜰하게 살림

을 꾸려나가는 것을 보며

저도 부자가 되려고 이웃끼리 서로 경쟁하기 때문이오.

그래서 이런 불화는 인간들에게 유익하다오.

불화의 황금 사과
야코프 요르단스(Jacob Jordaens), 1633년, 프라도 미술관

파리스의 판결

페테르 파울 루벤스(Peter Paul Rubens), 1639년, 프라도 미술관

그리하여 도공은 도공에게, 목수는 목수에게 화내고,

거지는 거지를, 가인은 가인을 시샘하는 것이라오.

파리스의 사과

트로이 전쟁의 영웅 아킬레우스의 아버지인 펠레우스와 해신 네레우스의 딸 테티스의 결혼식에는 올림포스의 모든 신들이 초대되었지만 단 한 명 불화의 여신 에리스만 초대를 받지 못했다. 이에 분노한 에리스는 불청객으로 결혼식에 찾아가 '가장 아름다운 자에게 바친다'는 글귀가 새겨진 황금 사과를 연회석에 던졌다. 그러자 이 사과를 아테나와 헤라와 아프로디테 여신이 서로 차지하겠다고 고집하면서 말썽이 생겼다.

세 여신의 다툼으로 골치가 아파진 제우스는 트로이의 왕자 파리스에게 심판을 맡겼다. 이에 헤라는 파리스에게 사과를 자신에게 주면 최고의 권력을 주겠다고 했고, 아테나는 누구보다 뛰어난 지혜를 약속했고, 아프로디테는 세상에서 가장 아름다운 여인을 주겠다고 했다.

사과는 아프로디테에게 돌아갔다. 하지만 파리스에게 그리스 최고의 미녀 헬레네를 안겨준 이 결정은 나중에 트로이 전쟁으로 이어지게 되고 테티스와 펠레우스의 아들 아킬레우스는 그 전쟁에서 목숨을 잃었다.

호메로스는 에리스에 대해 자신이 불러일으킨 사소한 다툼이 전쟁을 일으키게 되어도 이를 제지할 힘이 없으며 다만 죽어가는 사람들의 신음소리를 들으며 즐거워할 뿐이라고 묘사했다.

파리스의 심판
엔리케 시모네(Enrique Simonet), 1904년. 스페인 말라가 박물관

에리시크톤 **Erysichthon**

요약

  그리스 신화에 등장하는 무례하고 불경한 테살리아의 왕이다.
  주위의 경고를 무시하고 데메테르 여신에게 봉헌된 신성한 참나무 숲을 베었다가 채워지지 않는 굶주림에 시달리는 벌을 받아 결국 제 몸을 뜯어먹고 죽었다.

기본정보

구분	테살리아의 왕
상징	불경, 환경파괴
외국어 표기	그리스어: Ἐρυσίχθων
관련 상징	참나무
가족관계	트리오파스의 아들, 메스트라의 아버지

인물관계

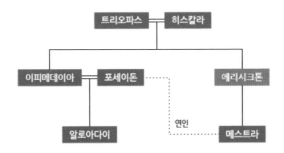

  에리시크톤은 트리오파스의 아들로 거인 형제 알로아다이의 어머니

인 이피메데이아와 남매 사이다. 에리시크톤에게는 포세이돈의 사랑을 받은 메스트라라는 딸이 있다.

신화이야기

데메테르의 신성한 숲을 베어버린 에리시크톤

테살리아 왕 에리시크톤은 신들의 분노를 두려워하지 않았다. 그는 식당을 지을 재목이 필요하자 데메테르 여신에게 봉헌된 신성한 숲의 나무들을 잘라서 사용하도록 하였다. 여신의 경고가 여러 차례 있었지만 아랑곳하지 않았다. 그는 데메테르 여신의 화관이 달린 커다란 참나무를 감히 아무도 베려 하지 않자 직접 도끼를 들고 나가 나무를 찍었다. 나무에서는 피가 흘렀다. 나무에 깃든 님페 하마드리아데스가 흘리는 피였다. 옆에서 이를 지켜보던 신하가 나서서 만류하자 에리시크톤은 그의 목을 베어버리고 신성한 나무를 기어코 쓰러뜨렸다.

에리시크톤과 메스트라
얀 스테인(Jan Steen), 1650~1660년
암스테르담 국립미술관

굶주림의 벌

데메테르 여신은 에리시크톤의 무례한 행동을 더 이상 두고 보지 않았다. 여신은 기아의 여신 리모스에게 명하여 에리시크톤을 채워지지 않는 굶주림에 시달리도록 하였다. 리모스는 에리시크톤의 집을 찾아가 잠자고 있는 그의 뱃속과 혈관에 허기를 뿌려놓았고 잠에서 깬 에리시크톤은 불같은 식욕을 느끼며 미친 듯이 먹어대기 시작했다. 하지만 아무리 먹어도 포만감은 찾아오지 않았다. 얼마 후 그는 도무지 채워지지 않는 허기를 달래줄 음식을 마련하느라 재산을 모두 탕진하고 말았다.

에리시크톤의 딸 메스트라

에리시크톤에게는 바다의 신 포세이돈의 사랑을 받는 메스트라라는 딸이 있었다. 더 이상 음식을 마련할 재산이 없게 된 에리시크톤은 하나 뿐인 딸을 많은 돈을 지불하는 구혼자에게 팔아버렸다. 메스트라가 포세이돈에게 구해달라고 빌고, 포세이돈이 그녀에게 모습을 마음대로 바꿀 수 있는 능력을 주어 그녀는 어부로 변신하여 팔려간 집에서 빠져나올 수 있었다.

딸이 집으로 돌아오자 에리시크톤은 다시 딸을 구혼

에리시크톤과 그의 딸 메스트라
요한 빌헬름 바우어(Johann Wilhelm Baur), 17세기
오비디우스 『변신이야기』의 삽화

자에게 팔아 음식을 샀다. 메스트라는 이번에는 암말로 변신하여 다시 집으로 돌아왔다. 딸의 능력을 알아차린 에리시크톤은 계속해서 딸을 팔아 음식을 조달하였다. 하지만 그의 굶주림은 점점 더 심해져 갔고 마침내 딸이 마련하는 음식으로도 허기를 면할 수 없게 되자 그는 제 사지를 찢어 그것을 제 입으로 물어뜯기 시작했다. 제 몸을 먹음으로써 제 몸을 먹였던 것이다.

에리시크톤의 신화는 최근 들어 환경파괴의 결과를 경고하는 비유로써 자주 언급되고 있다.

에리크토니오스 Erichthonius

요약

   그리스 신화에 등장하는 아테네 초기의 왕 중 한 명으로 대장장이신 헤파이스토스의 아들이라고 한다.

   왕위에 오른 뒤 아테나 여신을 기르는 판아테나이아 제전을 창설하였고 네 마리의 말이 끄는 전차도 발명하였다.

기본정보

구분	아테네의 왕
외국어 표기	그리스어: Εριχθόνιος
어원	대지에서 태어난 자
별자리	마차부자리
관련 상징	뱀
관련 신화	아테네 건국
가족관계	가이아의 아들, 헤파이스토스의 아들, 판디온의 아버지

인물관계

   에리크토니오스는 헤파이스토스가 흘린 정액이 대지에 스며들어 태어났으므로 헤파이스토스와 가이아의 자식이라고 하며, 일설에는 헤파이스토스와 아테네의 왕 크라나오스의 딸인 아티스 사이에서 태어났다고도 한다. 아테나 여신에 의해 양육되어 나중에 아테네의 왕이 된 뒤 물의 님페 프락시테아와 결혼하여 판디온을 낳았다.

판디온은 아테네의 전설적인 왕 에레크테우스의 아버지이다.

신화이야기

출생

에리크토니오스는 대장장이 신 헤파이스토스가 아테나 여신에게 욕정을 품어 태어난 아들로 알려져 있다.

아테나 여신은 전쟁에 쓸 무기를 얻기 위해 헤파이스토스의 대장간을 찾아갔는데 마침 아프로디테에게 버림받은 헤파이스토스가 아테나에게 반해서 그녀를 끌어안고 사랑을 나누려 했다. 하지만 아테나

아테나에게 에리크토니오스를 건네는 가이아(오른쪽은 케크롭스)
빌헬름 로셔의 『그리스 로마 신화 사전』에 실린 삽화, 1845년

는 끝내 거절하였고 욕정을 주체하지 못한 헤파이스토스는 아테나의 다리에 사정을 하고 말았다. 불쾌해진 아테나가 양털로 헤파이스토스의 정액을 닦아서 땅에 던졌는데 이로 인해 대지가 임신하여 에리크토니오스가 태어났다.

에리크토니오스는 '대지에서 태어난 자'라는 뜻이다. 그러니까 에리크토니오스의 친모는 대지의 여신 가이아가 된다. 하지만 가이아는 뜻밖에 생긴 아이를 달가워하지 않았고 아테나는 가이아의 성화에 못이겨 아이를 거두어 아들로 삼았다.

여신은 아이를 불사신으로 만들기 위해 뱀이 지키는 바구니에 넣어 케크롭스의 딸들에게 맡기며 절대로 열어보지 말라고 당부했다. 하지만 호기심을 이기지 못한 케크롭스의 딸들이 바구니를 열어보고는 뱀이 아기를 휘감고 있는 모습에 놀란 나머지 아크로폴리스 언덕에서 투신하여 자살하였다.

일설에는 아이의 하반신이 뱀이었다고 한다. 케크롭스의 딸들이 바구니를 열자 아이가 뱀의 다리로 기어 나와 아테나의 방패 뒤에 숨었고 이를 본 처녀들이 공포에 질려 실성하여 투신했다는 것이다. 아무튼 일이 그 지경이 되자 아테나는 하는 수 없이 에리크토니오스를 바구니에서 꺼내서 파르테논 신전에서 길렀다고 한다.

또 다른 이야기에 따르면 에리크토니오스는 헤파이스토스가 아티카의 왕 크라나오스의 딸인 아티스와 관계하여 낳은 아들이라고 한다.(『비블리오테케』) 호메로스는 『일리아스』에서 그의 이름을 에레크테우스라고 언급하였는데, 그래서 그는 에레크테우스 1세라고 불리기도 한다.

오비디우스는『변신이야기』에서 그를 "어미 없이 태어난 자식"이라고
불렀다.

289

아테네의 왕이 된 에리크토니오스

에리크토니오스는 어른이 된 뒤 크라나오스로부터 왕위를 찬탈한
암픽티온을 몰아내고 아테네의 왕이 되었다. 그는 물의 님페 프락시테
아와 결혼하였는데 프락시테아는 그와 자주 혼동되는 손자 에레크테
우스 아내의 이름이기도 하다. 두 사람 사이에서는 나중에 그의 뒤를
이어 아테네의 왕위에 오르는 아들 판디온이 태어났다.

아테네의 왕이 된 에리크토니오스는 아크로폴리스에 아테나 여신
의 올리브나무 조각상을 세우고 그녀를 기리는 제전인 판아테나이아
경기를 창설하는 등 아테나 여신에 대한 신앙을 장려했다. 그는 또 전
차(4두마차)를 발명했는데 이는 하반신이 뱀이어서 빠르게 달릴 수 있
는 다리가 없었기 때문
이었다고 한다.

그는 죽어서 하늘에
올라 마부자리가 되었
다. 그의 무덤은 아크로
폴리스에 있는 아테나
여신의 성역에 있는데
이곳을 아테네인들은
에레크테이온이라고 불
렀다.

에리크토니오스를 본 케크롭스의 딸들
빌렘 반 헤르프(Willem van Herp), 1650년, 개인 소장

에리필레 Eriphyle

요약

   그리스 신화에 등장하는 아르고스의 통치자이자 예언자인 암피아라오스의 아내이다.

   에리필레는 하르모니아의 목걸이에 매수되어 남편 암피아라오스에게 참전을 종용하여 결국 죽음에 이르게 하였다. 암피아라오스는 전쟁의 패배와 자신의 죽음을 내다보고 7장군의 테바이 원정에 참여하지 않으려 했던 것이다. 암피아라오스는 원정길에 나서며 두 아들에게 복수를 당부하였고 결국 에리필레는 아들 알크마이온의 손에 목숨을 잃었다.

기본정보

구분	왕비
상징	뇌물, 매수
외국어 표기	그리스어: Ἐριφύλη
관련 신화	7장군의 1차 테바이 원정, 에피고노이의 2차 테바이 원정

인물관계

   에리필레는 아르고스 왕 탈라오스가 예언자 멜람푸스의 손녀 리시마케와 결혼하여 낳은 딸로 아드라스토스의 누이이다. 에리필레는 사촌 암피아라오스와 결혼하여 두 아들 알크마이온과 암필로코스, 그리고 두 딸 에우리디케와 데모나사를 낳았다. 에리필레와 암피아라오스는 각각 아르고스를 공동으로 통치하는 세 가문 중 둘인 멜람푸스 가문과 비아스 가문의 후손이다.

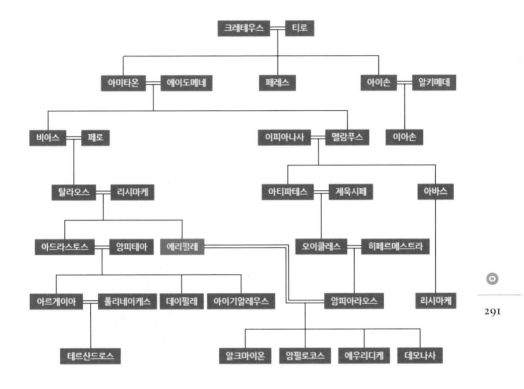

신화이야기

오이디푸스의 두 아들과 테바이 공략 7장군

테바이의 왕 오이디푸스는 자신의 혈통을 미처 알지 못한 채 생부를 살해하고 생모와 결혼하여 자식까지 낳은 뒤 나중에 사실을 알고 제 손으로 두 눈을 찔러 눈알을 도려냈다.

오이디푸스가 테바이를 떠난 뒤 두 아들 폴리네이케스와 에테오클레스 사이에 왕권 다툼이 벌어졌다. 처음에 두 형제는 1년씩 번갈아가며 테바이를 다스리기로 약속했지만 먼저 왕위에 오른 에테오클레스가 약속을 깨고 폴리네이케스를 테바이에서 추방하였던 것이다.

이에 폴리네이케스는 아르고스로 가서 아드라스토스 왕의 지원을 얻어 다시 테바이로 쳐들어오게 되는데 이것이 '테바이 공략 7장군'의 1차 테바이 원정이다.

에리필레에게 하르모니아의 목걸이를 선물한 폴리네이케스

7장군의 한 명이자 예언자인 암피아라오스는 자신들의 원정이 실패로 돌아갈 것이며 아드라스토스를 제외한 나머지 장군들이 모두 전투에서 목숨을 잃게 되리라는 것을 알았다. 그래서 그는 참전을 거부하였을 뿐만 아니라 아드라스토스와 다른 장군들도 만류하려 하였다. 다른 장군들이 동요하자 폴리네이케스는 암피아라오스를 전쟁에 참여시킬 궁리를 하던 중 알렉토르의 아들 이피스로부터 암피아라오스가 아내 에리필레의 말을 절대로 거역하지 못한다는 사실을 들었다.

폴리네이케스에게서 하르모니아의 목걸이를 받는 에리필레
아티카 적색상도기, 기원전 450년
루브르 박물관

폴리네이케스는 테바이에서 가져온 귀중한 하르모니아의 목걸이를 에리필레에게 선물하면서 남편을 설득해달라고 부탁하였고 결국 암피아라오스는 아내의 요구로 원치 않는 전쟁에 나가게 되었다.

아내 에리필레의 말을 거역할 수 없는 암피아라오스

암피아라오스가 아내의 말을 거역할 수 없는 데에는 이유가 있었다. 암피아라오스의 아내 에리필레는 아드라스토스 왕의 누이동생이다. 암피아라오스와 아드라스토스는 모두 아르고스의 왕 프로이토스가

예언자 멜람푸스와 그의 동생 비아스에게 나라를 삼등분하여 나누어
준 이래로 아르고스를 함께 다스려온 세 가문의 후손이다.('멜람푸스'
참조) 암피아라오스는 멜람푸스의 후손이고 아드라스토스는 비아스
의 후손인데, 두 가문 사이에 분쟁이 발생하여 암피아라오스가 아드
라스토스의 아버지 탈라오스를 죽이는 일이 발생했다.

나중에 아드라스토스는 암피아라오스와 화해하기 위해 자신의 누
이동생인 에리필레를 아내로 내주었고 두 사람은 앞으로 분쟁이 일어
나면 에리필레에게 중재를 맡기고 그 결정에 따르기로 약속하였다.

목걸이에 매수된 에리필레

테바이 원정에 참가하면 자신이 목숨을 잃게 되리란 걸 알고 있었
던 암피아라오스는 폴리네이케스가 아내에게 접근하여 자신을 참전
시키려 하리란 걸 내다보고 폴리네이케스로부터 어떤 선물도 받지 말
라고 신신당부했다. 하지만 에리필레는 결국 하르모니아의 목걸이에
매수되었고 전쟁 준비에 몰두하고 있던 아드라스토스에게 유리한 방
향으로 공정하지 못한 결정을 내렸다. 하는 수 없이 사지로 나가게 된
암피아라오스는 두 아들 알크마이온과 암필로코스에게 자신의 원수
를 갚으라고 명하고는 테바이 원정길에 올랐다.

그의 예언대로 테바이 원정은 실패로 끝났고 암피아라오스를 비롯
한 7장군은 아드라스토스 한 명만을 제외하고 모두 전쟁터에서 목숨
을 잃었다.

에피고노이의 2차 테바이 원정과 다시 매수된 에리필레

그로부터 10년 뒤 7장군의 아들들은 테바이 원정에서 죽은 아버지
들의 원수를 갚기로 결정하고 다시 테바이 공략에 나섰는데 이들을
에피고노이(나중에 태어난 자들)라고 부른다. 2차 테바이 원정을 준비하
면서 에피고노이는 신탁에 전쟁의 승리 여부를 물었다. 델포이의 무녀

는 암피아라오스의 아들 알크마이온을 전쟁에 끌어들이면 승리할 수 있다는 답을 주었다.

알크마이온은 비록 아버지의 당부가 있었지만 다시 전쟁을 일으키는 것이 썩 내키지 않았다. 그러자 폴리네이케스의 아들 테르산드로스가 1차 원정 때 아버지가 했던 것처럼 다시 알크마이온의 어머니 에리필레를 뇌물로 매수하여 아들에게 참전을 종용케 하였다.

테르산드로스가 에리필레에게 건넨 뇌물은 하르모니아가 테바이의 시조 카드모스와 결혼할 때 입었던 결혼예복이었다. 결국 알크마이온은 어머니 에리필레의 끈질긴 청을 물리치지 못하고 2차 테바이 원정에 합류하였다.

어머니 에리필레를 살해한 알크마이온

2차 원정은 에피고노이의 승리로 끝났다. 에피고노이는 테바이의 왕 에테오클레스의 아들 라오다마스를 죽이고(혹은 쫓아내고) 테르산드로스를 테바이의 왕위에 앉힌 다음 고국 아르고스로 돌아갔다. 집으로 돌아온 알크마이온은 아버지 암피아라오스의 유언대로 어머니 에리필레를 죽여 아버지의 원수를 갚았다.

하지만 복수의 여신 에리니에스는 어머니를 살해한 알크마이온을 용서하지 않았다. 알크마이온은 미치광이가 되어 복수의 여신들에게 쫓기며 그리스 전역을 방황하였다. 그는 어떻게 하면 복수의 여신들로부터 벗어날 수 있을지를 신탁에 물었고 신탁은 그가 어머니를 죽일 때 아직 햇빛이 비치지 않은 곳으로 가야 한다는 답을 내렸다. 신탁이 말한 장소는 아켈로오스 강 하구였다. 알크마이온은 그곳에 가서야 비로소 안식을 얻을 수 있었다.

호메로스는 『오디세이아』에서 에리필레를 "값진 황금을 받고 사랑하는 남편을 판 가증스러운" 여인이라고 평하였다. 오디세우스가 예언자 테이레시아스를 만나기 위해 저승에 내려갔을 때 그곳에서 에리필레를 보았다고 한다.

에릭스 Eryx

요약

그리스 신화에 등장하는 왕이다.

아프로디테의 신전으로 유명한 시칠리아의 산 에리체의 이름이 그에게서 유래하였다. 헤라클레스의 소를 빼앗으려고 권투 경기를 신청했다가 패해 죽임을 당했다.

기본정보

구분	왕
외국어 표기	그리스어: Ἔρυξ
관련 지명	에리체(산), 에리체(도시)
관련 신화	헤라클레스의 12과업
가족관계	아프로디테의 아들, 부테스의 아들, 포세이돈의 아들

인물관계

에릭스는 아프로디테 여신과 아르고호 원정대의 영웅 부테스 사이에서 태어난 아들로 알려졌지만 일설에는 아프로디테와 포세이돈 사이의 아들이라고도 한다.

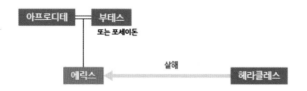

신화이야기

아프로디테와 부테스

에릭스의 아버지 부테스는 아르고호 원정대의 일원이었다. 부테스는 아르고호가 세이렌의 섬을 지날 때 원정대의 영웅들 중 세이렌의 노랫소리를 더 가까이서 들으려고 바다로 뛰어든 유일한 인물이었다.

당시 아르고호 원정대에는 리라의 명인 오르페우스가 있었는데 세이렌의 유혹적인 노랫소리가 들려오자 재빨리 리라를 연주하여 세이렌의 위력을 약화시켰다.

아프로디테는 바다에 빠져 익사하기 직전의 부테스를 구해서 시칠리아로 데려갔고, 그곳에서 둘은 사랑을 나누어 아들 에릭스를 낳았다. 일설에 의하면 아프로디테가 시칠리아에서 부테스와 사랑을 나눈 것은 그녀가 사랑하는 미소년 아도니스에게 질투심을 불러일으키려고 그랬다고도 한다.

에릭스는 아버지 부테스가 지배하던 시칠리아 북서쪽에 자신의 이름을 딴 나라를 건설하고 왕이 되었으며 나라에 어머니 아프로디테 여신의 신전도 세웠다.

헤라클레스에게 도전한 에릭스

헤라클레스는 자신에게 부과된 12과업 중 하나인 게리온의 소떼를 훔쳐서 미케네로 돌아가는 길에 에릭스가 다스리는 시칠리아 서부 해안에 들르게 된다. 게리온의 소떼 중 몇 마리가 배에서 뛰어내려 그곳으로 헤엄쳐갔기 때문이다.

헤라클레스는 그 소들을 잡기 위해 소떼를 헤파이스토스 신에게 잠시 맡기고 시칠리아 섬으로 갔다. 하지만 에릭스 왕은 이 소들을 자기 소떼 속에 포함시킨 뒤 헤라클레스에게 권투 시합을 청하면서 자신에게 이기면 소들을 돌려주겠다고 했다. 그만큼 그는 권투 시합에 자신이 있었던 것이다.

헤라클레스는 에릭스의 도전을 받아들였다. 둘은 3회전을 겨루었는데 세 번 모두 헤라클레스가 승리를 거두었다. 에릭스는 결국 이 싸움에서 헤라클레스의 주먹에 맞아죽었다.

에오스 Eos

요약

그리스 신화에 나오는 새벽의 여신으로, 아프로디테의 저주로 항상 인간과 사랑에 빠지는 운명이다.

로마 신화의 아우로라에 해당한다.

기본정보

구분	개념이 의인화된 신, 새벽의 여신
상징	새벽, 여명, 아침이슬
외국어 표기	그리스어: Ἠώς.
어원	새벽, 여명
로마 신화	아우로라(Aurora)
별칭	오로라(Aurora)
관련 자연현상	극광(極光) 오로라, 새벽별
관련 동물	천마, 날개 달린 말
가족관계	히페리온의 딸, 테이아의 딸, 헬리오스의 남매, 셀레네의 자매

인물관계

『신들의 계보』에 따르면 에오스는 가이아와 우라노스의 자식인 티탄 신족 히페리온과 테이아의 사이에서 태어난 딸로 태양의 신 헬리오스, 달의 신 셀레네와 형제지간이다.

오비디우스는 에오스를 티탄 신족에 속하는 팔라스의 딸이라고 하였다. 에오스는 같은 종족의 신 아스트라이오스와의 사이에서 제피

로스(서풍), 노토스(남풍), 보레아스(북풍), 에우로스(동풍) 등의 바람과
새벽별 에오스포로스 등 숱한 자식을 낳았다.

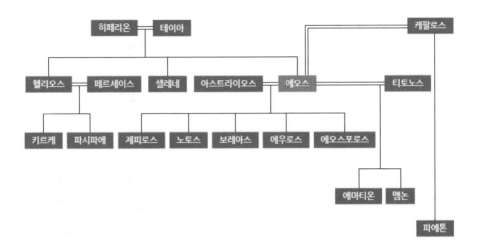

신화이야기

새벽을 여는 에오스

에오스의 궁전은 동쪽 끝 오케아노스 강변에 있었다. 에오스는 매일 아침 자신의 전차를 타고 오케아노스 위로 날아올라 태양의 신 헬리오스를 따라 하늘을 여행하였다. 그녀의 쌍두마차를 끄는 말은 파에톤(눈부심)과 람포스(빛)였다.

쌍두마차를 몰고 바다 위를 나는 에오스
남부 이탈리아의 적색상 도기, 기원전 425년경
뮌헨 국립고대미술박물관

호메로스는 에오스를 "이른 아침에 태어난", "장밋빛 손가락을 지닌", "사프란 빛 옷을 입은" 등의 수식어로 묘사하고 있다.

에오스와 아레스

그리스의 시인 사포(sappho)에 따르면 에오스는 군신 아레스와 애정 행각을 벌이다 연적인 미의 여신 아프로디테의 분노를 사서 끊임없이 사랑을 갈구하게 되는, 그것도 죽을 운명의 젊은 인간만을 사랑하는 저주를 받았다. 그때부터 에오스는 아침마다 지평선 위로 날아올라 사방을 두리번거리며 젊은 청년을 살펴야 했다. 이런 행동은 그녀의 얼굴에 부끄러운 홍조를 띠게 하였고 하늘도 그녀와 함께 붉게 물들었다고 한다.

새벽의 여신
윌리앙 아돌프 부그로(William Adolphe Bouguereau), 1881년, 버밍엄 미술관

에오스와 티토노스

에오스는 아름다운 트로이의 왕자 티토노스를 유혹하여 에티오피아에 있는 자신의 궁으로 데려가서 결혼한 다음 제우스에게 그를 불사의 몸으로 만들어달라고 빌었다. 하지만 이때 영원한 젊음도 함께 달라는 것을 깜빡하는 바람에 티토노스는 죽지는 않고 계속 늙어가기만 하였다. 그는 점점 더 몸이 쪼그라들고 목소리는 갈라졌다. 결국 제우스가 그를 불쌍히 여겨 매미로 변하게 하였다.

에오스와 티토노스 사이에서는 두 아들 에마티온과 멤논이 태어났다. 멤논은 에티오피아의 왕이 되어 트로이 전쟁에 참가해 혁혁한 전공을 세우지만 아킬레우스와 일대일로 겨루다 죽고 말았다.

에오스는 아들의 시체를 싸움터에서 에티오피아로 데려와서 장례식을 치러주었다. 에오스는 아들의 죽음을 아직도 슬퍼하여 아침마다 하늘에서 눈물을 이슬로 뿌리고 있다.

에오스와 케팔로스

어느 날 아침 에오스는 아티카에서 케팔로스가 사냥하는 모습에 반해 그를 유괴하였다. 하지만 케팔로스에게는 사랑하는 아내 프로크리스가 있었기 때문에 에오스의 구애는 거절당했다. 이에 에오스는 케팔로스의 마음에 아내에 대한 의심을 불어넣고는 변장을 시켜 아내의 정절을 시험하게 했다.

에오스의 도움으로 완전히 다른 사람으로 변신한 케팔로스는 아름다운 외모와 막대한 선물로 결국 프로크리스를 유혹하는 데 성공했고 그 사실을 알게 된 프로크리스는 수치심에 남편의 곁을 떠났다. 하지만 여전히 서로를 사랑하고 있던 두 사람은 결국 다시 화해하였다.

하지만 얼마 후에는 프로크리스가 남편 케팔로스를 의심하는 일이 벌어져 결국 두 사람은 비극적인 이별을 하게 된다. 어느 날 사냥을 나간 케팔로스가 숲에서 땀을 식히며 혼잣말로 노래를 흥얼거리고 있었는데 이 소리를 들은 숲의 정령 사티로스가 연인과 속삭이는 것으로 오해하여 이를 프로크리스에게 고자질했다. 프로크리스는 자신의 두 눈으로 직접 확인하고자 당장 숲으로 달려가 몰래 덤불 속에 숨어있다가 이를 사냥감으로 안 케팔로스가 던진 창에 맞아 죽고 말았던 것이다.

에오스가 케팔로스를 유괴하여 정을 통하고 낳은 자식의 이름은 파에톤이다.

케팔로스와 에오스
니콜라 푸생(Nicolas Poussin), 1630년, 런던 내셔널갤러리

케팔로스와 프로크리스
장 오노레 프라고나르(Jean Honore Fragonard), 1755년, 프랑스 양제 미술관

그밖의 연인들

　그밖에도 에오스는 사냥꾼 오리온도 유괴하여 사랑을 나누었다. 그런데 그녀가 오리온을 유괴한 곳이 처녀 신 아르테미스의 신전이 있는 델로스 섬이었고 이에 분노한 아르테미스 여신에 의해 오리온은 결국 죽고 말았다. 또 미소년 가니메데스를 올림포스로 유괴한 것도 제우스가 아니라 에오스라는 이야기가 있다.

신화해설

　아프로디테의 저주에 의해 에오스는 반드시 죽게 되어 있는 인간을 사랑할 수밖에 없는 운명이다. 불사의 존재로서 반드시 죽을 수밖에 없는 인간을 사랑해야 하는 것은 필연적으로 이별의 쓰라린 아픔이 전제된 시한부 사랑일 것이다. 싱싱한 젊음을 지닌 에오스 곁에서 쭈글쭈글 늙어가는 티토노스는 이를 단적으로 보여준다.

　에오스는 티토노스를 불사의 몸으로는 만들어주었지만 영원한 젊음은 주지 못했다. 아무리 애를 써도 인간은 신과 같아질 수 없고 에오스의 사랑은 비극으로 끝날 수밖에 없다.

에우로타스 Eurotas

요약

그리스 신화에 나오는 라코니아의 왕으로 렐레게스족의 시조인 렐렉스의 손자 혹은 아들이다. 그의 딸 스파르타는 라케다이몬과 결혼하여 도시 국가 스파르타의 시조가 되었다.

라코니아의 에우로타스 강은 그가 늪지에 고인 물을 바다로 빼내기 위해 건설한 수로였다고 한다.

기본정보

구분	라코니아의 왕
외국어 표기	그리스어: Εὑρώτας
관련 지명	에브로타스 강
관련 신화	스파르타 건국
가족관계	스파르타의 아버지, 밀레스의 아들, 티아사의 아버지

인물관계

에우로타스는 땅에서 태어난 자(혹은 포세이돈과 리비에의 아들)인 라코니아 최초의 왕 렐렉스의 아들 혹은 손자이다. 후자의 경우 렐렉스의 아들 밀레스가 그의 아버지이다. 에우로타스에게는 스파르타와 티아사라는 두 딸이 있었는데 스파르타는 제우스와 님페 타이게테 사이의 아들 라케다이몬과 결혼하여 스파르타 시의 시조가 되었고, 티아사는 스파르타를 흐르는 티아사 강에 자신의 이름을 주었다.

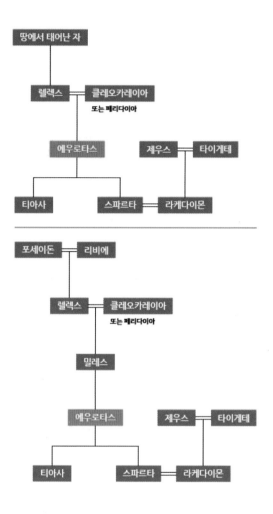

신화이야기

스파르타의 건설

라코니아 왕 에우로타스의 아버지 밀레스는 라코니아 최초의 왕이자 렐레게스족의 시조인 렐렉스의 아들이다. 하지만 전승에 따라 에우로타스가 렐렉스의 아들로 간주되기도 한다.

에우로타스는 아들이 없었으므로 라코니아의 왕위는 그의 딸 스파

에우로타스
레오니다스 1세의 테르모필레 전투 기념비에 설치된 현대 조각. 그리스

르타와 결혼한 사위 라케다이몬에게로 돌아갔다.

제우스와 님페 타이게테 사이에서 태어난 아들로 알려진 라케다이몬은 라코니아 왕국에 새로운 수도를 건설하고 아내의 이름을 따서 스파르타라고 명명하였다.

에우로타스 강

파우사니아스의 『그리스 안내』에 따르면 에우로타스는 라코니아 들판의 늪지에 고인 물을 없애기 위해 바다로 수로를 내었다고 한다. 늪지의 물이 바다로 흘러나간 뒤에도 물줄기는 강으로 남았는데 에우로타스는 여기에 자신의 이름을 붙였다.(오늘날의 에브로타스 강) 이때부터 그는 에우로타스 강의 신으로 숭배되었다. 에우로타스에게는 스파르타 외에 티아사라는 이름의 딸이 하나 더 있었는데 스파르타 지역을 흐르는 티아사 강은 그녀의 이름에서 유래하였다.

또 다른 전승에 따르면 강의 신 에우로타스는 강의 신 이나코스와 오케아니데스의 하나인 페이토 사이에서 태어난 아들이라고 한다.

305

플루타르코스의 위작으로 알려진 『강에 대하여』에 따르면 스파르타는 에우로타스의 지휘 아래 아테네와 전쟁을 치렀는데 에우로타스는 전투에 유리한 만월(滿月)을 기다리라는 조언과 하늘의 전조를 무시하고 공격에 나섰다가 군대를 모두 잃고 히메로스 강에 몸을 던졌다고 한다. 이때부터 히메로스 강은 에우로타스 강이라고 불리기 시작했다고 한다.

에우로페 Europe

요약

그리스 신화에 나오는 페니키아의 공주이다.
황소로 변한 제우스에게 납치되어 크레타 섬으로 건너갔다.
'유럽'이란 지명이 그녀의 이름에서 유래하였다.

기본정보

구분	공주
상징	유럽
외국어 표기	그리스어: Ευρωπη
어원	넓은 시각을 지닌 여인, 저물다, 저녁, 서쪽
관련 지명	유럽
별자리	황소자리
관련 동물	황소

인물관계

포세이돈의 아들이자 페니키아의 왕인 아게노르와 텔레파사 사이에서 난 딸로 카드모스, 킬릭스, 포이닉스와 남매지간이다.

호메로스는 『일리아스』에서 에우로페를 포이닉스의 딸로 소개하였다. 에우로페는 황소로 변한 제우스의 등에 올라타고 크레타로 가서 그곳에서 제우스와의 사이에서 세 아들 라다만티스, 미노스, 사르페돈을 낳았다.

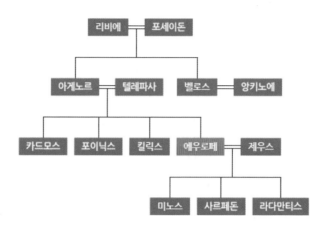

```
        리비에 ── 포세이돈
              │
      ┌───────┴───────┐
  아게노르 ── 텔레파사    벨로스 ── 앙키노에
      │
  ┌───┬───┬───┴───┐
카드모스 포이닉스 킬릭스 에우로페 ── 제우스
                      │
                ┌─────┼─────┐
              미노스 사르페돈 라다만티스
```

신화이야기

황소에게 납치된 에우로페

　제우스는 아게노르가 다스리고 있던 페니키아의 시돈 해변에서 시녀들과 놀고 있는 에우로페의 미모에 반해서 그녀에게 접근하기 위해

에우로페와 황소
적색상 도기, 기원전 480년경
타르퀴니아 박물관

황소로 변신했다. 멋진 뿔이 달린 새하얀 황소가 어디선가 나타나 풀을 뜯고 있는 모습을 본 에우로페는 호기심이 동하여 조심스레 황소 곁으로 다가갔다. 그러자 황소가 에우로페의 발치에 주저앉았고 에우로페는 황소를 쓰다듬어주었다. 에우로페는 황소가 너무나 순하고 또 감촉이 좋았기 때문에 마음의 경계를 완전히 풀고 등에 올라탔다. 그러자 황소가 냉큼 자리에서 일어나 해변으로 가더니 바다 멀리로 헤엄쳐갔다. 에우로페가 깜짝 놀라 비명을 질렀지만 시녀들은 유유히 바다를 헤엄치며 멀어져 가는 황소와 에우로페를 지켜볼 수밖에 없었다.

에우로페와 황소
폼페이 벽화, 기원전 1세기

황소는 그대로 크레타 섬까지 헤엄쳐가더니 고르티나 샘 근처의 플라타너스 나무 밑에서 제우스로 변신하였고 에우로페와 사랑을 나누었다.

에우로페는 제우스와의 사이에서 세 아들 라다만티스, 미노스, 사르페돈을 낳았다. 나중에 에우로페는 크레타의 왕 아스테리오스와 결혼하였고 제우스는 그녀에게 세 가지 선물을 주었다. 세 가지 선물은 크레타 섬을 이방인의 침략으로부터 지켜주는 청동 인간 탈로스, 던지면 절대로 과녁을 빗나가지 않는 창, 그리고 절대로 사냥감을 놓치지 않는 사냥개였다. 아스테리오스는 에우로페의 아들들을 양자로 맞아들이고 나중에 자신의 후계자로 삼아 왕위를 물려주었다. 한편 제우스가 잠시 몸을 빌렸던 흰 황소는 나중에 하늘의 별자리(황소자리)가 되었다.

딸을 찾아 나선 아게노르의 아들들

에우로페가 황소로 변신한 제우스에게 유괴되어 종적을 감추자 아게노르는 아들들에게 누이의 행방을 찾도록 지시했다. 만약 누이를 찾지 못하면 아예 돌아오지도 말라고 했다.

길을 떠난 세 아들 카드모스, 포이닉스, 킬릭스는 누이를 찾을 길이 막막하자 고국으로 돌아가지 않고 자신들이 도착한 곳에 새로운 도시를 건설하였다. 카드모

에우로페와 황소
귀도 레니(Guido Reni), 1640년
덜위치 미술관, 런던

스는 용의 이빨에서 생겨난 전사들과 함께 그리스의 도시 테바이를 창건하였고, 킬릭스는 나중에 자신의 이름이 붙여지는 소아시아 동남부 킬리키아로 가서 그곳의 왕이 되었으며, 포이닉스는 아프리카 쪽으로 가서 그곳에 자신의 이름을 딴 페니키아라는 지명을 붙였다.

에우로페와 황소
페테르 파울 루벤스(Peter Paul Rubens),
1628~1629년, 프라도 미술관

　아게노르의 아내 텔레파사도 카드모스와 함께 딸을 찾아나섰지만 끝내 딸을 보지 못하고 트라키아에서 죽음을 맞았다. 결국 아게노르는 딸 에우로페도 찾지 못하고 아들들과 아내도 모두 보지 못한 채 홀로 생을 마쳤다.

신화해설

에우로페와 유럽

　에우로페는 '유럽'이라는 지명의 어원이다. '에우로페'라는 이름은 고대 그리스어의 '넓다'는 단어와 '시각, 혹은 얼굴'이라는 단어가 합쳐져서 만들어진 것으로 '넓은 시각을 지닌 여인'이라는 뜻이 된다. 하지만 또 다른 학설에 따르면 '에우로페'는 아카드어의 '내려가다, 해가 지다'라는 단어나 같은 계통인 페니키아어의 '저녁, 서쪽'에서 유래하였다고 한다.

　'에우로페'라는 지명은 신화에서 에우로페의 행적과 관련된 펠로폰네소스 반도에만 국한하여 지칭되던 것이 차츰 그 범위가 넓어져, 기원전 5세기에 헤로도투스는 이미 지중해 북부와 흑해 북부 지역을 모두 아우르는 지명으로써 지중해 동부의 아시아와 구분하여 사용하였다. 그 뒤 지중해 남부 지역에는 아프리카라는 이름이 붙여졌다. 고대 그리스인들은 이 세계가 이렇게 '유럽', '아시아', '아프리카'의 세 개 대륙으로 이루어져 있다고 생각하였다. 이 구분은 콜럼버스가 아메리카 대륙을 발견할 때까지 계속되었다.

에우로페는 페니키아의 공주이다. 더 정확히 말하면 지중해 동부 연안에 위치한 페니키아가 아직 페니키아라는 지명을 갖기 이전에 그곳을 다스리던 아게노르 왕의 딸이다. 그런 그녀가 제우스에게 납치되어 유럽 문명의 발흥지라고 할 수 있는 크레타로 건너와 장차 크레타의 왕이 될 자식들을 낳게 되는 이 신화는 유럽의 역사와 관련하여 우리에게 시사하는 바가 크다.

에우로페와 황소
동상, 더크 버스(Dirk Bus), 헤이그

페니키아는 고대 문명의 발상지로 손꼽히는 바빌로니아와 이집트 사이에 위치한 지역으로 일찍부터 문자와 해상 무역이 발달하였다.

크레타 섬은 기원전 3000년 무렵에 이미 이 지역과 해상 무역을 통해 교류하면서 발달된 문화를 받아들였던 것으로 보인다. 이때 수립된 크레타의 미노아 문명과 이를 계승한 그리스 본토의 미케네 문명은 북쪽에서 내려온 도리아인들의 침공으로 멸망하였지만 오랜 암흑기를 거쳐 기원전 8세기 무렵 그리스 지역에 문명이 다시 싹틀 때도 그리스인들은 페니키아의 문자(알파벳)와 발달된 도시 문화를 받아들이고 있다. 이 신화에는 오랜 세월에 걸친 두 문화권의 이러한 교류와 영향 관계가 담겨 있다고 하겠다.

에우리노메 Eurynome

요약

그리스 신화에 나오는 티탄 신족의 여신이다.

뱀의 형상을 한 태초의 신 오피온과 함께 올림포스를 지배하다 크로노스와 레아에게 쫓겨났다. 대장장이 신 헤파이스토스가 어린 시절 어머니 헤라에게 버림받아 지상으로 떨어졌을 때 그를 구해서 해저의 동굴에서 9년 동안 보살펴주었다.

기본정보

구분	티탄 신족
외국어 표기	그리스어: Εὐρυνόμη
어원	넓은, 광활한
관련 신화	오르페우스교의 창세기, 헤파이스토스 탄생신화, 카리테스
가족관계	제우스의 연인, 오케아노스의 딸

인물관계

에우리노메는 오케아노스와 테티스의 딸이며 오피온의 아내이다.

그녀는 또 제우스와 사이에서 우미의 여신 카리테스 자매와 강의 신 아소포스를 낳았다.

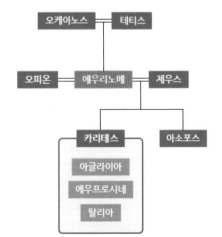

에우리노메(제일 왼쪽)
아티카 적색상도기, BC 400년경
(왼쪽부터 에우리노메, 히메로스, 히포다메이아, 에로스, 이아소, 아스테리아)

신화이야기

티탄 신족의 여왕 에우리노메

『비블리오테케』에 따르면 오케아노스와 테티스의 딸 에우리노메는 티탄 신족의 여왕으로 뱀의 형상을 한 태초의 신 오피온과 함께 크로노스에 앞서 우주를 지배하다 크로노스와 레아에 의해 쫓겨나 오케아노스의 강물 속에 던져졌다고 한다. 이 신화에서 에우리노메와 오피온은 우라노스와 가이아에 상응하는 존재로 여겨진다.

헤파이스토스를 보살펴준 에우리노메와 테티스

에우리노메는 바다의 님페 테티스(오케아노스의 아내 테티스와는 다른 인물이다)와 함께 어린 헤파이스토스를 돌봐주었다고 한다.

헤라는 아들 헤파이스토스를 낳은 뒤 아기가 너무 작고 못생긴데다 시끄럽게 울어대자 올림포스 꼭대기에서 아래로 던져버렸다. 아기는 하루 종일 추락하여 바다에 떨어졌는데 헤파이스토스가 절름발이가

**보티첼리의 유화 『봄』에 등장하는 카리테스
세 자매**
1487년, 우피치 미술관, 피렌체

된 것은 이 때문이다. 어린 헤파
이스토스는 에우리노메와 테티스
에게 구조되어 해저의 동굴에서
9년 동안 그녀들의 보살핌을 받으
며 자랐다. 이때 헤파이스토스는
대장간 기술과 금속 세공술을 배
워 자신을 길러준 에우리노메와
테티스에게 아름다운 장신구들을
만들어주었다.

에우리노메는 제우스의 사랑을
받아 우미의 여신 카리테스 세 자
매(아글라이아, 에우프로시네, 탈리아)
와 강의 신 아소포스를 낳았다고 한다.

피갈레이아의 에우리노메 신상

파우사니아스에 따르면 아르카디아의 피갈레이아에는 오래된 에우
리노메의 신전이 있었다고 한다. 그곳에는 나무로 만든 에우리노메의
신상이 있었는데 허리까지는 인간이고 그 아래는 물고기의 형상을
하고 있었다. 피갈레이아의 주민들은 에우리노메를 아르테미스 여신
의 별칭으로 사용하였으며 주로 기도를 올릴 때 그 이름을 불렀다고
한다.

또 다른 에우리노메

그리스 신화에는 그밖에도 여러 명의 에우리노메가 등장한다.

1) 메가라 왕 니소스의 딸로 코린토스의 왕 글라우코스와 결혼하여
영웅 벨레로폰을 낳았다. 하지만 벨레로폰의 실제 아버지는 포세이돈
이라고 한다.

2) 페르시아 왕 오르카모스와 사이에서 딸 레우코토에를 낳았다.

레우코토에는 태양신 헬리오스의 사랑을 받아 임신했으나 아버지 오르카모스는 이를 가문의 치욕으로 여겨 딸을 산 채로 매장하여 죽였다.

3) 오디세우스의 아내 페넬로페의 시녀이다. 남편이 트로이 전쟁에 나간 사이에 구혼자들에게 시달리는 페넬로페를 끝까지 충성스럽게 섬겼다.

에우리디케 Eurydike

요약

그리스 신화에 나오는 물의 님페이자 전설적인 리라의 명수 오르페우스의 아내이다. 뱀에 물려 죽은 아내 에우리디케를 되찾기 위해 오르페우스는 저승으로 내려갔다.

그 밖에도 여러 명의 에우리디케가 있다.

기본정보

구분	오르페우스의 아내 에우리디케 – 님페 크레온의 아내 에우리디케 – 왕비 라케다이몬의 딸 에우리디케 – 왕비 일로스의 아내 에우리디케 – 왕비
상징	라케다이몬의 딸 에우리디케 – 황금 빗물
외국어 표기	그리스어: Ευρυδικη
어원	먼 곳으로 이끄는 이

신화이야기

오르페우스의 아내 에우리디케

에우리디케는 어느 날 트라키아의 초원을 산책하다가 아리스타이오스가 자신을 계속 따라오는 것을 알아채고는 그가 자신을 범하려 한다고 여겨 황급히 도망치다가 그만 뱀에 물려서 죽고 말았다.

아폴론과 무사이(뮤즈) 칼리오페 사이에서 태어난 전설적인 리라의 명수 오르페우스는 에우리디케의 갑작스런 죽음에 하염없이 슬퍼하다가 아내에 대한 그리움을 이기지 못하고 그녀를 찾아 하계(저승)로 내려가기로 작정하였다. 저승에 도착한 오르페우스는 애절한 노래로 그곳의 신들을 감동시켜 마침내 사랑하는 아내 에우리디케를 다시 지상으로 데려가도 좋다는 허락을 받아내기에 이르렀다. 단, 이미 망자가 된 에우리디케는 오르페

오르페우스와 에우리디케
페데리코 세르벨리(Federico Cervelli)
1625~1700년 이전

우스의 뒤에서 따라가야 하고 오르페우스는 지상에 도달하기 전까지는 절대로 아내 에우리디케를 향해 몸을 돌려서는 안 된다고 저승의 지배자 하데스가 당부하였다.

하지만 하계에서 지상으로의 기나긴 여정이 거의 다 끝나고 저만치서 한 줄기 빛이 비추기 시작하자 오르페우스는 사랑하는 아내를 보고 싶은 마음을 더 이상 억누르지 못하고 그만 뒤를 돌아보고 말았

오르페우스와 에우리디케
에드워드 포인터(Edward Poynter), 1862년

다. 그러자 에우리디케는 안개의 정령으로 변하여 다시 하데스의 거처로 사라져 버렸다. 오르페우스가 다시 뒤따르고자 하였지만 길은 이미 막혀버린 뒤였고 이제는 그의 음악도 더

이상 효력을 발휘하지 못했다. 오르페우스는 절망에 잠겨 홀로 지상으로 돌아왔다.

크레온의 아내 에우리디케

에우리디케는 테바이의 섭정 크레온과의 사이에서 이름이 같은 두 하이몬과 메노이케우스(혹은 메가레우스)를 낳았다. 크레온은 오이디푸스의 어머니이자 아내인 이오카스테와 남매지간으로 안티고네에게는 외삼촌이 된다. 오이디푸스의 딸 안티고네는 국법을 어긴 죄로 크레온에 의해 죽임을 당했다.

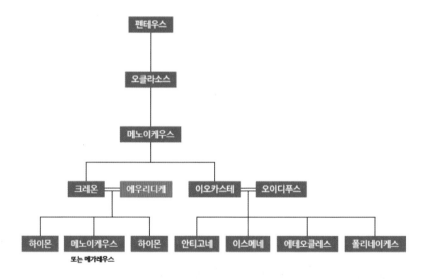

소포클레스의 비극 『안티고네』에서 테바이의 섭정 크레온의 아내 에우리디케는 남편이 집안에 초래한 비극적 운명을 저주하며 자살하는 인물로 등장한다. 그녀는 세 아들 모두의 죽음을 지켜봐야 했다. 장남 하이몬은 스핑크스에게 살해되었고 차남 메노이케우스(혹은 메가레우스)는 테바이를 공략하는 7장군으로부터 나라를 구하기 위해 신탁에 따라 성벽에서 스스로 몸을 던져 죽었다. 장남과 이름이 같은 막내아들 하이몬은 아버지와의 갈등으로 약혼녀 안티고네가 비극적

죽음을 맞자 안티고네의 시체 곁에서 자살하였다.

라케다이몬의 딸 에우리디케

스파르타의 창건자 라케다이몬과 스파르타 사이에서 난 딸로, 전설의 도시 아미클라이의 창건자 아미클라스와는 남매지간이다. 아르고스의 왕 아크리시오스와 결혼하여 딸 다나에를 낳았다. 다나에는 황금비로 변한 제우스와 관계하여 메두사를 무찌른 영웅 페르세우스를 낳았다.

일로스의 아내 에우리디케

트로스의 맏아들로 트로이 왕국을 건설한 일로스 왕의 아내 에우리디케는 일로스와 사이에서 라오메돈과 테미스테를 낳았다. 라오메돈은 아버지의 뒤를 이어 트로이 왕위에 오른 인물이고 테미스테는 로마의 시조 아이네이아스의 조모이다. 트로이 전쟁의 영웅들인 헥토르, 파리스, 아이네이아스 등의 조상이다.

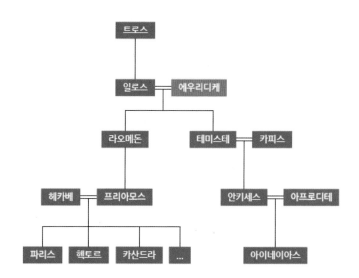

관련 작품

가인(歌人) 오르페우스와 님페 에우리디케의 애틋하고 비극적인 사랑 이야기는 후대의 예술가들에게도 커다란 영감을 주어 이를 모티브로 수많은 문학, 음악, 미술 작품이 만들어지고 영화로도 제작되었다.

문학

오비드의 『변신이야기』, 소포클레스의 『안티고네』, 장 아누이의 『에우리디케』, 『안티고네』

음악

크리스토프 글루크의 〈오르페오와 에우리디케〉(1762년)

영화

장 콕토의 〈오르페〉(1949년), 마르셀 카뮈의 〈흑인 오르페〉(1959년)

에우리마코스 Eurymachus

요약

그리스 신화에 나오는 페넬로페의 구혼자 중 한 사람이다. 안티노오스와 함께 페넬로페의 구혼자들 중 우두머리 격인 인물이다. 고향으로 돌아와 복수에 나선 오디세우스의 화살에 안티노오스가 살해당하자 화해를 청하였으나 거절당하고 결국 그 역시 오디세우스의 화살에 목숨을 잃었다.

기본정보

구분	신화 속 인물
외국어 표기	그리스어: Εὐρύμαχος
관련 신화	오디세우스

인물관계

에우리마코스는 이타카 섬의 귀족 폴리보스의 아들이다. 그는 페넬로페의 구혼자 중 한 명이며 페넬로페의 시녀 멜란토의 애인이기도 했다.

신화이야기

페넬로페의 구혼자들

트로이 전쟁이 끝난 뒤 귀향길에 오른 오디세우스가 오랜 세월 바다 위를 떠돌며 돌아오지 못하자 그의 고향 이타카에서는 다들 그가 이미 죽었으리라고 여겼고, 인근의 귀족들은 오디세우스의 재산과 지위를 탐하여 그의 아내 페넬로페에게 결혼을 요구하기 시작했다. 구혼자들의 수는 곧 백여 명에 이르렀다. 이들은 오디세우스의 궁에 죽치고서 허구한 날 축제를 벌이며 그의 재산을 탕진하였다.

에우리마코스는 안티노오스와 함께 페넬로페의 구혼자들을 대표하는 인물이었다. 그는 이제 청년으로 성장한 오디세우스의 아들 텔레마코스가 이타카 주민들의 전체 회의를 소집한 뒤 구혼자들의 행태를 비난하며 그만 자신의 집에서 나가줄 것을 요구하자, 오히려 그의 어머니 페넬로페를 친정아버지 이카리오스에게로 보내 한시라도 빨리 재혼하게 하라고 반박하였다. 텔레마코스는 자신의 요구가 관철되지 않자 아테나 여신의 조언에 따라 아버지 오디세우스의 소식을 묻기 위해 필로스로 떠났다.

멜란토의 배신

구혼자들의 집요한 결혼 요구를 견디다 못한 페넬로페는 구혼자들에게 연로한 시아버지 라에르테스를 위해 수의를 짜야 하는데 그 일이 끝나면 그들 중 한 사람을 남편으로 맞이하겠다고 약속하였다. 하지만 실제로 그녀는 낮에 짠 수의를 밤에 몰래 다시 풀어버리는 식으로 계속해서 시간을 끌며 남편이 돌아오기를 기다렸다.

페넬로페의 거짓은 시녀 멜란토의 고자질로 탄로나고 말았다. 멜란토는 충직한 정원사 돌리오스의 딸로 페넬로페가 어릴 때부터 친딸처럼 길러온 처녀였는데 그 사이 에우리마코스와 눈이 맞아 그의 애첩

이 되어 있었던 것이다.

오디세우스의 복수

　그 무렵 오디세우스가 마침내 이타카로 돌아왔다. 충성스러운 돼지치기 에우마이오스와 아들 텔레마코스를 만나 그간의 소식과 이타카의 상황을 모두 전해들은 오디세우스는 일단 자신의 정체를 감추고 거지 행색으로 궁에 들어갔다. 그러자 구혼자들은 낯선 거지가 오디세우스라는 걸 알아보지 못하고 조롱하고 무시하였다. 에우리마코스는 사람들 앞에서 낯선 거지의 대머리를 웃음거리로 삼으려 했으나 오히려 상대로부터 멋지게 반박당하자 화가 나서 그에게 발판을 집어 던졌다.

구혼자들을 죽이는 오디세우스
구스타프 슈바브(Gustav Schwab), 1882년 출간된
『고대의 가장 아름다운 무용담』의 삽화

　다음 날 페넬로페는 구혼자들에게 오디세우스가 남겨두고 간 활에 시위를 걸어 화살로 열두 개의 도끼 자루 구멍을 모두 꿰뚫는 사람을 새 남편으로 맞이하겠다고 선언하였다. 하지만 구혼자들은 아무도 오디세우스의 활에 시위를 걸지 못했다. 에우리마코스도 마찬가지였다. 그는 연이은 시도가 모두 실패로 돌아가자 자신의 힘이 오디세우스에 못 미친다며 몹시 치욕스러워했다.

　오디세우스의 활에 시위를 걸어 도끼를 꿰뚫은 사람은 거지로 변신한 오디세우스 자신이었다. 그는 곧 정체를 밝히고 구혼자들의 우두머리 격인 안티노오스를 활로 쏘아죽였다. 그러자 에우리마코스는 모든 책임을 이미 죽어서 누워 있는 안티노오스에게로 돌리고 그동안 구혼자들이 끼친 피해에 대한 보상을 약속하며 화해를 청했다. 하지만 오디세우스는 그의 청을 받아들이지 않았다. 더 이상 물러설 데가 없음을 깨달은 에우리마코스는 겁에 질린 구혼자들에게 싸움을 촉구하며 오디세우스에게 맞섰지만 결국 그의 화살에 죽고 말았다.

오디세우스는 이날 백여 명에 이르는 구혼자들과 그들에게 동조하여 주인을 배신한 시종들을 모두 처단하였다.

또 다른 에우리마코스

그리스 신화에는 그밖에도 여러 명의 에우리마코스가 등장한다.

1) 피사의 왕 오이노마오스의 딸 히포다메이아에게 청혼한 남자들 중에도 에우리마코스가 있다. 오이노마오스는 딸에게 구혼하는 남자들에게 자신과의 전차 경주에서 이겨야 한다는 조건을 내걸고 경주에서 진 구혼자는 살해하였는데 에우리마코스는 오이노마오스에게 살해당한 네 번째 구혼자였다.

2) 트로이의 장로 안테노르의 아들로 프리아모스 왕의 딸 폴릭세네와 약혼한 인물이다. 하지만 폴릭세네는 트로이가 함락될 때 네오프톨레모스에게 붙잡혀 아킬레우스의 제단에 희생 제물로 바쳐졌다.

3) 트로이 전쟁 때 목마 속에 숨어 트로이 성에 잠입한 40명의 그리스군 용사 중에도 에우리마코스가 있다.

4) 시메 섬의 어부로 니레오스와 함께 트로이 전쟁에 참전했다가 트로이의 장수 폴리다마스에게 죽은 그리스군 병사의 이름도 에우리마코스이다.

에우리비아 Eurybia

요약

대지의 여신 가이아가 배우자 없이 낳은 아들들 중 하나인 폰토스와 결합하여 낳은 딸이다.

아름답게 반짝이는 바다를 의인화한 여신이지만 냉혹하고 강한 여신으로 위협적인 바다의 힘을 상징하기도 한다.

기본정보

구분	개념이 의인화된 신
상징	빛나는 바다
외국어 표기	그리스어: Εὐρύβια
어원	멀리까지 강력한 힘을 미치는
관련 신화	폰토스, 가이아, 크리오스, 아스트라이오스, 페르세스, 팔라스
가족관계	가이아의 딸, 폰토스의 딸, 크리오스의 아내

인물관계

바다의 신 폰토스와 땅의 여신 가이아 사이에서 태어난 딸로 케토, 네레우스, 포르키스, 타우마스와는 남매 사이이다. 크리오스와 결혼하여 아스트라이오스, 페르세스, 팔라스를 낳았다.

가이아

폰토스

모자이자 부부

포르키스 ─ 케토   에우리비아 ─ 크리오스

그라이아이 고르곤 자매들   아스트라이오스 ─ 에오스   페르세스 ─ 아스테리아

타우마스 ─ 엘렉트라   바람들 헤오스포로스 별들   헤카테

네레우스 ─ 도리스   팔라스 ─ 스틱스

젤로스 니케 크라토스 비아

신화이야기

개요

대지의 여신 가이아가 배우자 없이 혼자서 바다의 신 폰토스를 낳
는았데 가이아가 아들 폰토스와의 사이에서 낳은 딸이 에우리비아이
다. 에우리비아의 남매로 네레우스, 타우마스, 포르키스, 케토가 있다.
『신들의 계보』는 이에 관해 다음과 같이 전한다.

"폰토스는 맏이로서 거짓말을 하지 않는 네레우스를 낳았다. (⋯)
폰토스는 또 가이아와 결합하여 위대한 타우마스, 고귀한 포르키
스, 예쁜 볼을 가진 케토, 가슴 속에 다이아몬드 같은 단단한 마음
이 들어있는 에우리비아를 낳았다."

이들 남매들은 올림포스 이전부터 있었던 태고 신들로 바다와 관련된 신들에 속한다.

외모적인 면에서 에우리비아는 다른 형제자매들과는 달리 '여신들 중에서도 빛나는' 아름다운 외모를 갖고 있었다. 에우리비아는 신화 속에서 구체적인 사건 및 이야기에 등장하지 않지만, '아름답게 반짝이는' 바다를 의인화한 여신이다.

에우리비아라는 이름은 '멀리까지 강력한 힘을 미치는' 여신을 의미하는데 이런 맥락에서 보면 에우리비아는 위협적인 바다의 힘을 상징하기도 한다.

그녀는 어머니 가이아와 우라노스 사이에서 태어난 의붓남매 크리오스와 결혼하여 아스트라이오스, 페르세스, 팔라스 등을 낳았다.

에우리비아의 자식들

아스트라이오스는 새벽의 여신 에오스와의 사이에서 제피로스, 보레아스 등 바람의 신들과 함께 모든 별들을 낳았다. 이에 아스트라이오스는 모든 별들의 아버지라고 불리어진다.

페르세스는 아스테리아와 결혼하여 '제우스로부터 영예를 받은' 헤카테를 비롯하여 여러 자식들을 낳았다. 헤카테는 구체적인 전설에는 등장하지 않지만 마법과 주술에 능한 신비스러운 존재로 남아있는 여신이다.

팔라스는 오케아노스의 장녀 스틱스와 결혼하여 승리의 여신 니케, 힘의 신 크라토스, 폭력의 신 비아 등을 낳았다. 스틱스는 제우스가 티탄 신족과 싸울 때 제우스를 도와 승리하는 데 도움을 주었고 제우스는 그 보답으로 신들이 스틱스의 이름을 걸고 맹세를 하게 하는 명예를 주었다.

또 다른 에우리비아

1) 테스피아이의 왕 테스피오스의 딸 50명 가운데 이름이 에우리비아인 딸이 있다. 그녀는 헤라클레스와 관계를 맺어 폴리라오스라는 아들을 낳았다.

2) 아마존 족에도 이름이 에우리비아라는 여전사가 있는데 그녀는 군신 아레스와 님페 하르모니아 사이에서 태어난 딸이다. 여전사 에우리비아는 헤라클레스가 아마존 여왕 히폴리테의 허리띠를 가지러 갔을 때 그에게 죽임을 당했다.

에우리스테우스 Eurysteus

요약

그리스 신화에 나오는 미케네와 티린스의 왕이다.

신탁에 따라 영웅 헤라클레스에게 열두 가지 어려운 과업을 부과한 인물이다.

기본정보

구분	미케네의 왕
상징	박해자, 겁쟁이 왕
외국어 표기	그리스어: Εὐρυσθεύς
어원	폭넓은 힘
관련 신화	헤라클레스의 12과업
가족관계	페르세우스의 손자, 니키페의 아들, 안티마케의 남편, 아드메테의 아버지

인물관계

에우리스테우스는 페르세우스의 아들 스테넬로스와 펠롭스의 딸 니키페 사이에서 난 아들로, 안티마케와 결혼하여 아드메테 등의 자식을 낳았다.

신화이야기

탄생에 얽힌 이야기

헤라클레스의 어머니 알크메네는 에우리스테우스의 아버지 스테넬로스와 마찬가지로 페르세우스의 후손이다. 어느 날 제우스가 알크메네의 남편 암피트리온의 모습으로 변신하고서 알크메네와 사랑을 나눈 뒤 그녀가 헤라클레스를 임신하자 곧 태어날 페르세우스의 후손이 미케네의 통치자가 될 것이라고 말했다. 이를 질투한 헤라는 출산의 여신 에일레이티아에게 지시하여 헤라클레스의 탄생을 늦추고 에우리스테우스가 일곱 달 만에 세상에 나오게 하였다. 그 덕분에 제우스가 예언한 미케네의 통치권이 에우리스테우스에게로 돌아갔다. 하지만 헤라클레스는 늘 자신에게 왕위 계승의 권리가 있다고 여겼다.

헤라클레스가 헤라 여신에 의해 광기에 사로잡혀 자기 자식들을 모조리 죽이고 말았을 때 델포이의 신탁은 그에게 미케네로 가서 에우리스테우스의 노예가 되어 그가 시키는 일들을 하라고 명했다. 그렇지 않아도 헤라클레스의 엄청난 힘과 왕위 계승권을 두려워하던 에우리스테우스는 그에게 열 가지의 몹시 어려운 과업을 부과했는데, 이는 결과적으로 헤라클레스를 그리스 최고의 영웅으로 만들어 신의 반열에 오르도록 해주었다. 에우리스테우스가 애당초 부과했던 열 가지 과업은 그가 두 가지 과업의 성과를 부정했기 때문에 열두 가지로 늘어났다.

첫 번째 과업은 불사의 몸을 타고난 네메아의 사자를 죽이는 것으로, 헤라클레스는 이 과업을 해결하고 난 뒤부터 사자의 가죽을 갑옷으로 걸치고 다녔다. 에우리스테우스는 헤라클레스가 이 과업을 달성하자 너무나 두려워진 나머지 이후로는 전령 코프레우스를 통해서 헤라클레스에게 다음 과업을 전달했다.

두 번째 과업은 머리가 아홉 개인 괴수 히드라를 죽이는 것인데, 에우리스테우스는 이때 헤라클레스가 조카 이올라오스를 마부로 데려갔다고 해서 성과를 인정하지 않았다.

세 번째 과업은 아르테미스 여신이 보호하는 케리네이아의 암사슴을 산 채로 잡아오는 것이었다. 헤라클레스는 아르테미스 여신의 노여움을 피하기 위해 미리 여신에게 사슴을 털끝 하나 다치지 않게 다시 데려오겠다고 약속하고 사로잡았다. 에우리스테우스는 헤라클레스가 사슴을 다시 풀어주었기 때문에 이 역시 성과를 인정하지 않았다.

네 번째 과업은 에리만토스의 거대한 멧돼지를 잡아오는 것이었다. 이때도 에우리스테우스는 처음에 사자를 잡아왔을 때처럼 겁을 집어먹고 청동 항아리 속에 숨어 있었다.

다섯 번째 과업은 아우게이아스 왕의 축사를 청소하는 일이었는데 에우리스테우스는 영웅 헤라클레스를 지저분한 몰골로 만들어 모욕을 주고자 했지만 헤라클레스는 강의 물줄기를 돌려 축사를 단숨에 청소해버렸다.

여섯 번째 과업은 스팀팔로스 호수의 괴조(怪鳥)를 퇴치하는 것이었고, 일곱 번째 과업은 크레타의 황소를 잡아오는 것이었다. 에우리스테우스가 나중에 이 황소를 다시 풀어주는 바람에 그리스인들은 커다란 곤경을 겪어야 했다.

여덟 번째 과업은 트라케의 왕 디오메데스의 사람 잡아먹는 사나운 말들을 잡아오는 것이었고, 아홉 번째 과업은 아마조네스의 여왕 히폴리테의 허리띠를 가져오는 것이었다. 에우리스테우스는 딸 아드메테가 그 허리띠를 갖고 싶어 하자 그 일을 헤라클레스에게 맡겼다.

열 번째 과업은 게리온의 소를 빼앗아오는 것이었다.

헤라클레스는 열 가지 과업을 모두 처리했지만 에우리스테우스는 이 중에서 두 개의 성과를 인정하지 않았으므로 두 가지 과업을 추가로 부과하였다. 열한 번째 과업은 헤스페리데스의 정원에서 황금 사과를 훔쳐 오는 것이었고, 열두 번째 과업은 하데스 왕국의 출입문을 지키는 머리 셋 달린 개 케르베로스를 잡아오는 것이었다.

헤라클레스가 모든 과업을 달성하자 에우리스테우스는 그를 노예 신분에서 풀어주었고 헤라클레스는 테바이로 돌아갔다.

헤라클레스의 자녀들에 대한 박해와 에우리스테우스의 죽음

헤라클레스가 죽자 에우리스테우스는 트라키아로 가서 케익스 왕에게 헤라클레스의 후손들을 내줄 것을 요구했다. 이에 헤라클레스의 자식들은 아테네의 데모폰에게로 피신했다. 그러자 에우리스테우스는 아테네 도시를 공격했다. 다급해진 아테네인들은 앞으로 닥칠 일을 신탁에 물었고 헤라클레스의 자녀 중 한 명을 희생 제물로 바치면 전쟁에서 승리할 수 있다는 답을 얻었다. 그리하여 헤라클레스의 딸 마카리아가 희생되었고 에 우리스테우스는 신탁의 예언대로 전쟁에서 대패하 고 자식들도 모두 잃었다.

에우리스테우스는 홀로 전차를 타고 도망치다가 헤라클레스의 조카 이올 라오스에게 붙잡혀 스케

항아리에 숨은 에우리스테우스
아티카 적색상 도기, 기원전 510년, 루브르 박물관

이로니스의 바위에서 최후를 맞았는데, 이올라오스는 에우리스테우스 의 머리를 잘라 헤라클레스의 어머니 알크메네에게 보냈고, 알크메네 는 칼로 눈을 도려냈다.

에우리스테우스의 몸은 가르게토스에 묻혔고, 머리는 헤라클레스의 딸 마카리아의 이름이 붙여진 샘물가에 묻혔다. 그때부터 이곳은 에 우리스테우스의 머리라고 불렸다.

신화해설

에우리스테우스는 미케네의 왕 스테넬로스와 펠롭스의 딸 니키페 사이에서 난 아들로 영웅 페르세우스의 손자이다. 헤라클레스의 경쟁 자로서 손색이 없는 혈통이지만 에우리스테우스는 육체적으로나 정신 적으로 불안정한 인물로 헤라클레스에게 자신의 권력을 빼앗길까 봐 늘 전전긍긍하며 두려워하였다. 에우리스테우스는 헤라클레스와 직접 마주치는 것이 두려워 그가 과업을 마치고 그 성과물을 가져오면 그 냥 자신의 성 앞에 두고 가라고 했으며 혹시라도 공격을 당하면 피신 하려고 커다란 청동 항아리를 준비해 두기도 했다. 신화에서 이런 나 약한 겁쟁이의 모습에 박해자의 이미지가 겹쳐지는 것이 흥미롭다.

에우리클레이아 Euryclea, Eurycleia

요약

　호메로스의 서사시 『오디세이아』에서 오디세우스의 충실한 유모로 나온다. 다른 전승에는 안티파타(Antiphata)로도 알려졌다. 오디세우스가 20년 만에 거지 몰골을 하고 돌아왔을 때 다리의 흉터를 보고 주인이 돌아왔음을 눈치챘다.

기본정보

구분	신화 속 인물
상징	충직한 시종
외국어 표기	그리스어: Εὐρύκλεια
어원	드넓은 명성
관련 신화	오디세우스

인물관계

　에우리클레이아는 페이세노르의 아들 옵스의 딸이다. 오디세우스의 아버지 라에르테스의 노예로 팔려와 오디세우스의 유모가 되었다.

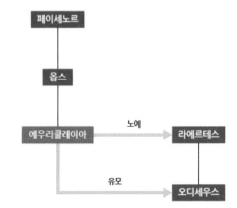

신화이야기

개요

옵스의 딸 에우리클레이아(이름의 의미는 '드넓은 명성')는 젊었을 때 오디세우스의 아버지인 이타카의 왕 라에르테스에 의해 황소 스무 마리에 노예로 팔려왔다. 왕궁에서 그녀는 훌륭한 대우를 받았다. 그러나 라에르테스는 왕비 안티클레이아와 갈등을 일으키지 않기 위해 그녀와 아무런 관계도 맺지 않았다. 에우리클레이아는 오디세우스를 어렸을 때부터 키우기 시작했고, 오디세우스가 20년간 집을 비웠을 때는 꼼꼼하고 충실하게 그의 집안 살림을 돌보고 오디세우스의 아들 텔레마코스를 양육했다.

오디세우스의 상처를 알아본 에우리클레이아

긴 여행 후에 이타카로 돌아온 오디세우스는 왕궁을 되찾기 위해 무엇보다도 먼저 자신의 신실한 아내 페넬로페를 괴롭히는 구혼자들을 쫓아내야 했다. 그가 자신의 신분을 숨기고 거지로 변장해 궁 안으로 들어왔을 때, 그를 알아보는 사람은 아무도 없었다. 심지어 그의 아내까지도 눈치채지 못했다. 그때 여주인의 명을 받아 오디세우스의 발을 씻기던 에우리클레이아가 오디세우스의 다리에 있던 상처를 발견한다. 과거 오디세우스가 멧돼지 사냥에서 입은 상처를 알아본 그녀는 주인이 돌아왔음을 눈치챘다. 하지만 오디세

오디세우스와 에우리클레이아
크리스티안 고틀로프 하이네(Christian Gottlob Heyne)

우스는 자신의 아내나 다른 누구에게도 그 사실을 말하지 말라고 그녀에게 철저히 입단속을 시켰다.

오디세우스가 구혼자들을 상대로 투쟁을 시작했을 때 에우리클레이아는 그의 편을 들어주었다. 마침내 구혼자들을 모두 무찌른 오디세우스는 그녀를 통해 여종들 가운데 구혼자들과 한편이 되었던 사람들을 알아냈다. 그 중에는 페넬로페가 친딸처럼 키워준 멜란토도 포함되어 있었는데 이들은 결국 모두 교수형에 처해졌다.

모든 사태가 끝난 후 에우리클레이아는 깊은 잠에 빠졌던 여주인을 깨워 오디세우스가 돌아왔다는 소식을 전해주었다. 처음에 그 사실을 받아들이지 않던 페넬로페는 자신과 남편만이 알고 있는 침실의 비밀을 그가 알고 있음을 확인한 후에야 비로소 그가 정말 자신의 남편 오디세우스임을 믿게 되었다.

이외에도 오디세우스의 아들 텔레마코스가 아버지의 소식을 알기 위해 먼 길을 떠날 때 그를 도와주고 그 사실을 페넬로페에게 알리지 않은 인물도 에우리클레이아이다.

페넬로페를 깨우는 에우리클레이아
앙겔리카 카우프만(Angelika Kauffmann), 1772년, 보랄버거 랜데스박물관

또 다른 에우리클레이아

에우리클레이아는 오이디푸스의 전설에 등장하는 어머니의 이름이
기도 한데, 이 전설에 의하면 에우리클레이아는 라이오스의 첫 번째
아내이고,('라이오스' 참조) 라이오스가 죽은 후 오이디푸스와 결혼한
것은 그의 두 번째 아내인 에피카스테(이오카스테)이므로, 이 경우 오이
디푸스가 결혼한 상대는 친어머니가 아닌 양어머니가 되는 셈이다.

신화해설

유모와 친모 이름의 의미

오디세우스의 친모와 유모의 이름이 지닌 의미를 통해 오디세우스
의 운명을 해석하기도 한다. 유모 에우리클레이아의 이름은 '드넓은
명성'이며, 친모 안티클레이아의 이름은 '반(反)-명성'으로, 서로 반대
의 의미를 지닌다. 그리고 오디세우스를 낳아준 사람은 귀족 신분인
친모이지만 그를 돌봐주고 키워준 사람은 천민 출신의 유모이다.

이는 후에 오디세우스가 처하게 될 상반된 상황을 미리 예시한다고
볼 수 있다. 즉 오디세우스는 트로이 전쟁과 그 이후의 항해 그리고
고향으로의 귀환에서 뛰어난 지략과 달변의 재능을 지닌 고귀한 영웅
의 모습을 보여주는데, 이를 성취하는 과정에서 두 번씩이나 거지의
신분으로 위장해야 하는 비천한 상황에 빠지는 것이다.(첫 번째 거지로
위장한 것은 트로이 병사를 속이기 위해서였고, 두 번째는 페넬로페의 구혼자
들을 물리치기 위해서였다) 이를 통해 비천함을 통해 고귀함에 이르는
오디세우스의 운명을 가늠할 수 있다.

에우리토스 Eurytus, Eurytos

요약

그리스 신화에 등장하는 테살리아 지방 오이칼리아의 왕이다.

궁술의 명인으로 알려졌으며 헤라클레스의 궁술 스승이기도 하다. 하지만 딸 이올레의 결혼 조건이었던 궁술 시합에서 승리한 헤라클레스에게 약속을 어기고 딸을 내주지 않았다가 나중에 헤라클레스에게 아들들과 함께 살해당했다. 다른 이야기에 따르면 에우리토스는 자만하여 아폴론에게 궁술을 도전하였다가 목숨을 잃었다고도 한다.

기본정보

구분	오이칼리아의 왕
외국어 표기	그리스어: Εὔρυτος
관련 상징	아폴론의 활
관련 신화	헤라클레스의 모험, 오디세우스의 모험
가족관계	멜라네우스의 아들, 이올레의 아버지, 안티오케의 남편

인물관계

에우리토스는 아폴론의 아들로 궁술이 뛰어났던 멜라네우스와 스트라토니케 사이에서 태어난 아들이다. 필론의 딸 안티오케와 결혼하여 이피토스, 클리티오스, 톡세우스, 데이온 등의 아들과 아름다운 딸 이올레를 낳았다. 일설에는 무심코 로토스 나무를 꺾었다가 포플러로 변신한 드리오페도 그의 딸이라고 한다.

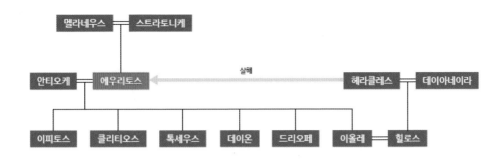

신화이야기

궁술의 명인

에우리토스는 아버지 멜라네우스로부터 뛰어난 활솜씨를 물려받아 궁술의 명인으로 명성이 자자했다. 심지어 궁술의 신 아폴론의 아들이라는 평판까지 얻었다. 그는 헤라클레스가 어렸을 때 궁술을 가르친 스승이기도 했는데 그가 사용한 강궁(强弓)은 아폴론이 준 것이라고 했다.

하지만 그는 자신의 활솜씨에 자만한 나머지 아폴론에게 도전했다가 신의 노여움을 사서 목숨을 잃었다고 한다. 에우리토스의 활은 아들 이피토스가 물려받았는데 그는 잃어버린 말을 찾아 스파르타에 갔을 때 만난 오디세우스에게 이 활을 선물하였다. 나중에 오디세우스는 이 활로 자신이 전쟁터에 나간 사이 아내 페넬로페를 괴롭히던 구혼자들을 죽였다.

에우리토스의 궁술 시합에서 승리한 헤라클레스

에우리토스는 딸 이올레가 시집갈 나이가 되자 궁술 시합을 열어 자신과 아들 이피토스를 이기는 자에게 딸을 주겠다고 했다. 하지만 궁술의 명인으로 손꼽히는 에우리토스와 그의 아들을 이길 수 있는 사람은 거의 없었다. 그래서 사람들은 에우리토스가 딸을 너무 사랑하여 남에게 내주려 하지 않는다고 생각하기도 했다.

마침 홀몸이었던 헤라클레스가 궁술 시합에 참가하여 에우리토스 부자를 꺾고 승리를 거두었다. 하지만 에우리토스는 헤라클레스가 광기에 사로잡혀 아내와 자식들을 모두 죽인 사실을 들어 딸을 내주려 하지 않았다. 그가 언제 또 미쳐서 딸을 죽일지도 모른다는 핑계였다. 헤라클레스는 이 일로 에우리토스에게 원한을 품게 된다.

도둑으로 몰린 헤라클레스

그런데 헤라클레스가 화가 나서 오이칼리아를 떠난 직후 에우리토스의 암말 몇 마리가 사라진 것이 발견되었다. 에우리토스는 헤라클레스를 의심하였지만 그를 존경하던 이피토스는 그렇게 생각하지 않았다.(실제로 에우리토스의 암말들을 훔친 장본인은 도둑질의 명수 아우톨리코스였다고 한다)

이피토스는 영웅의 무죄를 직접 밝히기 위해 사라진 암말을 찾아 나섰다. 이 과정에서 이피토스는 티린스에 머물고 있던 헤라클레스를 찾아가 도움을 청했다가 그만 그의 손에 목숨을 잃고 만다. 헤라클레스는 이피토스를 성벽 높은 곳에서 떨어뜨려 죽였는데 그가 다시 광기에 사로잡혀 그랬다는 이야기도 있고, 이피토스가 말을 훔친 범인으로 자신을 의심한다고 여겨 화가 나서 죽였다는 이야기도 있다. 아무튼 이 살인죄를 씻기 위해 헤라클레스는 헤르메스 신에 의해 리디아의 여왕 옴팔레에게 노예로 팔려가는 신세가 된다.

헤라클레스와 이올레

노예로 종사하는 기간이 다 끝나자 헤라클레스는 오이칼리아로 쳐들어가 에우리토스 왕을 죽이고 그의 딸 이올레를 빼앗아왔다.(하지만 또 다른 설에 의하면 에우리토스 왕은 이미 아폴론과 궁술 시합을 겨루다 죽었으므로 여기서 헤라클레스에게 죽은 것은 그의 자식들이라고 한다)

에우리토스의 딸 이올레
미상

헤라클레스가 오이칼리아에서 이올레를 데려온 것은 에우리토스에게 복수하고 빼앗긴 자신의 권리를 되찾기 위한 것이었지만 그 사이 그의 아내가 된 데이아네이라는 남편 헤라클레스가 다른 여자에게 마음을 빼앗긴 것이라고 여겼다. 그래서 데이아네이라는 '사랑의 묘약'으로 알고 간직하고 있던 네소스의 피를 남편 헤라클레스의 옷에 발랐다. 하지만 네소스의 피에는 히드라의 맹독이 섞여 있었고 데이아네이라가 건네준 옷을 입은 헤라클레스는 온몸에 독이 퍼져 고통스런 죽음을 맞게 되었다.('네소스' 참조)

헤라클레스의 유언에 따라 에우리토스의 딸 이올레는 헤라클레스의 아들 힐로스의 아내가 되었다.

에우리티온 Eurytion, 게리온의 소치기

요약

그리스 신화에 나오는 거인 목동이다.

오케아노스의 서쪽 끝 에리테이아 섬에서 게리온의 소떼를 지키다 이를 훔치러 온 헤라클레스의 곤봉에 목숨을 잃었다.

기본정보

구분	신화 속 인물
외국어 표기	그리스어: Εὐρυτίων
관련 신화	헤라클레스의 12과업

인물관계

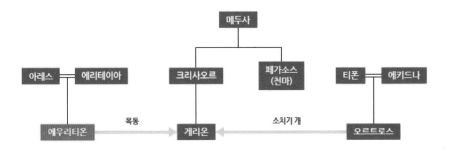

에우리티온은 군신 아레스와 헤스페리데스 자매 중 하나인 님페 에리테이아 사이에서 태어났다. 그와 함께 게리온의 소떼를 지키던 오르트로스는 티폰과 에키드나 사이에서 태어난 그리스 신화의 여러 괴물

들 중 하나이고, 게리온은 메두사의 피에서 천마 페가소스와 함께 태어난 용사 크리사오르의 아들이다.

신화이야기

게리온의 소떼를 돌보는 목동

에우리티온은 세상을 감싸고 흐르는 대양강 오케아노스의 서쪽 끝에 있는 에리테이아 섬에서 머리와 몸이 세 개씩 달린 괴물 게리온의 유명한 붉은 황소 떼를 지키는 거인 목동이다. 그는 머리가 두 개 달린 괴물 개 오르트로스와 함께 소떼를 돌보았는데, 오르트로스는 뱀의 머리가 백 개나 달린 거대한 괴물 티폰과 상반신은 여인이고 하반신은 뱀인 에키드나 사이에서 태어난 자식이었다. 저승의 출입구를 지키는 삼두견 케르베로스도 그와 같은 부모 밑에서 태어났다.

헤라클레스의 열 번째 과업

헤라클레스는 헤라 여신의 저주로 광기에 사로잡혀 자기 자식들을 모조리 죽인 뒤 신탁의 명에 따라 죄를 씻기 위해 미케네 왕 에우리스테우스가 내준 열두 가지 과업을 실행해야 했는데, 그 중 열 번째가 바로 에우리티온과 오르트로스가 지키는 게리온의 소떼를 훔치는 것이었다.

헤라클레스는 태양신 헬리오스에게 황금 사발을 빌려 타고 대양강 오케아노스를 건너 에리테이아 섬으로 갔다. 헤라클레스가 소떼를 훔치려고 하자 소떼를 지키던 오르트로스가 먼저 무시무시한 입을 벌리고 맹렬하게 달려들었지만 헤라클레스는 곤봉으로 간단히 오르트로스를 때려죽였다. 이를 본 에우리티온이 화가 나서 달려왔지만 그 역시 헤라클레스의 곤봉에 목숨을 잃고 말았다.

부근의 초원에서 하데스의 가축을 돌보고 있던 또 다른 목동 메노이테스가 이 광경을 보고 재빨리 게리온 왕에게 알렸다.

게리온과 싸우는 헤라클레스
아티카 흑색상도기, 기원전 540년, 루브르 박물관

왕은 분노하여 소떼를 훔쳐가는 헤라클레스를 뒤쫓았지만 결국 안테모스 강가에서 헤라클레스의 독화살에 맞아 목숨을 잃었다.

괴물 개 오르트로스에 관해서는 또 다른 신화도 전해지는데, 그에 따르면 오르트로스는 헤라클레스의 곤봉에 죽지 않았다고 한다. 헤라클레스는 몽둥이로 내려치고 독화살로 쏘아도 오르트로스가 죽지 않자 발톱을 모두 뽑고 화살로 두 개의 머리를 꿰뚫은 뒤 바다에 던져버렸다고 한다. 하지만 오르트로스는 그래도 죽지 않고 살아남았으며 나중에 오이디푸스가 붙잡아다 길들였다고 한다.

에우리티온 Eurytion, 켄타우로스

요약

그리스 신화에 등장하는 반인반마족 켄타우로스 중 한 명이다.

라피타이인들의 왕 페이리토오스의 결혼식에서 술에 취해 신부 히포다메이아를 겁탈하려다 페이리토오스의 친구인 테세우스에 의해 목숨을 잃었다. 그 후 라피타이족과 켄타우로스족 사이에 커다란 싸움(켄타우로마키아)이 벌어졌다.

기본정보

구분	켄타우로스(반은 사람, 반은 동물)
외국어 표기	그리스어: Εὐρυτίων
관련 신화	테세우스, 켄타우로마키아
가족관계	익시온의 아들, 네펠레의 아들

인물관계

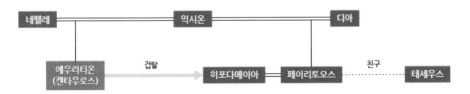

켄타우로스는 헤라 여신에게 반한 테살리아 왕 익시온이 헤라로 변신한 구름의 여신 네펠레와의 사이에서 낳은 자식들이라고 한다. 그

러므로 켄타우로스족인 에우리티온은 익시온과 디아의 아들 페이리
토오스와 이복형제가 된다. 하지만 페이리토오스는 디아가 제우스와
의 사이에서 낳은 아들이라는 이야기가 있다.

신화이야기

페이리토오스와 히포다메이아의 결혼

익시온의 아들 페이리토오스는 부테스의 딸 히포다메이아와 결혼하
면서 친구 테세우스와 네스토르를 비롯한 많은 손님들을 초대하였다.
초대 받은 손님 중에는 반인반마족 켄타우로스들도 있었다. 켄타우로
스는 테살리아 왕 익시온이
헤라로 변신한 구름의 님페
네펠레와 결합하여 낳은 자
식들이었으므로 페이리토오
스와는 가까운 친척이었던
것이다. 그런데 술을 잘 마시
지 못하는 켄타우로스들이
잔칫상의 포도주를 너무 많
이 마시는 바람에 몹시 취하
고 말았다. 켄타우로스들은

**히포다메이아를 납치해가려는 에우리티온을 막는
페이리토오스**
아풀리아 적색상도기, 기원전 350년, 영국 박물관

술에 취해 자제력을 잃고 테살리아의 처녀들을 겁탈하려 하였다. 에
우리티온은 신부 히포다메이아에게 달려들었고 결혼식장은 순식간에
아수라장이 되었다.

테세우스가 에우리티온을 꾸짖으며 사태를 수습하려 하였으나 에우
리티온은 오히려 테세우스를 공격하였다. 화가 난 테세우스가 옆에 있
던 항아리를 들어 에우리티온의 머리를 내리쳤고 에우리티온은 그 자

라피타이족과 켄타우로스족의 싸움
루카 조르다노(Luca Giordano), 1688년, 국립 러시아박물관

리에서 즉사하고 말았다. 그러자 다른 켄타우로스들이 일제히 반격에 나서면서 페이리토오스가 다스리는 라피타이족과 켄타우로스족 사이에 큰 싸움이 벌어졌다. 이 싸움은 흔히 켄타우로마키아(켄타우로스 전쟁)라고 불린다.

켄타우로마키아

테세우스도 가담한 이 싸움은 수많은 켄타우로스들이 라피타이족의 손에 목숨을 잃은 뒤 끝이 났다. 이 일로 켄타우로스들은 테살리아에서 추방되어 펠로폰네소스로 갔고 싸움에 가담하지 않았던 켄타우로스족의 현자 케이론만이 계속 테살리아의 펠리온 산에 남을 수 있었다.

또 다른 전승에 따르면 페이리토오스의 결혼식에 초대받은 켄타우로스는 에우리티온 한 명밖에 없었으며 에우리티온이 술에 취해 신부 히포다메이아를 겁탈하려 하자 라피타이인들이 그를 붙잡아 코과 귀를 자르고 내쫓아버렸다고 한다. 그러자 분노한 켄타우로스들이 복수를 위해 몰려들면서 켄타우로마키아가 시작되었다.

에우리티온이란 이름의 또 다른 켄타우로스

켄타우로스 중에는 에우리티온이라는 이름이 또 있다. 그는 올레노스의 왕 덱사메노스를 협박하여 그의 딸 므네시마케와 결혼하려다 헤라클레스에 의해 목숨을 잃었다. 또 다른 이야기에 의하면 그는 덱사메노스의 딸 히폴리테가 아잔과 결혼하는 날 그녀를 강제로 욕보이려다 헤라클레스에게 살해되었다고 한다.

에우리티온 Eurytion, 프티아 왕

요약

그리스 신화에 나오는 프티아의 왕이다.

아킬레우스의 아버지 펠레우스가 젊은 시절 살인죄를 짓고 찾아왔을 때 그의 죄를 씻어주고 왕국의 3분의 1을 내주며 사위로 삼았다. 하지만 에우리티온은 칼리돈의 멧돼지 사냥에 참가했다가 펠레우스가 잘못 던진 창에 맞아죽었다.

기본정보

구분	프티아의 왕
외국어 표기	그리스어: Εὐρυτίων
관련 신화	칼리돈의 멧돼지 사냥
가족관계	악토르의 아들, 안티고네의 아버지

인물관계

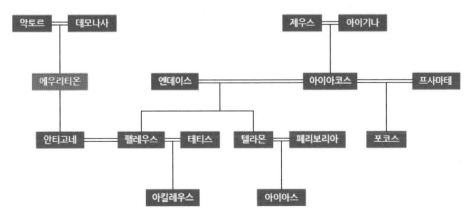

에우리티온은 프티아 왕 악토르와 데모나사의 아들이다. 하지만 그가 악토르의 아들인 이로스의 아들이라는 이야기도 있다. 에우리티온은 외동딸 안티고네만 남긴 채 죽었다.

신화이야기

에우리티온을 찾아온 펠레우스

에우리티온은 아킬레우스의 아버지 펠레우스가 젊은 시절에 살인죄를 짓고 추방되어 프티아로 쫓겨왔을 때 그의 죄를 씻어주고 자신의 딸 안티고네와 함께 왕국의 3분의 1을 내주었다.

펠레우스는 아이기나 섬의 통치자 아이아코스의 아들인데 쌍둥이 형제인 텔라몬과 함께 이복동생 포코스를 죽인 죄로 아버지에 의해 고국에서 추방되어 프티아로 오게 된 것이었다.

아이아코스가 바다의 신(海神) 네레우스의 딸 프사마테와의 사이에서 얻은 아들인 포코스는 운동에 뛰어난 능력을 지녀서 이복형제들의 시기를 샀다. 펠레우스와 텔라몬은 포코스를 죽이기로 모의하고 원반 경기 때 일부러 원반을 포코스의 머리를 향해 던져 그를 죽인

칼리돈의 멧돼지 사냥
로마 카피톨리노 박물관

뒤 시체를 숲에 묻었다. 하지만 이들의 범행은 발각되었고 아이아코스는 그 죄를 엄격하게 물어 두 아들을 아이기나에서 추방하였다.(아이아코스는 이 일로 고결하고 정의로운 사람이라는 평판을 얻게 된다) 그리하여 텔라몬은 살라미스로 쫓겨가고 펠레우스는 테살리아 지방의 프티아로 가서 에우리티온 왕의 사위가 된 것이다.

에우리티온의 죽음

그 후 에우리티온은 사위 펠레우스와 함께 아르고호 원정에도 참가하고 칼리돈의 멧돼지 사냥에서 나섰다. 하지만 에우리티온은 칼리돈에서 멧돼지 사냥을 하던 중에 펠레우스가 잘못 던진 창에 맞아 그만 죽고 말았다. 장인을 죽인 펠레우스는 차마 프티아로 돌아가지 못하고 이올코스 왕 아카스토스의 궁으로 갔다.

에우릴로코스 Eurylochus

요약

그리스 신화에 나오는 오디세우스의 동료이자 부관이다.
에우릴로코스는 오디세우스 일행이 트로이 전쟁을 끝마치고 귀향할 때 병사들을 부추겨 헬리오스의 신성한 소들을 잡아먹게 했다가 신의 노여움을 사서 다른 병사들과 함께 죽음을 맞았다.

기본정보

구분	신화 속 인물
상징	무능한 부관
외국어 표기	그리스어: Εὐρύλοχος
관련 신화	오디세우스의 귀향

인물관계

에우릴로코스는 오디세우스의 누이 크티메네와 결혼하였다.

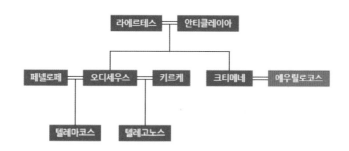

신화이야기

키르케의 섬

『오디세이아』에 따르면 트로이 전쟁이 끝나고 귀향하던 오디세우스는 라이스트리고네스족의 공격으로 대부분의 배와 부하들을 잃은 채 키르케의 섬에 도착했다고 한다. 오디세우스는 섬을 살펴보기 위해 병사들을 두 무리로 나누어 제비뽑기로 정찰대를 정했는데 에우릴로코스가 뽑혔다. 에우릴로코스는 병사들을 이끌고 숲으로 정찰을 나간 지 한참 만에 혼자서 돌아와 숲에서 벌어진 일을 보고하였다.

그에 따르면 정찰대는 숲 속에서 으리으리한 석조 건물을 발견했는데 건물 앞에는 사자와 이리 같은 동물들이 어슬렁거리고 있었다고 한다. 잠시 후 건물 안에서 아리따운 여인이 나오더니 정찰대를 친절하게 맞아주며 음식을 제공하였다. 하지만 음식에는 마법의 약초가 들어 있었고 그것을 먹은 병사들은 모두 돼지로 변했다. 여인은 돼지로 변한 병사들을 모두 우리에 가두었는데 에우릴로코스 혼자만 혹시 몰라 밖에서 망을 보고 있던 덕분에 화를 피해 도망칠 수 있었다는 것이었다.

에우릴로코스의 말을 들은 오디세우스는 즉시 부하들을 구하러 무장을 하고 키르케의 집으로 향했다. 오디세우스는 도중에 만난 헤르메스 신에게서 키르케의 마법을 무력화시키는 약초를 받은 덕분에 부하들을 구하고 키르케와 달콤한 잠자리도 가질 수 있었다.

오디세우스에게 잔을 건네는 키르케
존 윌리엄 워터하우스(John William Waterhouse), 1891년, 올덤 미술관

　오디세우스는 그렇게 키르케의 집에서 1년을 지낸 뒤 다시 귀향길에 나섰다. 오디세우스의 귀향을 만류할 수 없음을 깨달은 키르케는 그에게 고향 이타카로 돌아갈 수 있는 방법을 알려주었는데 그 중 한 가지가 태양신 헬리오스의 섬을 피하라는 것이었다. 하지만 오랜 항해에 지친 오디세우스의 부하들은 수풀이 우거진 헬리오스의 섬을 보자 쉬었다 가고 싶은 마음이 굴뚝같아졌다. 이때 병사들의 요구를 오디세우스에게 강력히 주장하여 기어코 섬에 상륙하게 만든 인물이 에우릴로코스였다. 애당초 오디세우스 일행은 잠시 쉬었다 갈 생각이었지만 항해에 필요한 순풍이 불지 않는 바람에 한 달이 넘도록 섬에 갇혀있어야 했고 그 동안 먹을 것이 다 떨어져버렸다. 키르케의 경고를 떠올린 오디세우스는 헬리오스의 신성한 소들에게 절대로 손을 대서는 안 된다고 신신당부하였지만 에우릴로코스는 병사들을 부추겨서 오디세우스가 잠든 사이에 헬리오스의 소들을 잡아먹고야 말았다. 이 일로 제우스의 노여움을 산 오디세우스 일행은 바다에서 거센 돌

헬리오스의 소를 잡는 오디세우스의 부하들
펠레그리노 티발디(Pellegrino Tibaldi), 1556년, 볼로냐 포지 광장

풍을 만나 오디세우스 한 사람만 빼고 모두 물에 빠져죽게 된다. 에우릴로코스도 이때 최후를 맞았다.

또 다른 에우릴로코스

그리스 신화에는 그밖에도 몇 명의 에우릴로코스가 더 등장한다.

1) 살라미스 섬에서 폭정을 일삼던 키크레우스 왕(혹은 그가 기르던 왕뱀)을 쫓아낸 영웅이다.('키크레우스' 참조)

2) 다나오스의 딸 50명과 결혼한 아이깁토스의 아들 50명 중 한 사람으로, 그의 신부인 다나오스의 딸 아우토노에에게 살해당했다.('다나이데스' 참조)

3) 오디세우스의 아내 페넬로페의 구혼자 중 한 사람이다.

•참고문헌•

게롤트 돔머무트 구드리히; 〈신화〉

게르하르트 펑크; 〈그리스 로마 신화 속 인물들〉

괴테; 〈파우스트 II〉, 〈가니메드〉

논노스; 〈디오니소스 이야기〉, 〈디오니시아카〉

단테; 〈신곡 지옥편〉

디오니시오스; 〈로마사〉

디오도로스 시켈로스; 〈역사 총서〉

레싱; 〈라오코온〉

로버트 그레이브스; 〈그리스 신화〉

루키아노스; 〈대화〉

리비우스 안드로니쿠스; 〈오디세이아〉

리코프론; 〈알렉산드라〉

마르쿠스 바로; 〈농업론〉, 〈라틴어에 관하여〉

마리 셸리; 〈프랑켄슈타인〉

마이어스 백과사전, '바실리스크'

마이클 그랜트; 〈그리스 로마 신화사전〉

마크로비우스; 〈사투르날리아〉

몸젠; 〈라틴 명문 전집〉

밀턴; 〈실락원〉, 〈코머스〉

베르길리우스; 〈농경시〉, 〈목가〉, 〈아이네이스〉

보카치오; 〈데카메론〉

비오 2세; 〈비망록〉

세네카; 〈파에드라〉

세르비우스; 〈베르길리우스 주석〉

셰익스피어; 〈한여름 밤의 꿈〉

소포클레스; 〈오이디푸스 왕〉, 〈콜로노스의 오이디푸스〉, 〈안티고네〉, 〈수다(Suda)
　　　　　　백과사전〉, 〈에피고노이〉, 〈트라키아의 여인〉, 〈텔레포스 3부작〉, 〈필
　　　　　　록테테스〉, 〈테레우스〉, 〈엘렉트라〉, 〈아이아스〉

솔리누스; 〈세계의 불가사의〉

수에토니우스; 〈베스파시아누스〉

스테파누스 비잔티누스; 〈에트니카〉

스트라본; 〈지리지〉

실리우스 이탈리쿠스; 〈포에니 전쟁〉

아라토스; 〈천문〉

아르노비우스; 〈이교도들에 대해서〉

아리스타르코스; 〈호메로스의 일리아스 주석〉

아리스토파네스; 〈개구리〉, 〈여자의 축제〉, 〈정치학〉, 〈벌〉, 〈아카르나이 사람들〉,
　　　　　〈여자들의 평화〉

아리안; 〈알렉산더 원정〉

아엘리안; 〈동물 이야기〉

아우구스투스; 〈아우구스투스 업적록〉

아우구스티누스; 〈신국〉

아이소푸스; 〈우화〉

아이스킬로스; 〈아가멤논〉, 〈자비로운 여신들〉, 〈결박된 프로메테우스〉, 〈오레스테
　　　　　스 3부작〉, 〈자비로운 여신들〉, 〈제주를 바치는 여인들〉, 〈탄원하
　　　　　는 여인들〉, 〈테바이 공략 7장군〉, 〈오이디푸스 3부작〉, 〈페르시아
　　　　　여인들〉

아테나이오스; 〈현자들의 식탁〉〈현자들의 연회〉

아폴로니오스 로디오스; 〈아르고나우티카〉, 〈아르고호의 모험〉, 〈황금양피를 찾아
　　　　　떠난 그리스 신화의 영웅 55인〉

아폴로도로스; 〈비블리오테케〉, 〈원전으로 읽는 그리스 신화〉, 〈아폴로도로스 신
　　　　　화집〉

아풀레이우스; 〈황금의 당나귀〉

안토니누스 리베랄리스; 〈변신이야기 모음집〉

안티클레이데스; 〈노스토이(귀향 서사시)〉

알베르트 카뮈; 〈시시포스의 신화〉

◉

357

에리토스테네스; 〈별자리〉

에우리피데스; 〈레수스〉, 〈안드로마케〉, 〈크레스폰테스〉, 〈안티오페〉, 〈크레스폰테스〉, 〈알케스티스〉, 〈메데이아〉, 〈감금된 멜라니페〉, 〈현명한 멜라니페〉, 〈이피게네이아〉, 〈헤리클레스의 후손들〉, 〈오레스테스〉, 〈힙시필레〉, 〈박코스 여신도들〉, 〈트로이 여인들〉, 〈멜레아그로스〉, 〈키클롭스〉, 〈페니키아 여인들〉, 〈헬레네〉, 〈화관을 바치는 히폴리토스〉

에우세비우스; 〈복음의 준비〉

에우스타티우스 〈호메로스 주석집〉

오비디우스; 〈변신이야기〉, 〈헤로이데스〉, 〈달력〉, 〈로마의 축제일〉, 〈사랑의 기술〉

요한 요하임 빙켈만; 〈박물지〉

월터 카우프만; 〈비극과 철학〉

이시도루스; 〈어원지〉

이진성; 〈그리스 신화의 이해〉

임철규; 〈그리스 비극, 인간과 역사에 바치는 애도의 노래〉

작자 미상; 〈아르고나우티카 오르피카〉

작자 미상; 〈호메로스의 찬가〉

제프리 초서; 〈캔터베리 이야기〉

존 드라이든; 〈돌아온 아스트라이아〉

존 키츠; 〈라미아〉

최복현; 〈신화, 사랑을 이야기하다〉

카를 케레니; 〈그리스 신화〉

카시우스 디오; 〈로마사〉

칼리마코스; 〈데메테르 찬가〉, 〈제우스 찬가〉

퀸투스 스미르네우스; 〈호메로스 후속편〉

크리스토퍼 말로; 〈포스터스 박사의 비극〉

크세노폰; 〈헬레니카〉, 〈테로크리토스에 대한 주석집〉

클라우디우스 아에리아누스; 〈다채로운 역사(varia historia)〉

키케로; 〈신에 관하여〉, 〈의무론〉

토마스 불핀치; 〈그리스 로마 신화〉

투키디데스; 〈펠로폰네소스 전쟁사〉, 〈역사〉

트제트제스; 〈리코프론 주석집〉

티투스 리비우스; 〈로마건국사〉

파르테니오스; 〈사랑의 비애〉

파우사니아스; 〈그리스 안내〉

파테르쿨루스; 〈로마사〉

포티우스(콘스탄티노플); 〈비블리오테카〉

폴리아이누스; 〈전략〉

프로페르티우스; 〈애가〉

플라톤; 〈국가론〉, 〈향연〉, 〈고르기아스〉, 〈프로타고라스〉, 〈파이드로스〉, 〈티마이
　　오스〉, 〈파이돈〉

플루타르코스; 〈모랄리아〉, 〈사랑에 관한 대화〉, 〈로물루스〉, 〈사랑에 관한 대화〉,
　　〈영웅전-로물루스편〉, 〈영웅전-테세우스편〉, 〈강에 대하여〉

플리니우스; 〈박물지〉

피에르 그리말; 〈그리스 로마 신화사전〉

핀다로스; 〈네메이아 찬가〉, 〈올림피아 찬가〉, 〈피티아 찬가〉

필로스트라토스; 〈아폴로니오스의 생애〉

헤라클레이토스; 〈단편〉

헤로도토스; 〈역사〉

헤시오도스; 〈신들의 계보〉, 〈여인들의 목록〉, 〈헤라클레스의 방패〉, 〈일과 날〉

헤시키오스; 〈사전〉

호라티우스; 〈서간문〉

호메로스; 〈일리아스〉

히기누스; 〈이야기〉, 〈천문학〉

히에로니무스; 〈요비니아누스 반박〉

그리스 로마 신화 인물사전 6

1판 1쇄 인쇄 2021년 4월 27일
1판 1쇄 발행 2021년 5월 7일

지은이 박규호, 성현숙, 이민수, 김형민

디자인 씨오디
지류 상산페이퍼
인쇄 다다프린팅

발행처 한국인문고전연구소 발행인 조옥임
출판등록 2012년 2월 1일 (제406-2510020120000027호)
주소 경기 파주시 가람로 70 (402-402)
전화 02-323-3635 팩스 02-6442-3634 이메일 books@huclassic.com

ISBN 978 ─ 89 ─ 97970 ─ 61 ─ 2 04160
      978 ─ 89 ─ 97970 ─ 55 ─ 1 (set)